U0451050

中大哲学文库

宋明儒学中的"身体"与"诠释"之维

陈立胜 著

商务印书馆

2019年·北京

图书在版编目（CIP）数据

宋明儒学中的"身体"与"诠释"之维 / 陈立胜著. — 北京：商务印书馆，2019
（中大哲学文库）
ISBN 978-7-100-16781-9

Ⅰ.①宋… Ⅱ.①陈… Ⅲ.①儒学－研究－中国－宋代②儒学－研究－中国－明代 Ⅳ.①B222.05

中国版本图书馆CIP数据核字（2018）第251775号

权利保留，侵权必究。

中大哲学文库
宋明儒学中的"身体"与"诠释"之维
陈立胜　著

商　务　印　书　馆　出　版
（北京王府井大街36号　邮政编码 100710）
商　务　印　书　馆　发　行
三河市尚艺印装有限公司印刷
ISBN 978－7－100－16781－9

2019年1月第1版　　　开本 680×960　1/16
2019年1月第1次印刷　印张 21 1/2

定价：70.00元

中大哲学文库编委会

主　编　张　伟

编　委（按姓氏笔画排序）

　　　　马天俊　方向红　冯达文　朱　刚　陈少明
　　　　陈立胜　吴重庆　赵希顺　徐长福　倪梁康
　　　　龚　隽　鞠实儿

总　序

中山大学哲学系创办于 1924 年，是中山大学创建之初最早培植的学系之一。1952 年全国高校院系调整撤销建制，1960 年复系，办学至今。先后由黄希声、冯友兰、杨荣国、刘嵘、李锦全、胡景钊、林铭钧、章海山、黎红雷、鞠实儿、张伟教授等担任系主任。

早期的中山大学哲学系名家云集，奠立了极为深厚的学术根基。其中，冯友兰先生的中国哲学研究、吴康先生的西方哲学研究、朱谦之先生的比较哲学研究、李达与何思敬先生的马克思主义哲学研究、陈荣捷先生的朱子学研究、马采先生的美学研究等，均在学界产生了重要影响，也奠定了中大哲学系在全国的领先地位。

复系五十多年来，中大哲学系同仁勠力同心，继往开来，各项事业蓬勃发展，取得了长足的进步。目前，我系是教育部确定的全国哲学研究与人才培养基地之一，具有一级学科博士学位授予权，拥有"国家重点学科"2 个、"全国高校人文社会科学重点研究基地"2 个。2002 年教育部实行学科评估以来，我系稳居全国高校前列。2017 年 9 月，中大哲学学科成功入选国家"双一流"建设名单，我系迎来了难得的发展良机。

近几年来，在中山大学努力建设世界一流大学的号召和指引下，中大哲学学科的人才队伍也不断壮大，而且越来越呈现出年轻化、国际化的特色。哲学系各位同仁研精覃思，深造自得，在各自的研究领域均取得了丰硕的成果，不少著述还产生了国际性的影响，中大哲学系已逐渐发展成为哲学研究的重镇。

"旧学商量加邃密，新知涵养转深沉。"为了向学界集中展示中大哲学学科的学术成果，我们正式推出这套中大哲学文库。中大哲学文库主要收录哲学系现任教师的代表性学术著作，亦适量收录本系退休前辈的学术论著，目的是为了更好地向学界请益，共同推进哲学研究走向深入。

承蒙百年名社商务印书馆的大力支持，中大哲学文库即将由商务印书馆陆续推出。"一元乍转，万汇初新"，我们愿秉承中山先生手订"博学、审问、慎思、明辨、笃行"的校训和哲学系"尊德问学"的系风，与商务印书馆联手打造一批学术精品，展现"中大气象"，并谨以此向2020年中大哲学系复办60周年献礼，向2024年中山大学百年校庆献礼！

中山大学哲学系
2018年1月6日

目 录

上编　身体之维

第一章　回到身体：当代思想中的身体转向与儒学研究..................3
　　一、身体被遗忘与现代性之语境................................4
　　二、回到身体..11
　　三、回首东方：儒学身体观研究................................25

第二章　身体之为"窍"：宋明儒学中的身体存在论建构..................36
　　一、"窍"观念溯源..37
　　二、理学家：此心发窍处，便是天地之心之发窍也................46
　　三、心窍／身窍：无与有......................................54

第三章　"身不自身"：罗近溪身体论发微..............................61
　　一、我身以万物而为体，万物以我身而为用......................64
　　二、身之存在功能："根、连、带"与"联通"、"统会"................69
　　三、赤子之心与赤子之身：人体即天体..........................73
　　四、"人形偶然"与"人形幸运"：儒道两种

　　　　"彻形骸"观念之对比......................................82

第四章 "恻隐之心"、"他者之痛"与"疼痛镜像神经元" 92
- 一、儒家仁说之中的"痛感体验" 92
- 二、谁会痛痒？ 100
- 三、关心他者的痛痒如何可能：从苏格兰学派到叔本华 104
- 四、疼痛镜像神经元 110
- 五、仁之"具身性"与非化约主义 114

第五章 "心"与"腔子"：儒学修身的体知面向 117
- 一、心要在腔子里 118
- 二、满腔子是恻隐之心 131
- 三、"大其心"与"大腔子" 142
- 四、小结 147

第六章 宋明儒学中的"镜喻" 149
- 一、镜喻溯源 151
- 二、明镜与磨镜：从二程到朱子 156
- 三、心镜之喻：王阳明与其后学 160
- 四、磨镜与体知 169
- 五、镜喻之利与弊 174

下编　诠释之维

第七章 朱子读书法：诠释与诠释之外 181
- 一、圣经意识 182

二、为何读书 183

三、读书心态 186

四、读书次第 197

五、两个"吊诡" 203

六、结论 211

第八章 王阳明"四句教"的三次辩难及其诠释学义蕴 214

一、引言 214

二、钱德洪对王龙溪:"四有"对"四无"(1527 年) 217

三、许孚远对周汝登:"九谛"对"九解"(1592 年前后) 226

四、顾泾阳对管东溟:"太极"对"无极"(1598 年) 233

五、比较与辨析 249

第九章 儒学经传中"怀疑"与"否定"的言说方式

——以王阳明、陈确的《大学》辨正为例 259

一、《大学》之为圣经 259

二、王阳明:《大学章句》非圣门本旨 261

三、陈确:《大学》非圣经 267

四、尊经与尊心之辨证 273

第十章 "亲民"抑或"新民":从传统到现代 283

一、引言 283

二、朱子之"新" 285

三、王阳明之"亲" 287

四、"新"抑或"亲":后儒之辩 291

五、现代新儒家:扬"亲"限"新" 299

六、结语 306

参考书目 315
各章出处 332

[上编]

身体之维

第一章　回到身体：当代思想中的
身体转向与儒学研究

在西方哲学史研究中常见一种"**转向**"式的时代划分，诸如，古代哲学是**本体论取向**，其运思的典型问题是"世界是什么"，以笛卡尔（René Descartes）为代表的近代哲学则"转向"认识论，"**主体性转向**"的运思模式是"我能认识什么"，至于现代哲学则发生了"**语言学转向**"。这种"转向"说虽属于大而化之的宏大叙事，但鸟瞰式的把握总是有助于认识大局，而不会在理论丛林之中迷失方向。笔者不揣鄙陋，在二十世纪九十年代曾指出当代西方哲学对"身体"之维出现了新的关注方式，即一反近代从"外部"观身体的机械模式（所谓"人是机器"），而致力于从"内部"观身体。此种身体"内观法"滥觞于叔本华（Schopenhauer）与尼采（Nietzsche）的意志哲学，而成熟于身体现象学。[①]

实际上，现代思想对"身体"之维的关注是与所谓的"现代性"现象绾结在一起的。在当代哲学、社会学、人类学、宗教学等诸学科的发展动态之中均可看到这种"**身体转向**"现象。无疑，进行这种总览式的、浮光掠影式的回顾与概括，一方面难免蜻蜓点水，浅尝辄止；

---

① 参见陈立胜：《自我与世界——以问题为中心的现象学运动研究》，广东人民出版社1999年版，第229—272页。

另一方面则肯定会挂一漏万，有所疏失。但是，思想史乃至精神史的研究如要避免"琐屑饾饤、破碎大道"的窘状，则必须敢于冒险，从纷繁复杂的思想线团之中，清理出几分"线索"与"理路"。倘若我们从西方思想中由"意识哲学"向"身体哲学"的转向这一背景审视儒学研究，则不能不对近代以降的儒学建构过程中之意识哲学、主体哲学模式进行重新反思。

一、身体被遗忘与现代性之语境

（一）笛卡尔身心二元论与身体之维的失落

笛卡尔不是身心二元论的始作俑者。在两希传统中，一直就存在着身心关系的紧张乃至冲突。在古希腊，哲人柏拉图（Plato）明确地称身体是"灵魂"的坟墓，在身体死亡时，灵魂会得到"释放"。斯多亚学派亦有"灵魂"负载"死尸"的说法。肉体既让灵魂"分心"，又是我们理解"实在"的障碍，于是哲人的使命就是从"身体"中摆脱出来，哲人的一生成了"死的演习"的一生。而在希伯来，"将身体献上，当作活祭"①，"凡属基督耶稣的人，是已经把肉体连肉体的邪情私欲，同钉在十字架上了"②，诸如此类的说法，皆清楚表明早期基督教对身体的贬抑态度。以身体为羞耻、连累乃至由嫌弃而生仇恨，对自己身体进行摧残、自宫在基督教之中并非罕见的现象。③ 在柏拉图的哲学中，身体的因素中只有"视觉"被赋予正面的价值，毕竟视觉最少依

---

① 《新约全书·罗马书》12：1。
② 《新约全书·加拉太书》5：24。
③ 需要指出的是，在主流基督教看来，身体来自上帝的赐予，复活也是身体的复活，故保罗（Paul）一方面极力贬抑肉身，另一方面又着意强调身体是"圣灵的殿"（《新约全书·哥林多前书》6：19）。因此严格说来，保罗贬抑的只是堕落的肉身，而并不排斥灵性的身体，这种态度显然有别于柏拉图。关于保罗的身体观，参见刘小枫：《保罗书信中的"身体"语义初探》，《道风：基督教文化评论》2004 年第 20 期。

附于身体欲望的牵制,因而视觉是理智的"可见"伙伴。著名的洞穴说就是与视觉意象相关的。"心灵的眼睛"、"光照"、"理智之光"是贯穿于柏拉图—奥古斯丁(Augustinus)—笛卡尔理性主义哲学传统的一个中心隐喻,**视觉中心论**成为西方哲学源远流长的一个思维传统与定式。①

但是,塑造"现代性"的身心二元论则明显与笛卡尔联系在一起,毕竟主体性的挺立、理性的霸权是在笛卡尔的身心二元论中彰显出来的。

依笛卡尔的二分法,身体是在空间中延展的广延物,是可以分割的;而心灵则是非空间的思,是不可以分割的。作为广延物的"身体"并不构成"我"之为"我"的本质。因为"我"可以设想自己没有胳膊或没有脚,但我还是我。而我在根本上无法设想自己没有"思",所以构成"我之为我的那个东西",一定是我的精神或我的灵魂,它是跟我的身体有根本区别的,没有身体它也照样可以存在。笛卡尔在《第一哲学沉思集》中曾将身体比作心灵的"铁镣",并设想如果有人从童年开始脚上就带上铁镣,他就会认为铁镣是他身体的一部分,甚至会认为没有它就没有办法走路。同样常识认为我们没有身体(大脑)就不能思维,亦只不过如同从小就带上铁镣的人一样。言外之意,其实"心灵"如果没有"身体"这一铁镣的拖累,或许会"走"得更轻盈、更自由,或者会"无翼而飞"。笛卡尔的这种对"身体"的"观法"实际上蕴含一个未曾言明的前提:"我"与"身体"是有隔的,"我"是自家"身体"的"观众",观察、打量着"我"之外的"身体"。这个"观"身体的"我"实际上是解剖尸体的医生的角色。笛卡尔本人在论证心灵可以与身体分开时,就曾明确地说,当从身体截去一只腿或胳膊时,从我的精神上并没有截去什么,它并不会

---

① 纽约州立大学 Carolyn Korsmeyer 教授对此传统有较详尽的考察,参见氏著,吴琼、叶勤、张蕾译:《味觉》(*Making Sense of Taste*),中国友谊出版公司 2001 年版,第 2—46 页。

妨碍"我思"的进行。显然，医生从来不会解剖自己的身体，更不能一边解剖自己一边观察自己被解剖开的内脏，这种解剖学意义上的身体只能是"**第三者的身体**"。当笛卡尔声称心灵是非广延的精神，我们不可能在身体的任何部位找到心灵时，他所说的身体严格意义上就是这种解剖台上第三者的身体——如果不是尸体的话，也是功能紊乱的身体（所以需要"注意"、需要"截割"）。在笛卡尔的身心"观"中，作为"**第一人称的身体**"始终是阙如的。① 这也就不难理解"身体"在笛卡尔那里，是负面的东西、恶的东西了。"铁镣"这一隐喻强烈暗示出身体不单是一种中性的物体，而是一种束缚心灵生活的"恶"的东西。笛卡尔身心二元论带有浓厚的诺斯替主义的色彩，这是不言而喻的。那么，这种带有浓厚诺斯替主义的身体观折射出的是一种什么样的时代精神呢？

（二）笛卡尔为何要贬抑身体？

这种身心的割裂实际上与现代世俗化进程中自然的去魅化紧密相关，自然的去魅化旨在为自然科学脱离神学的纠缠服务，将身—心、物质—精神割裂为二，一者为神学所研究，一者为科学所研究。这一二分法显然与西方哲学中之"存在"（"是"）与"应当"、"事实"与"价值"的二分法一起构成了现代哲学思想的基本论说架构。在这一

---

① 当然我们不能忽视笛卡尔身体观的另一面向，他曾明确指出，我的身体"比任何物体更真正、更紧密地属于我"，因为"事实上我决不能象跟别的物体分开那样跟我的肉体分开"，"我不仅住在我的肉体里，就像一个舵手住在他的船上一样，而且除此而外，我和它非常紧密地连结在一起，融合、掺混得像一个整体一样地同它结合在一起"。（笛卡尔著，庞景仁译：《第一哲学沉思集》，商务印书馆1986年版，第80、85页）在其晚年著作《心灵的激情》中，笛卡尔更是强调，"**心灵是与身体的所有部位结合在一起的**"，以致我们不能说它在身体的这个部位而不在那个部位。但所有这些说法都没有改变笛卡尔身心二元论的立场，也没有妨碍他将身体拟为"机器"，活人之身与死人之身的区别就和"**任何一架能推动自己的机器**"（如上紧发条的钟表）与一架"损坏的机器"的区别一样。笛卡尔身体机器说见"The Passions of the Soul", in *Descartes Philosophical Writings*, translated by Norman Smith, New York: The Modern Library, 1958, pp. 267-268。

架构下，科学没有义务去证明它的事实与宗教价值、道德价值一致。自然界不再拥有任何精神上的意义，它成为自然科学处理的"事实领域"，成为现代工业社会赖以生存的"大资源库"、"大原料库"。与此相关，笛卡尔身体的去魅化（将灵魂从身体中逐出）则为现代医学、解剖学乃至现代艺术扫清了心理障碍。身体和其他物体一样遵循物理与化学的规律，因而也和自然一样成了科学（医学、生理学等）研究的事实领域①，成了现代工业（医疗业、保险业、美容业等）的谋利对象。而在认识论上，笛卡尔的二元论也有助于使数学从经验思考中摆脱出来，"数"乃非广延之观念，根基在于"思"。不仅如此，身心二元论也与个人的理解相关，成为新教因信称义的形而上学基础，"心灵"成了个体与上帝之间的连接纽带。②其实，新教因信称义所突显出的个体与笛卡尔"我思故我在"所突显出的个体是有本质的区别的，前者是被动的、信仰的个体（因而彰显出上帝的主动与荣耀），后者才是现代性所张扬的主动的、理性的个体。

这样，"刻画现代精神与社会及其机构间的关系特征"这一作为"现代性的中心"的个体主义③以及表达现代精神与自然世界（包括身体）关系的主体—客体对立模式，都蕴含在笛卡尔的身心二元论中了。当然使笛卡尔贬抑身体、忽视身体的重要性的原因，不仅与现代性的语境有关，而且也有其内在的认识论上的原因，美国学者莱德（Drew

---

① 在基督教的传统中，尸体解剖长期以来是一大禁忌，教宗卜尼法斯八世（Boniface Ⅷ，1235?—1303）在1300年发布了著名的敕令，反对以任何理由切割尸体。西方解剖学长期是在秘密状态下"非法"进行的。（参见 Otto L. Bettmann 著，李师郑编译：《世界医学史话》，台北民生报社1980年版，第149页）艺术家为了更加细致、准确地观察人体也开始偷偷摸摸干起解剖的行当，达·芬奇（Leonardo da Vinci，1452—1519）曾在罗马圣灵停尸间，借着幽暗的烛光，偷偷解剖了三十多具尸体，汇集了近千幅解剖图。（参见 Otto L. Bettmann 著，李师郑编译：《世界医学史话》，第175—176页）

② Thomas P. Kasulis with Roger T. Ames and Wimal Dissanake(eds.), *Self as Body in Asian Theory and Practice*, New York: State University of New York Press, 1993, pp. xvi-xvii.

③ 格里芬著，王成兵译：《后现代精神》，中央编译出版社1998年版，第5页。

Leder）的"**身体缺场的现象学**"（the phenomenology of bodily absence）揭示出了这一点。

在身体缺场的现象学中，无论是身体表层抑或是身体的内部都处于"缺场"与"隐性"（recessive）状态中。"表层身体"在其"绽出"、"**出窍**"（ecstasis）之中是缺场的，如在看的眼睛不会看到自己在看，在触摸的手不会触摸到自己在触摸，等等，换言之，这种"第一人称的身体"、"自为的身体"（萨特语）始终是不在场的、"缺场的"，它作为真正的"主体"永远无法被意识客体化为"在场"（presence）的东西。正是在这一身体的"缺场"（absence）之中，周遭世界的人与物才得以"在场"。这就意味着作为绽出性质的"**活的身体**"（the lived body）在其与周遭世界的纠缠状态中恰恰是自身—遗忘的、自身—遮蔽的。缺场的身体犹如语言的自身—隐退（self-effacing）一样：在阅读中，我不会注意我的眼睛，在讲话中，我不会留意我的嘴唇，也不会留意我的发音，等等。而"深度身体"在其正常的运作中也是处于"隐性"状态下的，与绽出于世的"表层身体"不同，深层身体是"隐退"于意识之下的"不可体验的深度"之中的，一个正常消化的胃根本就不能体验到它自己在消化，一个真正处在睡眠状态下的身体也不能体验到自己在睡眠，而在思维的大脑永远无法体验到自己在思维。绽出之身的缺场、隐性之身的隐退性与不可见性使得人的心灵活动看似是一种非肉体的、非"**具身的**"（unembodied）活动，在此意义上，莱德说，身体自身的结构导致了它的"**自身—遮蔽**"①，笛卡尔二元论本身就是建立在这种"身体缺场的体验"上面的。

另外，如上所述，笛卡尔身心二元论属于典型的视觉中心论传统，像柏拉图将奴斯（nous）称为"灵魂的眼睛"（eye of soul）一样，笛卡尔将理性称为"心灵的眼睛"（eye of mind），而"视"这一现象与其他

---

① 参见 Drew Leder, *The Absent Body*, Chicago: The University of Chicago Press, 1990, p.115。

知觉现象（如"听"、"嗅"）相比，更倾向于将周遭事物对象化——在"听"中所展开的则是事件而非物体，是"生成"而非"存在"，在将周遭事物对象化的同时，"视"还容易造成"动力的中性化"（dynamic neutralization）：在人们静观的时候，往往体验不到外物施加在自己视觉器官上的影响。[①] 视觉的体验很容易产生"非具身"的经验，与此相关，"心灵的眼睛"之视亦容易导致"身体的遗忘"、身体之维的失落。

（三）现代性之另一面

笛卡尔身心二元论对身体之维的贬抑与现代精神的**"单面性"**是相互联系在一起的。当今学者对现代性的口诛笔伐往往牵涉笛卡尔的身心二元论，也就不足为奇了。格里芬（Griffin）说，现代精神是一种"单面的男性精神"，过去内在于自然中的女性神灵被抛弃了："关于心灵和自然的二元论观点把意识、自我运动和内在价值仅仅归结为人类灵魂的属性，它不仅'证明'了人对自然的优越性，而且'证明'了男性对女性的优越性。十七世纪的神学科学家们相当明确地声称，他们发展的是一种'男性'科学。重契约轻习俗、重知觉轻直觉、重客观轻主观、重事实轻价值等态度都可以被看作是男性优于女性这一观点的表现形式。"[②]

莱德也认为笛卡尔的身心二元论是为现代的**"宰制结构"**张目的：在这一宰制结构中，男性与女性、人类与自然、劳心者与劳力者、西

[①] 参见 Hans Jonas, *The Phenomenon of Life: Toward a Philosophical Biology*, Chicago: The University of Chicago Press, 1982, pp. 145-149。与"视"形成鲜明对照的是"触"：在"触"的过程中，所"触"对象与在"触"的身体是交接在一起的，这里对"视"的现象学描述，只是着眼于"视"的缺场与身体—遗忘之间的关系，而并非意味着对"视"的贬抑，相反，眼睛之"视"在世界与他人的开显中，扮演非常重要的角色。参见 Maxine Sheets-Johnstone, "The Body as Cultrual Object/the Body as Pan-Cultural Universal", in M. Daniel and Embree (eds.), *Phenomenolgy of the Cultural Discipline*, Dordrecht: Kluwer Academic Publishers, 1994, pp. 85-114。

[②] 格里芬著，王成兵译：《后现代精神》，第11页。

方现代文明与非西方的"野蛮"文明、人与动物之间的关系，同属于心与身的关系。在其中，每一个对子的前一方是理性的、精神性的，因而是有价值的、有目的的；后一方则是非理性的、物质性的，因而是无价值的、无目的的。所以前者必须主宰、征服后者。① 科斯洛夫斯基（Koslowski）更是痛斥笛卡尔的身体降格造成了"现实的灾难性分裂"，即"无精神的唯物主义和无力量、无身体的唯心主义"的对峙，在此二元对峙之中，单纯的唯物主义和单纯的唯心主义只是同一个徽章的两面。它的后果则是取消了"作为肉体与精神、无生命与精神的中介的身体"："唯物论—唯灵论的对立最终影响了灵魂与肉体之间的过渡现象，即爱、性与性欲。在现代，身体越是失去作为灵魂的过渡和表达领域的意义，精神的追求就越是抽象、越是成为无肉体的唯灵主义的东西，爱就越是成为性，成为唯物的、肉体的东西。"②

卡普拉（Fritjof Capra）对笛卡尔二元论造成的现代性的负面效果做出了如下的总结：在笛卡尔的身心分割下，心乃"我思"的领域，物乃"我在"的领域。人文科学专门研究"我思"，自然科学专门研究"我在"。于是，笛卡尔的这种分割对西方思想产生了深远的影响：它导致我们确认脑力工作的价值高于体力工作；它促使规模巨大的工厂向人们，尤其是向妇女推销那些号称可以使使用者拥有"理想体型"的商品；它让医生们不去严肃地思考疾病的心理因素，而精神病医生则反过来，完全不管患者的肉体因素；在生命科学中，它导致了有关心灵与大脑的关系问题上的无穷无尽的混乱；在物理学中，它使量子理论的创立者们难于解释原子现象。这种分割深入人心，积重难返。③

在后现代主义者的口诛笔伐之下，笛卡尔的身心二元论成了现代

---

① 参见 Drew Leder: *The Absent Body*, pp.154-155。
② 科斯洛夫斯基著，毛怡红译：《后现代文化》，中央编译出版社1999年版，第56—57页。
③ 卡普拉著，冯禹译：《转折点：科学·社会·兴起中的新文化》，中国人民大学出版社1989年版，第101—139页。

性种种负面恶果在哲学上的"罪魁祸首",克服现代性,在哲学上也就几乎意味着克服笛卡尔的二元论。在此背景下,一度被笛卡尔二元论驱逐到边缘的"身体"在当代学术之中成为一个"中心",身体话语成为强势话语,实乃顺理成章之事。

二、回到身体

(一)后现代的语境

一种新范式的提出并不只是思想内部的事情,而且与总体文化情势的转换紧密相关。"身体"由现代状态下的受贬抑到当今时代的受宠爱与现代性范式及其意识形态基础日渐失去说服力不无关系。社会学家特纳(Bryan S. Turner)指出,当代思想对身体的兴趣和理解是"西方工业社会长期深刻转变的结果":首先是基督教清教主义正统思想的式微以及大众消费主义的盛行,"谴责性享乐的资产阶级及工业资本主义的道德机制在很大程度上已经消失",由于休闲与消费方式的变化,工人阶级中年轻男性粗壮的男子汉形象与加诸他们身上的闲适之间不再存在"功能的关联",现代性中的"劳动的身体"成为后现代中追求欲望的身体,"身体是作为享乐主义实践和欲望的一个领域而出现的"。[①]其次,女性主义对父权制社会组织的批判以及妇女在公共生活领域角色的转变,也是造成身体处于突出位置的原因。再次,社会人口结构、寿命的变化以及人工授精、试管婴儿、新的生殖技术、全球化器官移植工业的快速发展,产生了哲学、伦理学和法学的问题,诸如身体与灵魂、具身(embodiment)[②]与自我、意识与身份之间的关系问题,而

[①] 参见特纳著,马新良、赵国新译:《身体与社会》,春风文艺出版社2000年版,第5页。另参见丹尼尔·贝尔(Daniel Bell)著,赵一凡、蒲隆、任晓晋译:《资本主义文化矛盾》,生活·读书·新知三联书店1989年版,第101—139页。

[②] Embodiment(embodied)在不同的译着里有不同的译法,如"具体化"(具体化的)、"体化"(体化的)、"体现"(体现的)、"具身"(具身的)等,本书统一处理为"具身"(具身的)。

政府对艾滋病所做出的反应也突出了在个体权利与自由方面医疗干预的有争议的本质,"在这个肉体社会中,我们主要的政治与道德问题都是以身体为管道表现出来的",因此,"一个技术迅速扩展的社会中,人的身体体现的社会、经济和法律地位方面的这些宏观变化产生的后果是,人类身体已成为许多社会科学与人文学科研究的焦点"。[1]

这其中的最后一点原因为众多论者所强调,如吉登斯(Anthony Giddens)在其讨论现代性的著作中就着重指出,在生物的生殖领域里,由于种种基因工程和医学干预,身体不再是"天生的现象"而是成了"选择的现象",而对体型"自恋式的保养运动"无非是"一种深埋于内心的、对身体加以'建构'和控制的主动关怀的表达"。[2] 另外,希斯-约翰斯顿(Maxine Sheets-Johnstone)还提及过工业利益对身体的关注因素:化妆工业、服装工业、健美工业、医疗工业不断召唤我们的身体,以致"我们不再直接倾听我们的身体,而是倾听现代科学关于身体告诉了我们什么,这不只是在饮食、性、紧张方面是如此,而且在神经解剖学、生理学事实方面,如我们的大脑是如何工作的,我们的眼睛是如何看的,我们的心脏是如何应付创伤的等等,也是如此"[3]。

(二)当代思想中的"身体"

1. 哲学

在哲学领域,身体现象学异军突起,诸多现象学家如胡塞尔(Edmund Husserl)、舍勒(Max Scheler)、马塞尔(Gabriel Marcel)、

---

[1] 特纳著,马新良、赵国新译:《身体与社会》,第8页。

[2] 参见吉登斯著,赵旭东、方文译:《现代性与自我认同》,生活·读书·新知三联书店1998年版,第8页。

[3] Maxine Sheets-Johnstone, *Giving the Body its Due*, New York: State University of New York Press, 1992, p.2. 关于"身体"思想的后现代语境之分析,亦可参见伊格尔顿(Terry Eagleton)著,华明译:《后现代主义的幻象》,商务印书馆2000年版,第81—106页。

萨特（Jean-Paul Sartre）、梅洛-庞蒂（Merleau-Ponty）、施密茨（Hermann Schmitz）、施特劳斯（Straus）、约纳斯（Hans Jonas）等都曾致力于身体之维的现象学探究。在现象学家看来，身体绝不只是世界之中的一个物体，相反世界恰恰是通过身体这一中介而得到开显。身体现象学的出发点是对躯壳（Korper/physical body/body)与身体（Leib/living body/Body）进行区分，前者是"对象之身"，后者是"主体之身"、"绽出之身"（the ecstatic body）。身体现象学的特色在于从现象学的角度对身体进行研究。"从现象学角度"亦即从现象学描述的角度，具体来说，它要避免一切先入的理论成见，一切有关身体的科学理论、文化习见均得被搁置一边，无论生理学、生物学、化学告诉了我们多么正确的身体知识，无论机械主义、机体主义对身体有多么系统与精确的见解，这一切东西从根本上讲，都还只是一些"身体理论"而非**身体现象**。身体现象学瞄准的是"身体现象"而非"身体理论"。"身体现象"的着眼点是**身体之为身体**，换言之，身体是如何给予的，身体是如何显现的，这一身体给予我们的"源始现象"才是身体现象学的主题。现象学家诉诸现象学方法，其旨趣就是要让此"源始现象"从遮盖它的种种身体理论中挣脱出来，而如其所是地展现其自身。

但是，何谓"源始现象"？这在不同的现象学家那里是有不同的看法的。恪守先验的我本学（egology）立场的胡塞尔始终不渝地将现象学方法视为达至先验自我及先验意识的知识论的手段，先验自我及其意识在他那里遂成了"源始现象"的同义词，于是，身体现象学的问题对于胡塞尔便是身体如何在我的意识中得到构成的问题——无论胡塞尔现象学如何重视身体因素，但在根本上仍然是意识现象学，其要害恰在这里；而以萨特、梅洛-庞蒂为代表的生存现象学家，则坚守海德格尔的"在世"的存在论立场，"在世"（Being-in-the-world）才是"源始现象"，于是，身体现象学的问题相应地亦是身体如何在世界中显现的问题。可以说，以胡塞尔为代表的先验主义的身体现象学和以萨特、梅洛-庞蒂为代表的生存主义的身体现象学（施密茨的"新现象学"对身体现象学的描述基本上属于梅洛-庞蒂的路数）是身体现象学两条基本进路。其中，梅洛-庞蒂对于身体的研究用力至深，他将"现象之身"提升到哲学存在论的高度，传统的"工具"身体的概念被彻底抛弃，身体不再是单纯的工具，它还是我们自身在这个世界中的表达，笛卡尔透明的我思被拒绝，"感知的主体不是绝对的思者，相反，它是依照我们的身体与世界之间、我们自己与我们的身体之间的生来的联系而起作用的"。① 在梅洛-庞蒂现象学中，身体成了意义世界开显的场所："身体是我们拥有世界的总的媒介。有时，它受限于生命保存的必要行动中，因而它在我们周围设定了一个生物学的世界；另一些时候，在阐释这些基本的行动并从它们的字面意思上升到寓意的过程中，它又通过它们开显出一种新的意义之核：跳舞中的习惯性运动就是如此。最后，有时，身体的自然手段无法达到要求的意义，它就必须为自己建造工具，并因而在自己周围筹划出一文化的世界。"② 如此，身体上升到存在论的地位：它不再只是万物之中的一物，而且也是"万有之尺度"。③ 梅洛-庞蒂的身体现象学在当代社会科学中有着巨大的影响，有论者甚至称梅洛-庞蒂的现象之身乃是政治经济学、历史、科学、哲学、艺术、心理分析的根基。④

当代分析哲学的巨擘维特根斯坦（Ludwig Wittgenstein）在"身

---

① Merleau-Ponty, *The Primacy of Perception*, edited by James M. Edie, Evanston: Northwestern University Press, 1964, p.6.

② Merleau-Ponty, *Phenomenology of Perception*, translated by Colin Smith, London: Routledge & Kegan Paul, 1962, p.146.

③ 参见 Merleau-Ponty, *The Visible and Invisible, translated by Alphonso Lingis*, Evanston: Northwestern University Press, 1968, pp.248-249。

④ 参见 John O'Neill, *The Communicative Body: Studies in Communicative Philosophy, and Sociology*, Evanston: Northwestern University Press, 1989, p.3。

体"向度的开展上面,亦占有一席之地。在很大程度上,我们可以说他的身体观直接建立在对笛卡尔身心二元论的消解的基础上:"人的身体是人的灵魂的最好图画。"①在《论确定性》一书,他对摩尔(George Moore)将"知道"一词用于常识性命题,诸如"我知道我有两只手"进行了反驳,在这一反驳过程中,维特根斯坦同时表现出对传统笛卡尔视觉中心论、身心二元论的拒斥。在笛卡尔看来身体之为广延物,它跟其他广延物一样总有可能是人的幻觉,故"我有一个身体"此类命题并不具有真正的确定性。摩尔则坚决反对笛卡尔式的怀疑,他以捍卫**"常识"**为己任。在他看来,"我知道我有两只手"、"我知道我有一个身体"等,皆属常识命题而不容怀疑。而在维特根斯坦看来,在此使用"知道"一词乃是非法的,如果说"我知道我有两只手",那么,如何能证明此呢?我伸出两只手,然后用眼盯一番来证明?所谓眼见为实?然而,如果我连自己有两只手都怀疑,那么,我们凭什么要相信自己的眼睛呢?"因为为什么我不去通过发现我能不能看见我的两只手,而证明我有两只眼呢?"②"如果有人说'我有一个身体',那么我们就可以问他,'用这张嘴讲话的人是谁?'"③"我不知道'我有一个身体'这个句子是怎么用的。"④这就意味着,"拥有一个身体"乃属于不须举证之信念,而非知识之命题。确实,你如果对你的双手有所怀疑,那你就得对你的眼睛有所怀疑,毕竟眼睛并不比双手更有确定性,你也得对你使用的任何言辞进行怀疑,最终,你根本无法进行怀疑了。"怀疑的游戏本身是以确定性为前提的。"⑤在此意义上可以说,人类的基本信念是不需要根据的,因为任何根据都是在基

---

① 维特根斯坦著,李步楼译:《哲学研究》,商务印书馆1996年版,第272页。
② 维特根斯坦著,李步楼译:《哲学研究》,第18页。
③ Ludwig Wittgenstein, *On Certainty*, translated by Denis Paul and G. E. M. Anscombe, New York: Harpertorch Books, Harper & Row, Publishers, 1969, p. 32.
④ Ludwig Wittgenstein, *On Certainty*, p. 34.
⑤ 参见 Ludwig Wittgenstein, *On Certainty*, pp. 18, 22, 23。

本信念基础上才有意义的，换言之，你提出的任何根据都没有比基本信念更源始、更有力道，所以维特根斯坦才会说"在有着完美根基的信念的根基之处乃是没有根基的"，任何用来论证它们存在的"依据"都不比它们本身更具确定性，"证明是有尽头的"。① 如此，被笛卡尔一度质疑的身体向度重新被维特根斯坦置于不容置疑、不须举证之优先地位。

另外，以倡导"个人知识"而闻名世纪哲坛的英国哲学家波兰尼（Michael Polanyi），对"身体"在知识论中的地位多有勾勒。他对技能实践中身体的认知能力之独特性颇为重视，认为人类知识系统中不可言传之技艺部分、行家绝技都是借"身教"而得以流传。他还进一步区分出"两种觉知"：一是"附带觉知"（subsidiary awareness），一是"焦点觉知"（focal awareness）。在弹钢琴时，手指与琴键是附带觉知的对象，所奏音乐是焦点觉知；在运锤钉钉子之际，扶钉子之手乃附带觉知，钉钉子乃焦点觉知；在埋头读书期间，书面上的字迹是附带觉知，书之意义是焦点觉知。不难看出，波兰尼的"附带觉知"所描述的实际上就是身体现象学意义上的"绽出之身"现象。梅洛-庞蒂身体与工具关系的思想在波兰尼的附带觉知中亦得到了印证。我们使用的锤子和盲人所使用拐杖表明，"我们对工具和拐杖的附带觉知，可以被视为把它们变成我们自己身体的一部分的行为了"，"它们都不被当作外部物体来处理"，而是我们自己身体，"我们自己即操作人的一部分"了。②

2. 社会学

在社会学领域，现代的几个社会学大家如韦伯（Max Weber）、杜克海姆（Emile Durkheim）、米德（George Herbert Mead）等皆未摆

---

① 参见 Ludwig Wittgenstein, *On Certainty*, p.27。另参见维特根斯坦著，李步楼译：《哲学研究》，第 127 页。
② 迈克尔·波兰尼著，许泽民译：《个人知识》，贵州人民出版社 2000 年版，第 88—89 页。

脱笛卡尔二元论的模式。① 身体成为当代社会学的焦点之一是与福柯（Michel Foucault）的名字分不开的，他深受尼采的影响，将身体置于权力运作的中心进行探索，他通过对疯癫、性、监狱、医疗制度所做的谱系学考察，建构出"权力微观物理学"与"政治身体"的体系，在其中，身体直接卷入某种政治领域，"权力关系直接控制它，干预它，给它打上标记，训练它，折磨它，强迫它完成某些任务、表现某些仪式和发出某些符号"。②

福柯开了社会学家探究社会机制建构、重构身体的先河，在他之后，特纳（Bryan S. Turner）、奥尼尔（John O'Neill）等对身体社会学的理论建构进行了探索。后者在《身体形态》一书中，提出五种身体的设想。其一，**"世界身体"**。一方面，"人类是通过其身体来构想自然和社会的。这也就是说，人类首先是将世界和社会构想为一个巨大的身体。以此出发，他们由身体的结构组成推衍出了世界、社会以及动物的种属类别"。另一方面，人类亦同时"以宇宙来反观其身体"。显而易见，"世界身体"在人类的生存活动、知识建构之中是奠基性的，"一切科学之基础即是世界身体"。③ 其二，**"社会身体"**。它构成了内在于公共生活的深层交往结构，身体是社会秩序与价值的象征，如左手与右手的二元对立在某些社会中就具有社会与宗教的意义，在中国古代文化之中一直有"尚左"或"尚右"的传统。其三，**"政治身体"**。政治的架构与身体的架构往往是同构的，在古希腊，城邦系统被视为源自于一个"最早的城市"，即"一个放大了的身体"，城邦组织系统的和谐如同身体的诸

---

① 个中原因的分析，参见 Wimal Dissanayake, "Body in Social Theory", in *Self as Body in Asian Theory and Practice*, pp. 21-24。

② 福柯著，刘北成、杨远婴译：《规训与惩罚》，生活·读书·新知三联书店 1999 年版，第 27 页。另参见 Michel Foucault, *Power/Knowledge: Selected Interview & Other Writings 1972-1977*, ed. by Colin Gordon, New York: Pantheon Books, 1980, pp. 55-62。

③ 奥尼尔著，张旭春译：《身体形态——现代社会的五种身体》，春风文艺出版社 1999 年版，第 15—17 页。

器官之间处于和谐的统一状态一样。① 其四,"**消费身体**"。这是需求的身体,它是商业美学所利用的资源,时装工业算计的对象。其五,"**医学身体**"。身体的医学化是身体全面工业化的一个重要的组成部分,"我们把生命中的每一个阶段——怀孕、生产、哺育、性交、疾病、痛苦、衰老、死亡等——均置于职业化和官僚化中心的处置之下"。②

另外,举凡研究自我认同的当代社会学家莫不重视身体在自我认同的建构过程中的地位,以研究现代性下自我认同的大家吉登斯(Anthony Giddens)为例,他指出,"自我,当然是由其肉体体现的。对身体的轮廓和特性的觉知,是对世界的创造性探索的真正的起源"。"身体不仅仅是我们'拥有'的物理实体,它也是一个行动系统,一种实践模式,并且在日常生活的互动中,身体的实际嵌入,是维持连贯的自我认同感的基本途径。"③

3. 人类学

在人类学领域,玛丽·道格拉斯(Mary Douglas)在《洁净与危

---

① 中国传统政治文化中素有"国犹身也"的说法,如"夫治身与治国一理之术也"(《吕氏春秋·审分览》),"若损百姓以奉其身,犹割股以啖腹,腹饱而身毙"(《贞观政要·君道》),"天下譬犹一身:两京,心腹也;州县,四肢也;四夷身外之物也"(《资治通鉴》卷一九七)。(参见张颂之:《中国传统政治诸喻论》,《孔子研究》2000年第6期)王阳明在《答顾东桥书》之中所设想的理想政治更是以"身体"为原型:当是之时,天下之人熙熙皞皞,皆相视如一家之亲。其才质之下者,则安其农、工、商、贾之分,各勤其业以相生相养,而无有乎希高慕外之心。其才能之异若皋、夔、稷、契者,则出而各效其能。若一家之务,或营其衣食,或通其有无,或备其器用,集谋并力,以求遂其仰事俯育之愿,惟恐当其事者之或怠而重己之累也。故稷勤其稼,而不耻其不知教,视契之善教,即己之善教也;夔司其乐,而不耻于不明礼,视夷之通礼,即己之通礼也。盖其心学纯明,而有以全其万物一体之仁,故其精神流贯,志气通达,而无有乎人己之分,物我之间。譬之一人之身,目视、耳听、手持、足行,以济一身之用,目不耻其无聪,而耳之所涉,目必营焉,足不耻其无执,而手之所探,足必前焉;盖其元气充周,血脉条畅,是以痒疴呼吸,感触神应,有不言而喻之妙。(王守仁撰,吴光等编校:《王阳明全集》卷二,上海古籍出版社1992年版,第54—55页)在十四世纪托马斯·布林顿(Thomas Brinton)主教的布道词里面有非常类似的比喻:我们是同一身体的神秘成员,其中君主、诸侯、主教是首,法官、智者、律师是眼,教士是耳,良医是舌,勇士是右手,商人与工匠是左手,市民是心,农、工是足,支持全身。(参见 Richard C. Poulsen, *The Body as Text*, New York: Peter Lang Publishing, Inc., 1996, p.12)

② 奥尼尔著,张旭春译:《身体形态——现代社会的五种身体》,第123页。

③ 吉登斯著,赵旭东、方文译:《现代性与自我认同》,第61、111页。

险》（*Purity and Danger*）、《自然的象征》（*Natural Symbols*）等著述中，对身体与染污、禁忌及社会范畴、仪式象征符码的起源的关系进行了探索性研究，颇得同行的瞩目。①

另一位人类学家保罗·康纳顿（Paul Connerton）在研究社会记忆时指出，记忆是与身体实践分不开的。他将记忆在身体中的积淀或积累分为两种基本类型。一是"**体化实践**"，诸如身体之姿态、表情、动作，它是传达人以其当下的身体举动来传达信息。体化实践是文化共同体中规定身体、性别、权力、日常礼仪、宗教信仰乃至价值的重要途径。在不同的文化中，身体姿态的意义可能有着巨大的差异，但是，权力和等级的观念、权威的编排大多都是通过身体来表达的。身体的隐喻构成了文化中价值取向的一个主要修辞手段，诸如"正直"、"高贵"、"卑微"、"屈服"等这类身体词汇成了各种文化共同的道德价值的隐喻："在我们所经历的生活环境中，克服引力上的取向，给我们为之赋予价值的二元意义，例如在高与低、尊与卑、仰视和鄙视的对立中所表达的那些价值，建立了姿势上的基础。正是通过我们社会存在的这种根本性体现特征，通过以这些体现为基础的体化实践，这些对立辞语为我们提供了我们用于思想和生活的隐喻。"② 二是"**刻写实践**"，诸如书写、印刷、照片等记录行为。在刻写实践如书写中，亦包含了"不可缺少的身体因素"，我们所写的每一个字都需要身体动作，而写一手好字亦被视为"身体教养"的一部分，于是，小学生的书法训练成了"微型体操"，成了规训和惩戒的一个重要手段。由此，身体成了理解人类生活不可缺少的一把钥匙。

---

① 参见斯特拉桑（Andrew Strathern）著，王业伟、赵国新译：《身体思想》，春风文艺出版社 1999 年版，第 15—32 页。其他人类学家对身体的探讨可参见该书第 2 章。另参见埃德蒙·利奇（Edmund Leach）著，郭凡、邹和译：《文化与交流》，上海人民出版社 2000 年版，第 62—63 页。

② 康纳顿著，纳日碧力戈译：《社会如何记忆》，上海人民出版社 2000 年版，第 93 页。

4. 宗教学与基督教神学

以温德尔（Elisabeth Moltmann-Wendel）、麦克法格（Sallie McFague）为代表的女性主义神学家对于传统基督教中的父权主义对身体贬抑进行了深刻的反思。前者在《我是我的身体》（*I Am My Body*）一书中对"**拥有**一个身体"（having a body）与"**是**一个身体"（being a body）进行了区分。"我们的主要体验是我们拥有一个身体。我们拥有一个身体去工作、奔跑、携重、爱、吃、跳舞，简言之，去做一切要做以及喜欢做的东西"；如果身体停止正常的运作，我们就会拥有另一种体验，即"我们是身体"。这种"我们是身体"的体验有正负两个方面：如果我们病了，不舒服、疲倦、疼痛、浑浑噩噩，我们就受到了阻碍。身体就接管了我们的意志、我们的知性，"现在它不再从脑袋的下面开始，它就是整体的我们。我们就是身体"，"用来应付生活并给生活带来快乐的工具，给我们带来了另一种体验：它是我们的监狱"。不过，"我们是身体"也可以"是舒适、活力盎然的体验，是对身体的节奏清醒的体验，是面对自然、树木、青草、小猫的喜悦之情"。但是，西方文化使人们远离自己的身体，并教育人们如何控制身体。而基督教的历史也往往与禁欲、否定身体联系在一起，因为身体通常是与性联系在一起的，而基督教对性是严厉禁止的。温德尔指出，身体是上帝的一个好的创造，抑或是恶的、诱惑人的东西，是人必须去压抑、惩罚、蔑视甚至必要时要烧毁的东西？这对基督教来说是一个问题。耶稣的拯救活动是与治病分不开的，耶稣的"言"是与身体相关的强有力的能量，只不过后来的文化传统将他的拯救、布道给"理性化"了，变得与身体脱节了。耶稣拯救的是完整的人而不只是灵，他的拯救活动有时直接就是身体与身体的接触，如医治血漏病人。但耶稣福音的身体之维最终被遗忘了。问题在于："我们真的如此脱离肉体或者说如此对身体充满敌意吗？"当今物理疗法的盛行，化工业的繁荣，服装业的发达，性禁忌对青年人已不再有效，每一个人都爱惜自己的身体，健身、节食、美容大盛其道，但是这一切（我们爱护、照料、修饰、打扮的身体）真的就表达了我们的存在了吗？我们渴望一个美丽的、年轻的、有竞争力的、迷人的、精力充沛的身体，但这是我们的身体本身也渴望的东西吗？我们操纵身体，但是身体本身要求什么？我们本身是处在如此的一个身体之中吗？温德尔的这一系列发问确实令人深思。

麦克法格则指出，尽管西方基督教历史中拥有"一个令人惊异的'身体'传统"①，如身体复活观、圣餐观、以基督为"首"的教会之身体观，但在基督教文化中却长期存在着对身体的贬抑、自我仇视现象，她对此深恶痛绝，认为这是"一种深度的病态"（a deep sickness）现象。其背后隐匿的是个体主义、机械主义、二元论、阶层性等**宰制性的父权主义的意识形态**，上帝被视为"国王"、"主人"、"征服者"，神性被塑造成全能性、超越性、绝对性。这种**君王模式**（the monarchical model）的上帝观"激发了军国主义、二元论与逃避主义的态度"②。她反复强调："我们就是身体，像我们这个星球上所有其他生命形态一样，我们的身体也是由同样的材质构成的。我们并不拥有身体，就像我们喜欢设想的那样，我们从身体之中分身而出，如同某人从为我们服务的属下、仆人那里抽身一样（这个'我们'是寄住于身体但又并不真正属于身体的心灵）。我们就是身体、'身与心'……我们应该爱护与荣耀身体，我们自己的身体以及这个星球上所有别的生命形态的身体。"③身体不是臭皮囊，不是罩在自我上面可以随意脱掉的衣衫，它就是我们之所是，它被承认、响应、爱护、触摸、关爱，它也被压迫、打击、强奸、遗弃、残杀。身体还有"更加丰富、深刻、

---

① Sallie McFague, *Models of God: Theology for Ecological Nuclear Age*, Philadelphia: Fortress Press, 1987, p.71.
② Sallie McFague, *Models of God: Theology for Ecological Nuclear Age*, p.78.
③ Sallie McFague, *The Body of God: An Ecological Theology*, London: SCM Press Ltd, 1993, p.16.

广阔的意义",万物皆有其身体:动物之身体、草木之身体、大山之身体、大海之身体乃至**宇宙之身体**(the body of the universe)。为此,她专门提出一种**作为上帝身体的世界模式**(the model of the world as God's body),在这个模式里面,上帝作为母亲、作为爱人、作为朋友(God as Mother, Lover, Friend)①而迥异于传统的君王模式的上帝。上帝成了名副其实的**道成肉身的上帝**,上帝永远不是空灵的,上帝的超越性从不是与世界分离的,上帝的超越性只能在世界之中、通过世界表现出来。"我们是在世界的身体之中遭遇到上帝的……世界是我们与上帝遭遇之地。"②

(三)一种新的"身体范式"?

如何在哲学上统摄当代思想之中这种丰富的身体观?如何厘定这种所谓的"**身体范式**"?

众多的学者在谈论身体的新的范式、"具身的逻辑",希斯-约翰斯顿指出:"传统的、严格物理主义的身体观至今仍主宰着西方的文化",但现在正受到"挑战","一个全然不同的身体框架正在形成之中"。"具身"是瓦解精神和肉体二元性的术语,它是一种新人文主义,具身范式反映着向一种"活的体验的情感"之回归,它反对"官僚政治性质的法理社会",它倡导"礼俗社会"的重建。而霍兰德(Norman N. Holland)为我们描绘出后现代文化中的身体景观:"后现代精神可以看成是一种具身的(embodied)精神,它同非具身的(unembodied)古典超越理想形成了鲜明的对照",这种精神的力量,"首先应重新扎根于我们的躯体,其次应重新扎根于我们的社会环境,

---

① 这是 McFague 提出的几个上帝隐喻(模式),她对传统的父亲(隐喻)模式颇多微词,在 *Metaphorical Theology: Models of God in Religious Language* 一书的第五章中,她以"圣父上帝:模式抑或偶像"(God the Father: Model or Idol)为题对之进行了细致的检讨。

② Sallie McFague, *Models of God: Theology for Ecological Nuclear Age*, pp.184-185.

最后应重新扎根于我们的自然母体"。我们最先是从我们自己的躯体当中，从我们的肌肉、血液、呼吸、神经、骨骼、体态、消化力、性欲、心灵等的现实性当中认识到上帝的创造性活动的，"我们自己的肉体乃是我们同在创造中展现出来的神秘的第一个宗教性遭遇点"，我们的肉体表现着上帝自己的创造，展示了它强有力的存在。而"地球本身是我们自身生物性具身（biological embodiment）的扩展，她是我们与上帝的第二个相遇的场所"[①]。

莱德在从身体现象学的立场批评笛卡尔的二元论之后指出，除非我们能够提出一种相关的看似更好的选择，否则我们不会放弃旧有的模式，而身体现象学看来就是这样一种选择，它能够给我们提供"真正全新的观察世界的方式"。不过，他认为关键性的问题在于，旧的笛卡尔二元论的模式之危险是导向**"等级制的与压迫性的社会结构"**（人对自然、男性对女性、人对动物、西方文明对非西方的"野蛮"文明等的宰制与压迫），要问的是：身体现象学会作为一种新价值的框架会发挥作用吗？在回答这一问题时，莱德诉诸中国新儒学。他认为儒学**万物一体之仁**与他所揭示的身体现象学的主题是相辉映的。他指出儒学仁者以天地万物为一体的说法不只是一个存在论的观念，也是一个"引导自我—成长的道德或灵性的观念"。在存在论的层面上，我们都是由"气"构成的，此气既非单纯的物质亦非单纯的精神，而是贯彻人身—心乃至宇宙万物的生力，他援引杜维明先生的评论说，"同宇宙融为一体，意思是说，既然一切存在形式都是由气构成的，因此人的生命是构成宇宙过程的生命的连续之流的一部分"。在他看来，中国思想中"气"的观念类似于身体现象学的"隐性"之维，亦与梅洛-庞蒂的"**肉**"（flesh）的观念相通。新儒学之心，亦非西方无身体的意识心（mind），而是身体中"最精妙的气"（"灵气"），是对世界知—情—意

---

① 参见霍兰德：《后现代精神的社会观》，收入格里芬著，王成兵译：《后现代精神》。

三位一体之响应，通过此心，我们可以体验万物并与之同体。"天没有我的灵明，谁去仰他的高？地没有我的灵明，谁去俯他的深？……天地鬼神万物离却我的灵明，便没有天地万物了"，王阳明这一著名话头表明世界是在吾之身—心的绽出中开显的世界；而"目无体，以万物之色为体；耳无体，以万物之声为体；鼻无体，以万物之臭为体；口无体，以万物之味为体；心无体，以天地万物感应之是非为体"，阳明此说则表明作为主体，"我并不是居于私人意识之场所中，而是在绽出中与世界结为一体"。在存在论的层面，新儒学"一体"观是与身体现象学的"绽出与隐性"之身的观念是一致的。不过，儒学的"身体学"不只是一存在论的学问，更是一"成圣论"、"成德论"的学问。道德的理想就是遵循宇宙的法则，与万物同体这一存在论的真理，同时也决定了一体的践行乃是一条道德律令，存在论的原则是在身体力行的道德践履实存中、在以身度身的同情心的无限扩展中得到实现与体现的。莱德还进一步指出这一观念看来远离当今西方伦理学的讨论视野，但他认为它或许可以成为**"一种新的具身伦理"**（a new ethic of embodiment）之根基。要之，笛卡尔的身体观是功能紊乱时的身体、是解剖学的身体，所以对待它的相应态度是控制、克服，这一态度也相应地表现在认识论、政治学、道德及医学之中；现象学的身体是"缺场的"、"绽出的"的身体，在这里"缺场"具有正面的意义，缺场的身体正是绽出于世界之中的、潜隐于为而不名的生命过程之中的"根身"、"生存论之身"。笛卡尔的身体既然是"威胁之身"（body-as-threat），其相应的伦理取向便是压抑肉身、贬斥肉身的非具身的伦理；而现象学的身体观能否开出一种具身的伦理呢？儒学对身体与世间万物之间的存在论与道德论的深层的相互关联的阐述，儒学的身体模式能否成为笛卡尔二元论模式的"相宜的继代者"呢？莱德本人似对此持乐观的态度。他希冀以现象学的—儒学的身体观取代笛卡尔的现代性身体观，进而为西方思想开出"具身"之维。

三、回首东方：儒学身体观研究

（一）徐复观之"心的文化"

徐复观先生在《心的文化》一文中明确指出，中国文化的基本特点是**"心的文化"**，它与把人生价值或奠基于形而上的理型、绝对精神，或追溯到环境的刺激的西方文化不同，中国文化认为人生的价值根源于人自己的"心"。而这个心就是五官百骸中的一部分，是人的生理构造的一部分，这在根本上与西方唯心论的"心"不同。徐先生甚至以反讽的口气说，"把中国文化的心，牵附到唯物方面去，还有点影子；因为生理本是物，心的作用正是生理中某一部分的作用。牵涉到唯心方面去，便连一点影子也没有了"①。他还指出，《易传》"形而上者谓之道，形而下者谓之器"中的"形"指的是人的身体，"形上"与"形下"之分是以人的身体为中心的，而人的心则在"人体之中"，因此，若要把《易传》的话说完全，则应添一句"形而中者谓之心"，中国文化是"心的文化"，也就是**形而中学**，而不应讲成形而上学。徐复观先生将儒学之"心学"创造性地诠释为"形而中学"，并非只是天马行空的玄思，它确实切中心学的具身之品格。刘翔先生"仁"的释义可以引为佐证。儒学有"仁学"之称，但"仁"字究竟何解，却也是见智见仁。古人许慎"人二"之训虽影响甚大，但难称定论。移居加拿大的古文字学家刘翔先生从字形变化之迹入手，考释金文"仁"字之种种字形，认为战国印玺文中的"息"就是仁字的较早构形，仁字的正解是"从心从身"，义为"心中想着人之身体"。徐复观先生以"形而中学"的立场，指责冯友兰先生"硬拿着一种西方形而上学的架子，套在儒家身上"，是"把儒家道德实践的命脉断送了"。对方东

---

① 徐复观：《中国思想史论集》，上海书店2004年版，第212页。

美、熊十力、唐君毅思想中的形而上学旨趣，徐先生亦颇有微词，直斥他们"把中国文化的方向弄颠倒了，对孔子毕竟隔了一层"。

徐先生对其时贤的批评是否公允，此存而不论。但"中国哲学史"这一学科的建立是在现代性精神所塑造的"西方哲学史"这一参照系下进行的，这确实是一不争的事实。几乎每一部中国哲学史教科书的前言或第一章都要讨论"中国有没有哲学"这一话题，仅此就足以说明问题了。问题在于，在"西方哲学史"这种参照系下所建构的"中国哲学史"会不会对中国思想之中"身体"向度造成某些盲点呢？以儒家为主干的中国传统思想一直以"贵身"、"尊身"、"保身"、"守身"、"修身"作为核心价值，一直把"安身立命"作为人生在世的终极关怀。西方当代学术中的"身体转向"对于当今的儒学研究来说无疑具有重要的借鉴意义。

（二）三个论域

近年来，儒家身体观方兴未艾[①]，可以说与当代西方学术中的身体转向是密不可分的。这样说并不意味着儒家身体观的研究只是另外一种后现代哲学宰制下的"反射的东方主义"，在更多的论者那里，西方学术的身体转向只是一种"助缘"，因此助缘而起一自觉意识，即重新反思"中国哲学史"这一学科建构过程之中一度被忽视的身体向度，

[①] 参见杨儒宾主编：《中国古代思想中的气论与身体观》，台北巨流图书公司1993年版；杨儒宾：《儒家身体观》，台北"中央研究院"中国文哲研究所筹备处1996年版；杨儒宾、黄俊杰编：《中国古代思维方式探索》，台北正中书局1996年版；蔡璧名：《身体与自然：以黄帝内经素问为中心论古代思想传统中的身体观》，台湾大学出版委员会1997年版。本章撰写于十年前，十年来，大陆学界对中国传统身体观的研究已有改观，如周与沉：《身体：思想与修行——以中国经典为中心的跨文化观照》，中国社会科学出版社2005年版；张再林：《作为身体哲学的中国古代哲学》，中国社会科学出版社2008年版。海外汉学家司马黛兰（Sommer Deborah）对先秦思想中的身体观念之"体"、"身"、"形"、"躯"之不同面向及其义蕴进行了细致入微的阐发，给人耳目一新之感。参见 Sommer Deborah, "Boundaries of the Ti Body", *Asia Major*, 3d seriers., Vol. 21.1 (2008), pp. 293-324。Mark Csikszentmihalyi, *Material Virtue Ethics and the Body in Early China*(Leiden Boston: Brill, 2004) 中对先秦思想中的身体观亦有专题探讨。

重新发现被现代性长期笼罩、遮蔽的"自家无尽藏"。

儒家身体观的研究大致而言，三个论域卓然已具规模。一是儒家"体知"观念之提出；一是儒家身体类型学之梳理，尤其儒家践形观之阐发；一是儒家身体政治论与社会论之厘定。

早在二十世纪八十年代，杜维明先生就提出"**体知**"观念。① 他认为从比较宗教学的立场看，身体在儒家思想里面，一直拥有一"崇高的地位"，"身体"在儒家传统中是一"极丰富而庄严的符号"，儒学所倡导的不忍之情、忠恕之道，在本质上是"体之于身的一种自然涌现的感情"，"身体是伦理—宗教价值在其中创生、保持以及体现的实存领域"，儒家所推崇的修身，亦不是离开身体向度的单纯的灵性修炼，礼乐、射御、书数均与身体锻炼密不可分，"修身"、"践形"根本上是指"对身体加以齐整、培养和修炼"，而非建立在身心二元论基础上的近乎自虐式的"禁欲"与"苦行"。因此，身体远不只是一个"自然观念"，而更是一个"成就观念"。而儒家之智慧、德性之知在根本上是具身之知，即通过身体来进行认知，此为"中国哲学思维的特色"。杜维明先生分别从感性、理性、智性、神性四个面向展示"体知"之义蕴，并认定"**即了解即转化的行为**"（knowing as a transformative act）乃体知之根本特征。②

儒家身体类型学的研究则展开于二十世纪九十年代，台湾清华大学杨儒宾先生所著《儒家身体观》是这方面研究的最重要的成果。该书详细梳理了先秦儒家身体观的源流，认为儒家身体观的原始模式在先秦时期已经创立，其后开展的身体观内涵均是为此模型作注脚。而

---

① 《儒家"体知"传统的现代诠释》一文开头就说杜维明先生在1985年提出"体知"概念。（参见郭齐勇、郑文龙编：《杜维明文集》第五卷，武汉出版社2002年版，第364页）但在《魏晋玄学中的体验思想》（收入《燕园论学集》，北京大学出版社1984年版）中，杜先生已明确说道家体无的知识是"体知"，是"以自知自证为典范的体知"。（参见郭齐勇、郑文龙编：《杜维明文集》第五卷，第78—79页）

② 杜维明先生有关"体知"的系列文章收入郭齐勇、郑文龙编：《杜维明文集》第五卷。

先秦儒家的身体观原型系由三种类型的身体观构成：一是**礼仪化的身体观**，一是**心气化的身体观**（杨儒宾随后又称为践形观），一是**自然气化的身体观**。以后儒家对身体的看法不外乎此三种身体观之"错综结合"。而此三种类型的身体观实有两个源头，是为杨儒宾所称的"二源"，即以周礼为中心的**威仪身体观**与以医学为中心的**血气身体观**。杨儒宾认为"意识—形气—气化一体呈现的身体"乃儒家的身体观的特色所在，它统摄了意识、形气、自然与文化四个向度，这四体互摄互入，形成一"**身体主体**"的完整内涵。

全书对传统心学一系的思想家如孟子（以及出土的被认定为思孟学派的文献）以及《管子·内业》的作者、王阳明、罗近溪的身体观的阐发，可谓胜义迭出，不仅发前人所未发，而且对于中国学术界长期对"心学"之意识本位的解读颇有纠偏之意义。杨儒宾深入揭示出道德意识之穿透形气，展示于身体层面这一重要特征，"道德意识绝不仅止于意识层而已，它是身体架构与道德意识互相渗透、泯不可分的连续体之全体展现"。此种对心学之身体根基的揭示，无疑对于我们准确把握儒家的修身智慧具有重要的理论意义。

台湾大学黄俊杰先生则开辟了儒家身体政治论域与社会论域，他在研究传统中国思维方式时就曾专门指出，传统中国思维是"联系性思维方式"，其中一个重要表现就是"身"与"心"的联系性。① 这种

---

① 毫无疑问，身心一如观是儒家身体观的一个重要特征而与笛卡尔身心二元论形成鲜明的对照，这一点为许多论者所着意阐发。杜维明先生在论及儒学为"身心之学"时，曾特别强调儒学之标举身心的主体性原则，并不意味着作为物理自我的身体与作为精神自我的身体之间的区别，毋宁说是对这一区别的"超越"。夏威夷大学安乐哲（Roger T. Ames）教授在其《中国古典哲学中身体的意义》一文中，强调中国古典哲学中的"身—心"乃是不可分割的极性（polar）概念，而非二元论式的概念。他进一步指出，中西思维的区别是极论（polarism）与二元论（dualism）的区别。二元论源于创世的教义，无限的权能决定着世界的本质与意义：在超越者、非依赖的创世力量与受造的对象之间乃是一种彻底分离的二元论关系，创造性力量无须指涉到受造物就可以得到解释。超自然/自然、实体/现象、存在/生成、知识/意见、自我/他者、心/物、形式/质料、行动者/行动、生灵/非生灵、生/死及从无中的创造/在无中的毁灭等一系列二元对立即是西方二元论形上学的展开。而极论则是中国古典形上学基本原则。在聚/散、长/消、清/浊、正/偏、

身心一如的思维方式在中国古代思想的不同领域均有体现。黄先生阐发了其中的四个向度，一是"**作为政治权力展现场域的身体**"，一是"**作为社会规范展现场域的身体**"，一是"**作为精神修养场域的身体**"，一是"**作为隐喻的身体**"。他从中西身体政治论说的比较入手，清晰展示了儒家身体政治论的特征，认定中国古代的身体政治论将身体／国家视为同构的有机体，并将身体视为符号注入大量意义。在这种身体政治的架构之下，"内在领域"（身体）与"外在领域"（国家）之间并无断裂，修身可由内向外层层推扩为治国之术，身体／国家内部各器官相互依赖，由此而衍生出"君臣互为主体性"与"君对臣之支配性"两种互异命题。而在身体作为社会规范展现场域里面，黄俊杰先生认为在古代儒家中身体的"展演的转向"（performative turn）表现深刻，孔子也许是将这种作为社会规范具体化之场域的身体展演得最为淋漓尽致的人。他以《乡党篇》中对孔子行为举止的生动描写为例，阐明孔子日常生活中举手投足都被社会礼仪或政治地位的价值位阶所深深渗透，这种被社会规范所浸润的身体，就不再是纯粹生理的身体，而是能散发出价值意识或道德的光辉的身体，它使身体成为道德意识的具体表征。①

在这三个论域之外，值得一提的是倡导"场有哲学"的唐力权先生的"根身"观。他将《易传》"形而上者谓之道，形而下者谓之

（接上页）厚／薄、刚／柔、文／暴等一系列的极化中，乃是相辅相成的连续过程。中国哲学的这种极论品格表现在人观与身观上，就是"人"指的是"一个心一身相关的过程"（a psychosomatic process）。儒家的核心概念"仁"与"礼"乃是心一身的概念，"仁"是与相应的举止、姿态分不开的，而"礼"更是通过"身"来表现的。

① 黄俊杰：《东亚儒家思想传统中的四种"身体"：类型与议题》，收入氏著：《东亚儒学：经典与诠释的辩证》，台湾大学出版中心 2007 年版，第 187—218 页。《论语·乡党》历来为治哲学史乃至思想史的人所忽视，黄俊杰先生从"身体之展演"角度诠释该篇内涵，可谓别开生面。近有彭国翔教授从作为身心修炼的礼仪实践角度对《乡党》进行了深入的解读，参见彭国翔：《作为身心修炼的礼仪实践——以〈论语·乡党〉篇为例的考察》，《台湾东亚文明研究学刊》2009 年 6 月第 6 卷第 1 期。

器"中的"形"解释为"形身"、"根身",即"我们这具能够直着走路、有血有肉的形躯",并认定"泰古哲学"不是西人所说的"起于惊奇",而是"起于根身直立起来以后所感受到的'原始震撼'"。而"人类最原始、最素朴的哲学语言"乃是"纯粹依形躯而起念的哲学语言"。在他对泰古人的原始自然语言的"根身性相学"的解读中,"道"这一中国哲学中"最具代表性和含义最丰富的核心语词",其泰古义乃是既会视、听、言又会直立走路的人;而"大"(太)、"太极"、"一"、"中"、"始"是专指"坐标身"的语言;"易"、"生"原是描述"变化身"的语言;"义"(宜)、"理"则是属于"根身"义理相的语言;"心"、"性"乃是从"色受身"起念的语言;"诚"则是从"言说身"立义的语言;至于"阴阳"、"刚柔"亦无非是指因形躯活动而展现的光之向背以及形躯之直与曲的形态而已。一言以蔽之,"我们精神生命的形上姿态正是凭借着这具能直着走路的形躯委曲地支撑起来的;意义世界本来就是依沿着这具根身的灵明与作茧性而开显的"①。唐力权先生的行文晦涩、用词生僻,他的"泰古语言"的谱系学究竟多大程度上符合"原义"确实还是个问题,但他强调中国古典哲学的宇宙论与心性论的原初意义是与身体及其体验分不开的,并认为中国哲学中的"道身"(精神生命)与"根身"乃是超越与依存的"超切"关系,不能不说是真知灼见。

(三) 两个框架的反思

很长一段时间,"中国哲学史"这一学科的创立,就其参照的西学框架而论无非有二,一为长期主宰大陆哲学教科书的唯物主义与唯心主义的诠释框架,一为倡导主体性的欧陆哲学诠释框架。近二十年来的儒家身体观研究为我们重新检讨这两个参照框架提供了有力的支持。

---

① 唐力权:《周易与怀特海之间》,辽宁大学出版社1997年版,第134页。

本来，以唯物—唯心框架诠释儒家哲学乃至中国传统哲学之不相宜，这一点已成共识，甚或说是"常识"，无须饶舌。但如何真正切中其"不相宜"，仍有未尽处。在我看来，徐复观先生的"形而中学"提法对唯物—唯心参照框架的反驳，基本上已切中要害，但可惜的是他对"形而中学"之"中"并没有给予系统的思考。在我看来，这个"中"不能单纯理解为空间意义上的"中"、与"外"对置之"中"。"中"之含义必须在相应的生存论上加以厘清，而"身体缺场的现象学"对于在生存论上厘清这个"中"是非常关键的。"形而中"的"形"是"缺场"（absent）的"形"、绽出的形"，而正是在此缺场、绽出的"形"所开显的"中"处，天地万物才得以被"身"所体。如果我们认定儒学的**心学实是身心之学**、是**具身的心学**，那么，"唯物"与"唯心"的判定就根本不相宜了。因为把"心学"之"心"等同于"唯心"之"心"，则显然犯了遗忘"形而中"的错误，而如果把"身学"之"身"混同于"唯物"之"物"，则犯了将"缺场"的、"绽出的"、敞开的"活身"降格为"在场"（在手术台上）的病体甚或在太平间的尸体之错误。"把中国文化的心，牵涉到唯物方面去，还有点影子"，徐复观先生的这一说法也是值得商榷的，毕竟儒家所说的"身"并不是"在场的"、"现成的"东西。程明道曾以"四肢麻木"喻"不仁"，此"气已不贯"而不"属己"的"形体"便是笛卡尔的"危险之身"，是"唯物"之"物"。将"身学"之身混为"物"，儒家之"仁"安在？

而近代西方主体性诠释框架，一度是当代新儒家阐发传统儒学的一个重要参照系。以牟宗三先生为代表的一批学者尝试以康德主义框架来诠释传统儒学的观念，并建立起自成一家的诠释系统，可谓成绩斐然。然而，康德为成就其超越论的（transcendental）哲学品格、为确保道德法则的普遍性而将包括情感在内的身体因素统统视为"感性"层面而被排斥于"道德主体"之外。以此种纯粹理性的道德主体为参照诠释儒家伦理的"自律"性，确实会造成一些理论上的问题。其实，牟宗三先生本人对此亦是颇为自觉。他称康德将道德情感完全归于后天的、经验的"实然的层面",归为董仲舒一类所说的由气性、材质之性而发的仁爱之情,是向下讲情感,而道德情感实亦可**向上讲**,"上提而至超越的层面",成为"道德法则、道德理性之表现上最为本质的一环",此即儒家"既超越又内在、既普遍而又特殊的那具体的道德之情与道德之心",牟宗三先生称此情感为"本体论的觉情"("存在论的觉情")。① 令人遗憾的是,他本人并未对此存在论的觉情进行深入的学理上的分析。李泽厚、冯达文、蒙培元诸先生在诠释儒家伦理思想时亦着力强调世间情之作用,皆可被视为在这一环节上的补偏救弊。而李明辉先生之近著《四端与七情:关于道德情感的比较哲学探讨》则更是自觉地对牟宗三先生义理架构之中潜而未发的情感的专题抉发。②

又如劳思光先生之《新编中国哲学史》将孔孟思想界定为心性论,又将心性论界定为"以主体性为中心之哲学",以此为标准,劳思光先生对两汉儒学、宋明理学流变、分系与价值均有独到的、自成一家的通盘考虑,在两岸学术界获得广泛好评,然而他对儒家主体性的理解过于倾向于理性化的心性向度,而对身体主体、对身体所嵌于其中的生命宇宙之维则隔阂甚深,此种心性化、理性主体、意识主体的价值取向在评价古典哲学史时不免造成某些偏颇之处,如内容丰富的两汉儒学势必被视为混合各种玄虚荒诞因素之宇宙论,是"使中国哲学思想退入宇宙论之哲学之幼稚阶段"③,而纷繁复杂的宋明理学则被归为"天道观"(周、张)、"本性观"(程、朱)、"心性论"(陆、王)三型,天道观属于宇宙论与形而上学混杂,本性观淘洗宇宙论而保留

---

① 牟宗三:《心体与性体》,《牟宗三先生全集》第5册,台北联经出版公司2003版,第131页。
② 李明辉先生指出,在《心体与性体》、《从陆象山到刘蕺山》中,牟先生不时提及本体论的觉情,也对之有不少描述,但"始终未对它进行概念分析",这恐怕也是一些学者对牟先生的孟子诠释提出质疑之原因,而李本人对此问题"始终萦绕于心"。(参见李明辉:《四端与七情:关于道德情感的比较哲学探讨》,台湾大学出版中心2005年版,第6页)
③ 劳思光:《新编中国哲学史》二卷,广西师范大学出版社2005年版,第3页。

形而上学，心性论肯定最高的主体性，故三型理论"效力"由低到高，层层递进。① 如从身体主体论以及身体主体所扎根的生命宇宙论的角度观之，此种种评价实待商榷。

（四）形而中学

儒学诚是"生命的学问"，这个生命是身心一如的存在，它扎根于一气大化的宇宙生命的洪流之中，与之互动、共鸣，它的出生、成长与世代延展本身即是安身立命之所在，儒家之精神追求从未离"身体"而行，恰恰相反，越是注重精神、注重心灵生活的儒者，也越是注重"身体"，这与那些以苦行、极端禁欲而追求灵性生活的西行僧们形成了鲜明对照。② 即便在极力张扬"良知"的阳明"心学"一系中，也最终演化出一种极端重视身体的泰州学派，一种张扬"**道尊则身尊，身尊则道尊**"的"尊身主义"③，一种富有多重精神义蕴的"**身学**"，如站在近代西方哲学之身心二元论立场看，诚属一吊诡现象，然放在身心一如的儒家修身传统看，则是顺理成章、水到渠成之结果。

哲学一直徘徊于"形而上学"和"形而下学"之间，这与人们的注意样式不无关系。**反身内视**与**眼观四方**本是人类注意的两个基本方向，心与物、灵与肉、内在与外在等一系列的二元对立由此"内视"与"外观"而展开，前者是纯粹意识，后者为纯粹物质。"主心者"（唯心主义）将物质视为己出，所谓万法唯识，存在即被感知；"主物者"（唯物主义）则将意识约化为"副现象"。在此二元的"**形上**"与"**形下**"的运思中，"**形中**"恰恰被遮蔽、被遗忘了。如果说"形上"

---

① 参见劳思光：《新编中国哲学史》三卷上，第39、46页。
② 在中古欧洲长期盛行的鞭笞派（Flagellant），为追求灵修生活，而不惜以鞭抽身，直至流血。
③ 身道之尊出自王心斋："身与道原是一件。至尊者此道，至尊者此身。尊身不尊道，不谓之尊身；尊道不尊身，不谓之尊道，须**道尊、身尊才是至善**。"（《心斋王先生语录》卷上）"尊身主义"一词出自嵇文甫：《晚明思想史论》，东方出版社1996年版，第24页。

是心取向之思维,"形下"是物取向之思维,那么,**"形而中学"**即身体取向之学。在此形而中学的运思中,心物、灵肉、内在外在等一系列二元对立模式被取消,代之而来的是心——物、灵——肉、内在——外在之**两极统一之模式**(*coincidentia oppositorum*)。

显然这个"形而中学"的"身体"的丰富内涵尚有待进一步发掘。它作为人生在世的一个根本向度,是天、地、人、神同感共应的"枢纽"。在存在论上,身体即与天地万物绾结在一起。而在生存论上,生存之身(the existential body)因其生活之场域而呈现出不同的面向:有机之身、审美之身、道德之身、宗教之身乃至天地万物共生的一体之身。处世即是处身。人处于天地之间,其身自与天地万物杂然共在,同气连枝,岂限于手足?纵身大化中,汇天地万物为一身,此宇宙之身实扎根于人身体的实感,而不应视为"形而上学"之思辨;人以各种"身段"与他人相处,或为义重气轻身,或为情以身相许,或为权贵、为名利卖身投靠,或为尊严而束身自好、独善其身,或身不由己随波逐浪,或挺身而出截断众流,即便形影相吊,孑然一身,亦是"投身"于世的一种姿态。"身体"在根本上是"形上"之道落实于世间的通道,是人我、人物、人神沟通的一个途径,是一切意义开显的"场所",人类对周遭世界的理解、对道德——审美——宗教情感的体认均是透过身体而进行,维柯(Giovanni Battista Vico)曾称此身体思维为"诗性智慧"、"诗性逻辑",但在现代学术之中,这些身体智慧长期被简单地视为"拟人思维",而被贬为人类认识发展过程中的某个非常原始、非常低级的阶段,近几十年来语言学、认知科学、科学哲学关于隐喻的研究,彻底颠覆了这种单面实证主义对"诗性智慧"的负面观。[①]

[①] 雷可夫(George Lakoff)、约翰逊(Mark Johnson)从时间、事件、因果、情感、道德、事业等日常概念之中,详细揭示了维柯所谓的"诗性逻辑"的运作机制。参见雷可夫、约翰逊著,周世箴译:《我们赖以生存的譬喻》,台北联经出版事业公司2008年版。

毋庸置疑,"回到身体"并不是要否定、贬斥"意识"与"心灵"向度,那依然是现代性二元对立架构的思维方式。"身体"本来就是与"意识"、"心灵"深刻纠缠在一起的,回到身体,不过是要重新揭示现代学术之中长期意识取向、精神取向下所忽略、所遮蔽的身体向度而已。

第二章 身体之为"窍":宋明儒学中的身体存在论建构

儒家思想乃至中国思想之中"身体"观念之特色,当今学界曾有"传感器"与"容器"之喻①,其实,无论"感应"与"容受"均要通过某些"管道"、"通孔"来实现。在古希腊颇有影响的"流射说"(doctrine of effluence)就设想,身体之感官乃是管道、通道,外界事物发射出的粒状物或影像通过这些管道、通孔而为人所感、所受。在中国古典思想中,作为通孔、管道的身体观念尤为突出,且与古希腊旨在解决认识论问题的通孔观不同,身体之为通孔、管道乃是人与天通感共应的中介,无论在修身抑或养生上均具有重要的意义。传统思想将这种通孔、管道称为"**窍**"。

在先秦儒学与医学文献之中,身体之"窍"(七窍/九窍)被视为"精神"的"孔窍"、"门户"与"通道",它们内根于"五脏",外联于天地之气。保持"孔窍"的通畅,无论对卫生抑或对"修身"均有重要意味。其中,耳、目、口三窍尤为儒家修身所注重。阴阳五行理论兴起后,身体之"窍"与天地万物之"窍"之间的同构关系得到进一步彰显。

---

① 蒋义斌:《孔子闲居三无与身体的特色》,哈佛燕京学社访问学人协会台湾分会 2006 年度联谊会暨"体知与儒学"学术研讨会论文。

在承继前人五脏"开窍于目"、"开窍于耳"、"开窍于口"、"开窍于鼻"、"开窍于二阴"这一思想基础上，理学家一方面深入挖掘出身体之窍的存在论向度，提出一个完整的"**天地之心**"的**发窍**路线图："天地之心"**发窍**于人心（良知、灵知、虚灵、灵窍），人心（通过五脏六腑）**发窍**于耳、目、口、鼻、四肢这一连续性的发窍结构，并借助于汉儒身体之"窍"与天地万物之"窍"之间的同构关系思想揭示出天地之心—人心（灵窍）—七窍一体结构的时间性（"七窍"、"灵窍"律动与天地万物律动的同步性），另外，理学家在其丰富多彩的修身工夫论之中，围绕"七窍"与"心窍"的修身经验，让孔孟"四勿"与"践形"工夫论更加饱满与有力。

而儒家强调身体之窍、心窍的"虚"、"无"性格，与萨特（Jean-Paul Sartre）所代表的意识现象学有着本质的区别。儒家"通身是窍"的理念折射出儒家的主体性乃是一种"敞开"与"开放"的"主体性"，它是扎根于生生不已、大化流行之中，与他者、天地万物相互感应、相互应答的身心一如的存在。这种主体性本身就嵌在身体之中，无论是"惕然动乎中，赧然见乎色"之耻感，抑或是"恻然动乎中"之"不忍"、"悯恤"、"顾惜"之同感，乃至生意津津之一体生命的生机畅遂感、乐感，皆是深深嵌入身体之中的"觉情"与"实感"。儒家身体的这种存在论向度，不仅迥异于约纳斯（Hans Jonas）所批评的存在主义的虚无主义精神气质，而且为克服这种虚无主义提供了深厚的理论资源。

一、"窍"观念溯源

以"窍"指涉身体的外部器官，在先秦早已流行。《庄子》中就有"人皆有七窍"（《应帝王》）、"百骸九窍六脏"（《齐物论》）、"九窍"（《达生》、《知北游》）等说法。七窍者，耳二、目二、鼻孔二、口一，此为"阳窍"；九窍者，阳窍七与阴窍二（尿道、肛门）。"九窍"与四肢一起构成了身体轮廓："人之身三百六十节，四肢九窍，其大具也。"①

《说文》："窍，空也，从穴敫声。""窍"实即"窍门"、"孔窍"、"空窍"、"通道"。《管子·君臣》云："四肢六道，身之体也"，直接将上四窍（眼耳鼻口）、下二窍称为"六道"。任何门户、通道都是连接两个不同的空间，以便供来往者往来其间，那么，身体之"窍"又是谁的"门户"、作为"通道"又通向何处呢？

> 夫孔窍者，精神之户牖。血气者，五藏之使候。②
>
> 空窍者，神明之户牖也。耳目竭于声色，精神竭于外貌，故中无主。中无主，则祸福虽如丘山，无从识之。③
>
> 夫孔窍者，精神之户牖也；而气志者，五藏之使候也。耳目淫于声色之乐，则五藏摇动而不定矣。五藏摇动而不定，则血气滔荡而不休矣。血气滔荡而不休，则精神驰骋于外而不守矣。精神驰骋于外而不守，则祸福之至，虽如邱山，无由识之矣。④

身体之"窍"成了"精神"、"神明"往来活动的管道。在传统中医观念里面，身体之脏腑乃是人之精神、神明之藏所，五脏亦被称为"五藏"，又谓"五神藏"。人之心理感受与思虑均离不开此生理载体：

> 心藏神，肺藏魄，肝藏魂，脾藏意，肾藏精志也。⑤

---

① （清）王先慎：《韩非子集解》，上海书店1986年版，第109页。
② 王利器：《文子疏义》卷三，中华书局2000年版，第117页。
③ （清）王先慎：《韩非子集解》，第122页。
④ （汉）高诱注：《淮南子注》卷七，上海书店1986年版，第101页。
⑤ 姚春鹏译注：《黄帝内经》（全二册），中华书局2010年版，第1440页。《内经》虽非出于一时一人之手，其复杂的编撰过程迄今尚无定论，但其素材大致反映了秦汉之前的中医观念。关乎《内经》之成书，参见山田庆儿《黄帝内经的成立》一文，收入氏著，廖育群等译：《古代东亚哲学与科技文化：山田庆儿论文集》，辽宁教育出版社1996年版，第234—254页；《黄帝内经》之身体观，参见蔡璧名：《身体与自然——以黄帝内经素问为中心论古代思想传统中的身体观》。

> 五脏者，所以藏精神血气魂魄者也。①

五脏内部的"精神"活动通过身体之窍而反映在身体的表层："五藏气争，九窍不通。"②"五藏不和，则七窍不通。"③

当代东西身体论说均不约而同将身体划分为双重结构：表层的身体（运动器官，如四肢）和深层的身体（内器官，如肺、心、肝、胃和肠），这种划分的理论基础是，人可通过意念控制表层身体，如活动手和脚，但无法自由地控制内器官。④ 代谢活动、呼吸、内分泌、睡眠、出生、死亡等深层身体的活动，属于隐性身体（the recessive body）活动的领域，处于"隐性"（recessive）状态下，隐退于意识之下的"不可体验的深度"之中，它不再是现象学家津津乐道的"我能够"（I can）的领域，这些领域的活动基本上是属于"它能够"（it can），或者说是"我必须"（I must）的领域。⑤ 传统的中医理论则着力强调这两种身体之间并没有绝对的区隔，深度的身体（五脏）通过"经络"而与表层身体相贯通（所谓"外络于肢节"）：

> 十二经脉三百六十五络，其血气皆上于面而走空窍，其精阳气上走于目而为睛，其别气走于耳而为听，其宗气上出于鼻而为臭，其浊气出于胃，走唇舌而为味。⑥

而"五脏开窍五官"则成为古代中国人对身体的普遍看法：

---

① 姚春鹏译注：《黄帝内经》（全二册），第 1196 页。
② 姚春鹏译注：《黄帝内经》（全二册），第 40 页。
③ 姚春鹏译注：《黄帝内经》（全二册），第 1026 页。
④ 参见汤浅泰雄著，马超、韩平安编译：《灵肉探微：神秘的东方身心观》，中国友谊出版公司 1990 年版，第 180 页。
⑤ 参见 Drew Leder, *The Absent Body*, pp. 46-48。
⑥ 姚春鹏译注：《黄帝内经》（全二册），第 890 页。

> 五藏常内阅于上七窍也。故肺气通于鼻，肺和则鼻能知臭香矣；心气通于舌，心和则舌能知五味矣；肝气通于目，肝和则目能辨五色矣；脾气通于口，脾和则口能知五谷矣；肾气通于耳，肾和则耳能闻五音矣……①

鼻之能知香臭、舌之能知五味、目之能辨五色、口之能知五谷、耳之能闻五音，均是五脏之"气"通达之结果。五脏通过目、耳、口、鼻、二阴而开显出的功能，被分别称为"**开窍于目**"、"**开窍于耳**"、"**开窍于口**"、"**开窍于鼻**"、"**开窍于二阴**"②。如用身体现象学的术语来表达此"开窍"，则可以说，"我能够"之显性身体、表层身体乃是"它能够"之隐性身体、深层身体的一个"窍"、一个敞开的"通道"。

身体之窍作为"通道"，一端联系着身体内部的五脏，另一端则直接与天地之气相通。这种观念在《内经》中已有系统的表述与阐发：

> 天食人以五气，地食人以五味。五气入鼻，藏于心肺，上使五色修明，音声能彰。五味入口，藏于肠胃，味有所藏，以养五气。气和而生，津液相成，神乃自生。③
>
> 黄帝曰：夫自古通天者，生之本，本于阴阳。天地之间，六合之内，其气九州岛、九窍、五藏、十二节，皆通乎天气。……苍天之气，清净则志意治，顺之则阳气固。虽有贼邪，弗能害也。故圣人传精神，服天气而通神明。失之则内闭九窍，外壅肌肉，卫气散解，此谓自伤，气之削也。④

---

① 姚春鹏译注：《黄帝内经》(全二册)，第1026页。
② 姚春鹏译注：《黄帝内经》(全二册)，第49—51页。
③ 姚春鹏译注：《黄帝内经》(全二册)，第98页。
④ 姚春鹏译注：《黄帝内经》(全二册)，第33—34页。

天地的"五气"、"五味"通过人之鼻窍、口窍而藏于人之内脏（心肺与肠胃），此复又资养了目窍与耳窍（"五色修明"、"音色能彰"），而善于养生的圣人能够聚精会神，吸纳天地的精气，与"神明"相通，否则，九窍就会闭塞不通，肌肉也会壅阻，卫阳之气也会耗散。

阴阳五行理论大盛于汉，举凡人之性情、仁义礼智信之价值与阴阳二气、金木水火土五行均与五脏六腑搭配在一起，身体之"窍"与天地万物之"窍"之间的同构关系更加显豁：

> 性情者，何谓也？性者阳之施，情者阴之化也。人禀阴阳气而生，故内怀五性六情。情者，静也。性者，生也。此人所禀六气以生者也……五性者何谓？仁、义、礼、智、信也。仁者，不忍也，施生爱人也；义者，宜也，断决得中也；礼者，履也，履道成文也；智者，知也，独见前闻，不惑于事，见微知著也；信者，诚也，专一不移也。故人生而应八卦之体，得五气以为常，仁、义、礼、智、信也。六情者，何谓也？喜、怒、哀、乐、爱、恶谓六情，所以扶成五性。性所以五，情所以六何？人本含六律五行之气而生，故内有五藏六府，此情性之所由出入也……五藏者，何也？谓肝、心、肺、肾、脾也。肝之为言干也；肺之为言费也，情动得序；心之为言任也，任于恩也；肾之为言写也，以窍写也；脾之为言辨也，所以积精禀气也。五藏，肝仁，肺义，心礼，肾智，脾信也。肝所以仁者何？肝，木之精也；仁者好生。东方者，阳也，万物始生，故肝象木，色青而有枝叶。目为之候何？目能出泪，而不能内物，木亦能出枝叶，不能有所内也。肺所以义者何？肺者，金之精；义者，断决，西方亦金，杀成万物也。故肺象金，色白也。鼻为之候何？鼻出入气，高而有窍，山亦有金石累积，亦有孔穴，出云布雨，以润天下，雨则云消，鼻能出纳气也。心所以为礼何？心，火之精也。南方尊阳在上，卑阴在下，

> 礼有尊卑，故心象火，色赤而锐也，人有道尊，天本在上，故心下锐也。耳为之候何？耳能徧内外，别音语，火照有似于礼，上下分明。肾所以智何？肾者，水之精，智者，进止无所疑惑。水亦进而不惑，北方水，故肾色黑；水阴，故肾双。窍为之候何？窍能泻水，亦能流濡。脾所以信何？脾者，土之精也。土尚任养，万物为之象，生物无所私，信之至也。故脾象土，色黄也。口为之候何？口能啖尝，舌能知味，亦能出音声，吐滋液。①

这里面无疑已经具有强烈的"人副天数"的思想。这一点承时贤抉发幽微，其中所含天人一贯、身心一如之义蕴已昭然若揭。黄俊杰先生指出《内经》人气通乎天气的观念，乃蕴含着"一种人与宇宙关系的认识"，人被视为一个有机体，是一个小宇宙（micro cosmos），它与作为大宇宙（macro cosmos）的自然界之间，具有声气互动的关系。②杨儒宾先生亦指出，《内经》的这种观念可以归纳为三点：（1）人与天具有某种符应的关系，人身之结构与宇宙结构具有相对应性。（2）人与天具有感应关系。（3）身心之间并没有绝对的分别。这种大小宇宙结构对应、声气互动的思想无疑在《白虎通》得到了淋漓尽致的体现。

由于身体之窍内根于精神之藏所（五脏），外通于天地阴阳之气，故保持"孔窍"的通畅，无论对卫生抑或对"修身"均有重要意味。五脏不和、精神淤滞固然会让九窍不通，反之，孔窍"虚"、"通"精神亦会畅适，天地"和气"、"清净"之气也会与五脏形成良性的互动："知治人者，其思虑静；知事天者，其孔窍虚。思虑静，故德不去。孔

---

① （清）陈立撰，吴则虞点校：《白虎通疏证》卷八，中华书局1994年版，第381—385页。标点略有改动。另参见："藏府者，由五行六气而成也。藏则有五，禀自五行，为五性；府则有六，因乎六气，是曰六情。"（[隋]萧吉著，钱杭点校：《五行大义》，上海书店出版社2001年版，第68页）

② 参见黄俊杰：《孟学思想史论》卷一，台北东大图书公司1991年版，第37—38页。

窍虚，则和气日入……"①韩非子的这种观念大致反映了当时儒、道、法三家共同的看法。②因此，如何保任身体之窍，让天地和气日入，让邪气不侵，让精神凝聚，便成了医家与思想家共同关心的话题。当然，善于"养精蓄锐"、"聚精会神"的道家，自然对"精神"的门户（九窍／七窍）最为警醒，《庄子·应帝王》混沌的寓言深刻地反映了这种心态：

> 南海之帝为儵，北海之帝为忽，中央之帝为混沌。儵与忽时相遇于混沌之地，混沌待之甚善。儵与忽谋报混沌之德，曰："人皆有七窍，以视听食息，此独无有，尝试凿之。"日凿一窍，七日而混沌死。

"混沌"者何？林希逸（1193—？）谓"混沌即元气也"③，亦可视为"未漓之天真"，如此，窍凿则元气尽失，天真尽丧。庄子的这种观念后来直接引发了道家"闭九窍"的设想：

> 闭九窍，藏志意，弃聪明，反无识，芒然彷佯乎尘垢之外，逍遥乎无事之际，含阴吐阳，而与万物同和者，德也。④
> 耳目口三宝，闭塞勿发扬。⑤

---

① （清）王先慎：《韩非子集解》，第102页。
② 无疑道家对此最为注重，"五色令人目盲，五音令人耳聋，五味令人口爽，驰骋畋猎令人心发狂"，老子此论奠定了基础，其后这一主题得到不断强化，诸如"耳目淫于声色，即五藏动摇而不定，血气滔荡而不休，精神驰骋而不守"。（王利器撰：《文子疏义》卷三，第117页；另参见《淮南子·精神训》）又："心处其道，九窍循理；嗜欲充益，目不见色，耳不闻声。"（[清]戴望：《管子校正》卷十三，上海书店1986年版，第219页）
③ 林希逸著，周启成点校：《庄子鬳斋口义校注》，中华书局1997年版，第136页。
④ 王利器：《文子疏义》卷二，第78页。另参见《淮南子·俶真训》。
⑤ 孟乃昌、孟庆轩辑编：《〈周易参同契〉三十四家注释集萃》，华夏出版社1993年版，第249页。

身体诸"窍"中，耳、目、口三窍尤被看重："耳、目、口，道家谓之三要，以其为精、气、神之门户也。"①而"目"则是三者之中的翘楚，这一点无论是治身的医家抑或修身的思想家都曾特别点出。《素问·解精微论》云："夫心者，五藏之专精也；目者，其窍也；华色者，其荣也。是以人有德也，则气和于目；有亡，忧知于色。""目"指眼睛，"色"指脸色，五脏的精气是由"心"来统辖，人有得意之事、和悦之色就会流露于眼睛；人有所失意，则忧愁之情就会形之于色。"目"与"色"成为人之内心世界的一个镜子。《解精微论》中尚有"志与心精，共凑于目"的说法。而《论语·泰伯》中"动容貌"、"正颜色"、"出辞气"，《乡党》中孔子之"逞颜色"，以及君子"九思"中"视思明"、"听思聪"、"色思温"、"貌思恭"、"言思忠"，则大致都属于《礼记·玉藻》中说的"君子之容"的范畴（"足容重，手容恭，目容端，口容止，声容静，头容直，气容肃，立容德，色容庄"）。其要都是围绕着身体之窍下功夫。至于在孔子津津乐道的"四勿"工夫中，亦是以目窍为先。这一点朱熹（1130—1200）在释《阴符经》（"心生于物，死于物，机在目"）曾专门拈出加以发挥："心因物而见，是生于物也；逐物而丧，是死于物也。人之接于物者，**其窍有九，而要有三，而目又要中之要者也**。老聃曰：'不见可欲，使心不乱。'孔子答'克己'之目，亦以视为之先。西方论六根、六识，必先曰眼、曰色者，均是意也。"②在孟子（约前327—前289）著名的"以羊易牛"中，"怵惕恻隐之心"也是通过

---

① （明）王樵：《尚书日记》卷九，收入《文渊阁四库全书》第64册，台湾商务印书馆1983年版，第484页。
② 《阴符经注》，朱杰人、严佐之、刘永翔主编：《朱子全书》第13册，上海古籍出版社、安徽教育出版社2002年版，第516—517页。同经"性有巧拙，可以伏藏。九窍之邪，在乎三要，可以动静"，朱子注曰："圣人之性与天地参，而众人不能者，以巧拙之不同也。惟知所以伏藏，则拙者可使巧矣。人之所以不能伏藏者，以有九窍之邪也。窍虽九，而要者三：耳、目、口是也。"（《阴符经注》，《朱子全书》第13册，第513页）

"见"与"闻"目耳二窍活动表达的："**见**其生不忍见其死，**闻**其声不忍食其肉。"良知之透过"耳目"之窍而发这一现象，笔者曾将之称为"**形的良知**"。①

倘若说医家讲身体之"窍"乃旨在由此观察脏腑**内部的"精神"状况**，那么，儒家更多注重的是个体修身过程之中"**诚于中而形于外**"的身心一如的特质。"七窍"与"颜色"作为内心世界的表达，与单纯言辞的表达不同，它很难被遮掩、伪装。"察言"更须"观色"，儒家的观人之道历来重视目窍。孟子说："存乎人者，莫良于眸子。眸子不能掩其恶。胸中正，则眸子瞭焉；胸中不正，则眸子眊焉。听其言也，观其眸子，人焉廋哉！"②需要指出的是，孟子著名的"睟面盎背"、"畅于四肢"之"**气象**"描写，应该反映了当时人们对身—心关系、天—人关系的普遍看法，《管子·内业》亦有类似的描述："内藏以为泉原，浩然和平以为气渊。渊之不涸，四体乃固。泉之不竭，九窍遂通……心全于中，形全于外……全心在中，不可蔽匿，和于形容，见于肤色。"③医家之"望、闻、问、切"在某种意义上亦可说是由"外"观"中"。

这种观人之道甚至还体现在"以五声听狱讼、求民情"上面："一曰辞听（观其出言不直则烦），二曰色听（观其颜色不直则赧然），三曰气听（观其气息不直则喘），四曰耳听（观其听聆不直则惑），五曰目听（观其眸子视不直则眊然）。"④"五听"的背后，实反映出当时人们对于形—神、身—心关系的基本看法。而用"听"字表述观色、观眸子，则亦反映出古人观—听之互摄、相通之浑融性。

---

① 参见陈立胜：《"形的良知"及其超越》，《孔子研究》1997年第2期。
② （清）焦循撰，沈文倬点校：《孟子正义》卷十五，中华书局1987年版，第518—519页。
③ 孟子践形观之阐发，参见黄俊杰《孟学思想史论》、杨儒宾《儒家身体观》等著述。
④ （汉）郑玄注，（唐）贾公彦疏：《周礼注疏》卷三十五，北京大学出版社1999年版，第914—915页。

二、理学家：此心发窍处，便是天地之心之发窍也

医家与汉儒有关身体之窍的宇宙论论说在理学家那里得到了创造性的转化：

> 仁义礼智信为五德，金木水火土为五气，心肝脾肺肾为五脏。五德运为五气，五气凝为五脏，五脏化为五德，故五德者五脏之神也。①

季本（彭山，1483—1563）是王阳明（1472—1529）的亲炙弟子，他这里五德、五气、五脏的关系说，与医家与汉儒的说法毫无二致，不过他用"天理"、"良知"阐发其中"发窍"机制，则显露出理学家的本色：

> 心也者，天理在中之名也。以其洞然四达、不倚于偏故谓之虚灵。盖仁义礼智，德之所以为实也；聪明睿知，虚之所以为灵也。恻隐、羞恶、辞让、是非之心，当其浑然在中，是为仁义礼知之德，实有此理，非实而何？聪无不闻，明无不见，睿无不通，知无不受。**聪主魄，而发窍于肺；明主魂，而发窍于肝；睿主神，而发窍于心；知主精，而发窍于肾。**谓之窍，则至虚之体而皆统于心者也。视听思藏有何形迹？故视则无所不见，听则无所不闻，思则无所不通，藏则无所不受，少有不虚，则隔碍而不能通万物矣。②

五脏六腑本身也成了"窍"，成了"天理"、"良知"、"虚灵"发窍之

---

① （明）季本：《说理会编》卷一，收入《续修四库全书》第938册，上海古籍出版社1995年版，第586页。
② （明）季本：《说理会编》卷二，收入《续修四库全书》第938册，第589页。

处。这里"肺、肝、心、肾"作为发窍处皆"统于心",显然这个统摄之"心"不是医家块然之心,不是"一块血肉"①,"耳目口鼻四肢,身也,非心安能视听言动?心欲视听言动,无耳目口鼻四肢亦不能,故无心则无身,无身则无心。但指其充塞处言之谓之身,指其主宰处言之谓之心"②。这种"心"观与身心关系观应该是理学家们的共法:朱子就反复指出心不是"实有一物"③之肺肝五脏之心,而是"操舍存亡之心",其性状"神出鬼没"、"神明不测"。但这个心并不就是与"身"绝然相对的"纯粹意识",它是"气之灵",是"气之精爽"④,它是"虚灵","万理俱备"、"万理具足"⑤。就心与身之关系看,心是身之主宰:

> 心之为物,至虚至灵,神妙不测,常为一身之主,以提万事之纲,而不可有顷刻之不存者也。一不自觉而驰骛飞扬,以徇物欲于躯壳之外,则一身无主,万事无纲。虽其俯仰顾盼之间,盖已不自觉其身之所在矣。⑥

耳鼻口舌、四肢百骸的任何运动与功能都离不开"心"之存在:心不在焉,则视而不见,听而不闻,食而不知其味。心动才有身动。总之,视、听、言、动皆为"此心之用","身在此,则心合在此"。⑦

显然,理学家们不再像汉儒、医家那样热衷于将耳目口鼻这些身体之窍定位化于具体的脏腑,而将之通视为"心"之发窍。

---

① 《王阳明全集》卷三,第121页。
② 《王阳明全集》卷三,第90—91页。
③ 《朱子语类》卷五,《朱子全书》第14册,第221页。
④ 《朱子语类》卷五,《朱子全书》第14册,第219页。
⑤ 《朱子语类》卷五,《朱子全书》第14册,第219、230页。
⑥ (宋)朱熹著,陈选集注:《御定小学集注》卷五,收入《文渊阁四库全书》第699册,第578页。另参见《朱子语类》卷五,《朱子全书》第14册,第232页;《行宫便殿奏札二》,《晦庵先生朱文公集》卷十四,《朱子全书》第20册,第669—670页。
⑦ 《朱子语类》卷九十六,《朱子全书》第17册,第3238页。

> 这视听言动，皆是汝心。汝心之视，发窍于目；汝心之听，发窍于耳；汝心之言，发窍于口；汝心之动，发窍于四肢。若无汝心，便无耳目口鼻。所谓汝心，亦不专是那一团血肉。若是那一团血肉，如今已死的人，那一团血肉还在，缘何不能视听言动？所谓汝心，却是那能视听言动的，这个便是性，便是天理。有这个性，才能生。这性之生理便谓之仁。这性之生理，发在目便会视，发在耳便会听，发在口便会言，发在四肢便会动，都只是那天理发生……①

这里，"心"、"性"、"天理"、"性之生理"实是同一所指。"七窍"便成了天理自身之发窍。②甚或人之整个身体也被视为天地万物的发窍：

> 有必为圣人之志者，须知**吾之一身乃天地万物之发窍**，固非形质所能限也。是故感于亲而亲，感于民而仁，感于物而爱，或仁覆天下，或天下归仁，总不肯自小其身耳。③

---

① 《王阳明全集》卷一，第36页。
② 明儒顾宪成（1550—1662）云："耳目口鼻四肢非他，即仁义礼知天道之所由发窍也；仁义礼知天道非他，即耳目口鼻四肢之所由发根也。"（[明]顾宪成：《小心斋札记》卷八，《顾端文公遗书》卷八，收入《续修四库全书》第943册，第173页）清儒汪绂（1725—1792）亦有"耳目口鼻是此理发窍处"之断语："天地间道理，直上直下，亭亭当当，本来无纤毫造作，无纤毫私曲。人在天地之中得此理以生，此理全具在吾心。耳目口鼻是此理发窍处，仁义礼智是此理凝结处，君臣父子夫妇昆弟朋友是此理流行处，不要污染了他。生理本来弥满，触着便动，自然直达。若火始然，泉始达也。"（《汪子文录》卷十，收入《续修四库全书》第1437册，第277页）
③ （清）孙奇逢：《孙征君日谱录存》卷二十二，收入《续修四库全书》第559册，第201页。"吾之一身乃天地万物之发窍"这一观念直接来自阳明弟子罗念庵："……吾此心虚寂无物，贯通无穷，如气之行空，无有止极，无内外可指、动静可分，上下四方，往古来今，浑成一片，所谓无在而无不在。吾之一身，乃其发窍，固非形资所能限也。是故纵吾之目，而天地不满于吾视；倾吾之耳，而天地不出于吾听；冥吾之心，而天地不逃于吾思。古人往矣，其精神所极，即吾之精神，未尝往也。否则闻其行事而能懔然愤然矣乎？四海远矣，其疾痛相关，即吾之疾痛，未尝远也。否则闻其患难而能恻然怵然矣乎？"（参见[明]罗洪先：《答蒋道林》，徐儒宗编校整理：《罗洪先集》卷八，凤凰出版社2007年版，第298页。内中所缺字据《念庵文集》、《文渊阁四库全书》补）

究极而言,"心"也是一种"窍",是为"心窍"、"灵窍"①,人本身就是"天地之心"的"发窍处":"天地人莫不由乾坤生,而发窍则在人心,是故人心,**乾坤之大目**也。"②《礼记》中"人者,天地之心"的说法经过理学家的发明,获得了新的表达——人者,天地之心发窍处也。

> 《记》曰:人者,天地之心。夫仰观俯察,茫茫荡荡,天地何心?唯是虚化形成而人,人便是天地之心之所寄托也。吾人合下反身默识,心又何心?唯此视听言动所以然处便是此心发窍处也。**此心发窍处,便是天地之心之发窍也**。是故程子曰:视听言动皆天也。大人者与天地合德,只此识取,非有异也。吾侪于此,信得及,味得深,何天非我?何地非我?何我非天地哉?③

耿定向(1524—1596)言人是天地之心的"寄托"、"发窍处",一语道尽人在天地之中的独特地位,人是受天地的"寄托"而在其

---

① 王龙溪、罗汝芳、黄宗羲等均曾称王阳明之"良知"为"灵窍"。阳明忠实的弟子钱德洪亦称良知为"灵窍"、"孔窍",如"天地间只此灵窍。在造化统体而言,谓之鬼神;在人身而言,谓之良知。惟是灵窍,至微不可见,至着不可掩……"(《钱德洪语录诗文辑佚·语录》,收入钱明编校整理:《徐爱、钱德洪、董澐集》,凤凰出版社 2007 年版,第 119 页)又如《王阳明先生像赞》中语:"千圣一心,良知孔窍。"(《徐爱、钱德洪、董澐集》,第 179 页)钱德洪偶亦将"窍"字作动词("发窍")使用,如"良知是天命之性……窍于目为明,窍于耳为聪,窍于口为义,窍于四肢为礼,窍于心思为变化"。(《徐爱、钱德洪、董澐集》,第 125 页)其后,查铎说"灵窍"最为详尽。如"吾人所以喜怒哀乐、所以位育参赞,皆赖这些子灵窍为之主宰,真谓有之则生,无之则死;得之则治,失之则乱。如之何可以须臾离也?"(《再答邵纯甫书》,《毅斋查先生阐道集》卷三,《四库未收书辑刊》第 7 辑第 16 册,北京出版社 1991 年版,第 457 页)"阳明提出良知二字,此乃吾人灵窍。此灵未发窍处,混混沌沌,原自无是无非;此灵应感处,昭昭明明,自知是非。"(《答卢仰苏学博书》,《毅斋查先生阐道集》卷三,第 460 页)"天地之大德曰生,吾人同得天地之心为心,皆有此生生之灵窍,是为仁。"(《书赵黄冈别语》,《查先生阐道集》卷七,第 536 页)

② 参见(明)胡直:《衡庐精舍藏稿》卷三十,《文渊阁四库全书》第 1287 册,台湾商务印书馆 1983 年版,第 668 页。

③ (明)耿定向:《大人说》,《耿天台先生文集》卷七,《四库全书存目丛书》第 131 册,台南庄严文化 1997 年版,第 185—186 页。另参见《明儒学案》卷三十五,《黄宗羲全集》第 7 册,浙江古籍出版社 2005 年版。

"心"处开显天地生生的大德。毫无疑问,这一说法实质上是脱自王阳明的"灵明"说:

> 问:"人心与物同体,如吾身原是血气流通的,所以谓之同体。若于人便异体了。禽兽草木益远矣,而何谓之同体?"先生曰:"你只在感应之几上看,岂但禽兽草木,虽天地也与我同体的,鬼神也与我同体的。"请问。先生曰:"你看这个天地中间,甚么是天地的心?"对曰:"尝闻人是天地的心。"曰:"人又甚么教做心?"对曰:"只是一个灵明。""可知充天塞地中间,只有这个灵明,人只为形体自间隔了。我的灵明,便是天地鬼神的主宰。天没有我的灵明,谁去仰他高?地没有我的灵明,谁去俯他深?鬼神没有我的灵明,谁去辨他吉凶灾祥?天地鬼神万物离却我的灵明,便没有天地鬼神万物了。我的灵明离却天地鬼神万物,亦没我的灵明。如此,便是一气流通的,如何与他间隔得!"①

这样,一个完整的天地之心的发窍路线图便昭然若揭了:"天地之心""**发窍于人心**"(灵明、良知、灵知、虚灵、虚明、灵窍),而人心

---

① 《王阳明全集》卷三,第124页。以"窍"界说人禽之别,凸现人在宇宙中的地位,此非阳明学派所专有,实亦屡见于朱子阵营之中,兹举顾宪成一例:"或问:'孟子言人之所以异于禽兽者几希,几希何物也?'曰:'只看几希二字,便令人毛骨俱凛,甚于临深履薄,且不必讨求是何物。'再问,曰:'此有二义:一就念头上看,一就源头上看。'曰:'念头上看如何?'曰:'即本文下二句是也。'曰:'何也?'曰:'庶民去之,君子存之,存之则人矣,去之则禽兽矣。存与去两者,其间不能以寸,故曰几希。朱子提出忧勤惕励四字,而曰盖天理之所以常存,人心之所以不死处,得其指矣。此从念头上看也。''源头上看如何?'曰:'即书所云:惟人为万物之灵是也。'曰:'何也?'曰:'大哉乾元,万物资始,至哉坤元,万物资生,人与禽兽都从那里来,有何差殊?其不同者只是这些子灵处耳。'曰:'何以有这些子不同?'曰:'理同而气异也。'曰:'这些子恐亦是理之发窍。''诚然,第谓之发窍便已落于气矣。**这个窍在禽兽仅通一隅,在人可周万变**。自禽兽用之,只成得个禽兽,自人用之,便成得个人。至于为圣为贤,与天地并,其究判然悬绝,而其分歧之初不过是这些子。'"([明]顾宪成:《小心斋札记》,《顾端文公遗书》卷八,第171页)

（通过五脏六腑）**发窍于耳目口鼻四肢**。

天地之心—人心（灵窍）—七窍之连续一体性亦表现出时间性的一致性，这一点王阳明及其后学描述甚详：

> 问"通乎昼夜之道而知"。先生曰："良知原是知昼知夜的。"又问人睡熟时良知亦不知了。曰："不知，何以一叫便应？"曰："良知常知，如何有睡熟时？"曰："向晦宴息，此亦造化常理。**夜来天地混沌，形色俱泯，人亦耳目无所睹闻，众窍俱翕，此即良知收敛凝一时。天地既开，庶物露生，人亦耳目有所睹闻，众窍俱辟，此即良知妙用发生时。可见人心与天地一体，故上下与天地同流。**今人不会宴息，夜来不是昏睡，即是忘思魇寐。"曰："睡时功夫如何用？"先生曰："知昼即知夜矣。日间良知是顺应无滞的，夜间良知即是收敛凝一的，有梦即先兆。"①

这样孟子那里的夜气说②在理学家这里被发展为一种天人同步的时间节律观。天地混沌、良知收敛、众窍俱翕，良知与身体之窍随着天地节律而呈现出同步、同调的运动。这种时间性甚至被阳明打上了历史性的色彩：

> 人一日间，古今世界都经过一番，只是人不见耳。夜气清明

---

① 《王阳明全集》卷三，第105—106页。阳明后学中，罗汝芳发明此义最为精到："盖良心寓形体，形体既私，良心安得动活？直至中夜，非惟手足休歇，耳目废置，虽心思亦皆敛藏，然后身中神气，乃稍稍得以出宁，逮及天晓，端倪自然萌动，而良心乃复见矣。"（[明]罗汝芳撰，方祖猷、梁一群、李庆龙编校整理：《罗汝芳集》，凤凰出版社2007年版，第21页）又："天命谓性，分明是以天之命为人之性，谓人之性即天之命，而合一莫测者也。谛观今人意态，**天将风霾，则懊恼闷甚；天将开霁，则快爽殊常，至形气亦然，遇晓，则天下之耳目与日而俱张；际暝，则天下之耳目与日而俱闭。虽欲二之，孰得而二之也哉？**"（《罗汝芳集》，第57页）

② 对孟子养气观念的系统考察，参见黄俊杰：《孟学思想史论》卷一，第335—415页，以及《孟学思想史论》卷二，第191—252页，台北"中央研究院"文哲研究所筹备处1997年版。

时，无视无听，无思无作，淡然平怀，就是羲皇世界。平旦时，神清气朗，雍雍穆穆，就是尧、舜世界。日中以前，礼仪交会，气象秩然，就是三代世界。日中以后，神气渐昏，往来杂扰，就是春秋、战国世界。渐渐昏夜，万物寝息，景象寂寥，就是人消物尽世界。学者信得良知过，不为气所乱，便常做个羲皇已上人。①

这种身体之"窍"、"心窍"律动与宇宙律动的同时性，与现代前卫性的医学家所倡导的"身体的自由"可以相互辉映：

> 身体的自由就是观察生物节奏，并且尊重生物节奏，与世界同步生活。②
>
> 我们只有尊重时间性才能更接近自由。自由不是来自反对时间的挑战或对时间的逃避，而是接受时间对我们的束缚，接受时间的节奏和法则。寻求身体节奏与宇宙节奏的同步能使我们真正自由地生活。③

修身养性之工夫最终说来，也不过是让"灵窍"（心窍）、"七窍"保持"虚明"、"灵通"的工夫。"声音以养其耳"、"采色以养其目"、"舞蹈以养其血脉"、"威仪以养其四体"、"理义以养心"④是正面的养

---

① 《王阳明全集》卷三，第115—116页。另参见查铎："上天下地，往古来今同此一灵窍，即所谓太极也。此窍方其未判之先，混混沌沌，中涵动静之机，摩荡既久，自此生天生地生万物，故太极生阴阳，太极即在于阴阳之中。阴阳生五行，阴阳即在于五行之中。五行生万物，五行即在于万物之中。故此灵窍者包含天地，贯彻古今，无前无后，无内无外，**我与天地万物同一窍也**。故君子以天地万物为一体，以古今为一息，非涉夸大，理本如是也。"（[明]查铎：《书楚中诸生会条》，《毅斋查先生阐道集》卷四，第473页）

② 库德隆（Olivier Coudron）著，梁启炎译：《身体·节奏》，海天出版社2001版，第181页。

③ 库德隆著，梁启炎译：《身体·节奏》，第188页。

④ 《河南程氏遗书》卷二十二上，《二程集》，中华书局2004年版，第277页。另参见"五色养其目，声音养其耳，义理养其心，皆是养也"。（《朱子语类》卷九十五，《朱子全书》第17册，第3228页）

护之功;"非礼勿视,非礼勿听,非礼勿言,非礼勿动"是负面的卫护之功。程子还专门制定了"四箴"(视箴、听箴、言箴、动箴)以"由乎中而应乎外,制于外所以养其中"。工夫始终不离各种"孔窍",程、朱是如此,阳明也不例外。"《大学》之所谓身,即**耳目口鼻四肢**是也。欲修身,便是要目非礼勿视,耳非礼勿听,口非礼勿言,四肢非礼勿动。"只不过,王阳明善于抓住要害,先立乎其大,认为"七窍"的根子在"心窍":主宰在心,"主宰一正,则发窍于目,自无非礼之视;发窍于耳,自无非礼之听;发窍于口与四肢,自无非礼之言动。此便是修身在正其心"①。孟子的践形说被诠释为**七窍德性的成就说**:"实践云者,谓行到底里,毕其能事,如天聪天明之尽,耳目方才到家;动容周旋中礼,四体方才到家。只完全一个形躯,便浑然方是个圣人,必浑然是个圣人,始可全体此个形色。"②

而在伴随宋明儒者修身过程出现的开悟体验里面,也会展示在"目窍"之中。在这些开悟体验的描述之中,"光"这一视觉现象几乎成了其中的"不变项"③,这种"内在的光"最终也会透过"目窍"而焕发出来:

---

① 《王阳明全集》卷三,第119页。
② 《罗汝芳集》,第50—51页。宋儒孙奭释孟子践形特别指出"百骸、九窍、五脏之形各有所践","孟子言人之形色皆天所赋,性所有也。惟独圣人能尽其天性,然后可以践形而履之,不为形之所累矣。盖形有道之象,色为道之容,人之生也,性出于天命,道又出于率性,是以形之与色皆为天性也。惟圣人能因形以求其性,体性以践其形,**故体性以践目之形而得于性之明;践耳之形而得于性之聪,以至践肝之形以为仁;践肺之形以为义;践心之形以通于神明;凡于百骸九窍五脏之形各有所践也**。故能以七尺之躯方寸之微,六通四辟,其运无乎不在,兹其所以为圣人与?"([汉]赵岐注,[宋]孙奭疏:《孟子注疏》)朱子从"耳目口鼻"释孟子的践形,与孙奭之疏实大同小异。(参见《朱子语类》卷六十,《朱子全书》第16册,第1968页)
③ 理学家特别是阳明学派的开悟体验,陈来与秦家懿均有描述。宗教现象学家伊利亚德(Mircea Eliade)在其《神秘之光的现象学》一文中从世界宗教史的视野全面而系统地描述了世界主要宗教中的光之神秘体验现象,参见 Mircea Eliade, *The Two and One*, New York and Evanston: Harper & Row, Publishers, 1965, Ch. 1 Experiences of the Mystic Light, pp. 19-77。

> 他日侍坐，无所问。先生（陆象山——引者按）谓曰："学者能常闭目亦佳。"某因此无事，则安坐瞑目，用力操存，夜以继日。如此者半月。一日下楼，忽觉此心已复澄莹中立，窃异之。遂见先生。先生目逆而视之，曰："此理已显也。"某问先生何以知之。曰："占之眸子而已。"①

詹阜民这里所自叙的"澄莹"，其义不外澄澈明亮，这种静坐所得的心境会由目窍而透显于外。

三、心窍／身窍：无与有

从医家五脏开窍于"九窍"，到理学家天地之心开窍于"心窍"，"心窍"开窍于"七窍"，身体之为"窍"的古老观念，充分展示了传统儒家之"天地之身—天地之心—人心—人身"一气贯通、生理流行的存在论之特色。②

"窍"之为"窍"本质在于"虚"与"无"，因其体"虚"与"无"，才有"管道"之用，天地万物才能在人之身—心这里"开窍"。所以理学家非常强调"虚其心"、"虚其窍"：

> 盖因各人于此坐立之时，一切市喧俱不乱闻，凡百世事俱已忘记，**个个倾着耳孔而耳孔已虚，个个开着心窍而心窍亦虚**，其虚既百人如一，故其视听心思即百样人亦如一也，然则人生均受天中而天中必以虚显，岂非各有攸当也哉！③

---

① （宋）陆九渊：《陆象山全集》卷三十五，中国书店1992年版，第308页。
② 高攀龙（1562—1626）有语："盖天地之心，充塞于人身者，为恻隐之心；人心充塞天地者，即天地之心。人身一小腔子，天地即大腔子也。"（《高子遗书》卷一，《景印文渊阁四库全书》第1292册，第335页）
③ （明）罗汝芳：《明道录》卷三，收入《续修四库全书》第1127册，第30页。

在朱熹那里心"虚"才能具"众理",不过描述"心体"与"身体"作为"窍"之"虚"、"无"与"通"的性质,乃阳明心学之胜场:

> 目无体,以万物之色为体;耳无体,以万物之声为体;鼻无体,以万物之臭为体;口无体,以万物之味为体;心无体,以天地万物感应之是非为体。①

> 先生尝语学者曰:"心体上着不得一念留滞,就如眼着不得些子尘沙。些子能得几多?满眼便昏天黑地了。"又曰:"这一念不但是私念,便好的念头,亦着不得些子。如眼中放些金玉屑,眼亦开不得了。"②

其实,以眼窍之虚来阐明心窍之虚无的性质乃中西精神哲学常见的思路,亚里士多德就说过眼睛无色故能看见颜色,埃克哈特进一步发挥说,倘若眼睛在观看时本身就具有某种颜色,那它就既看不到它所具有的颜色,也看不到它所不具有的颜色。……眼睛没有颜色,但它却最为逼真地拥有颜色。耶稣说"灵心方面贫乏的人有福了"③。

> 一无所有,才是贫乏。"灵心方面贫乏",这就意味着:正像眼睛贫乏是指没有颜色但能接受所有颜色一样,灵心方面贫乏的人,能够接受所有的灵心,而上帝乃是一切灵心之灵心。④

埃克哈特还指出,如果人不倒空自己心灵之积习,他就无法让神灵进入其内心:

---

① 《王阳明全集》卷三,第108页。
② 《王阳明全集》卷三,第124页。
③ 《马太福音》5∶3。
④ 埃克哈特著,荣震华译:《埃克哈特大师文集》,商务印书馆2003年版,第75—76页。

病人面对佳肴美酒却引不起食欲，这有什么奇怪呢？他感觉不到这佳肴美酒有什么滋味。舌头上有一层用以辨味的表层，由于生病它就会变得苦涩。病人还无法辨别滋味，病人觉得苦，这是苦在舌苔上。只要这一层不去掉，就辨不出应有的滋味来。只要我们这层"舌苔"没有去掉，我们就无法品味上帝本来的美味，我们的生活就总是充满焦虑和苦涩。①

理学家这种对"心窍"与"七窍"的"虚无"性之揭示在结构上更类似于萨特对纯粹意识的虚无性质的描述，因而具有明显的意向性特征。萨特要将现象学悬搁进行到底，为的是保持意识的完全透明性，为此他坚决将胡塞尔的纯粹自我排除在意识之外，意识成了彻底的"虚无"，而王阳明强调"心窍"与"七窍"之"无体"，则旨在保证心窍（心体、良知、灵窍）与七窍的虚明、通透的性质。前者固然亦有挺立自由自主的主体之理论旨趣，但毕竟依然是一种学理性的方法论操作（所谓现象学的悬搁法），而王阳明这里完全是一种修身养性的工夫论。两者更为本质的不同在于：萨特虚无化的意识（所谓"自为存在"）乃是与"自在存在"完全是**异质的**（heterogeneous），在这一点上，他与二元论的笛卡尔毫无二致，生存的意义完全取决于意识的创造性活动；而王阳明"虚灵"与天地万物并不是断裂的异质性的存在，毋宁说，它就是镶嵌在天地万物之中，是天地万物的一个有机环节。"**人之在天地，如鱼在水，不知有水，直待出水，方知动不得。**"②离开了天地，人便动不得，身子便成为死的躯壳。身子活动自如，原来皆是在天地之中方能如此。天人无间断，天一地一人一万物最终亦是身心一如、一气流通之大身子。当然，这不是一个可有可无的环节。

---

① 埃克哈特著，荣震华译：《埃克哈特大师文集》，第203页。
② 《河南程氏遗书》卷二上，《二程集》，第43页。

倘若说天地万物是一个大身子，人之虚灵即是这个大身子的"**神经枢纽**"，这个大身子的活动在人身之虚灵这里得到自觉。"良知"、"虚明"在此意义上乃是天地万物的"**发窍之最精处**"：

> 朱本思问："人有虚灵，方有良知。若草木瓦石之类，亦有良知否？"先生曰："人的良知，就是草木瓦石的良知。若草木瓦石无人的良知，不可以为草木瓦石矣。岂惟草木瓦石为然，天地无人的良知，亦不可为天地矣。盖天地万物与人原是一体，**其发窍之最精处，是人心一点灵明**。风、雨、露、雷、日、月、星、辰、禽、兽、草、木、山、川、土、石，与人原只一体。故五谷禽兽之类，皆可以养人；药石之类，皆可以疗疾：**只为同此一气，故能相通耳**。"①

因此，良知、虚灵、虚明（"心体"）并不是一无所有的空无、顽无，它作为天地万物发窍的最精处、作为天—地—人联系的"孔窍"、"管道"而与"性体"、与天地生生之大德联系在一起。透过这个"孔窍"、这个"管道"，天地生生之大德终于自觉到它自己。就此而论，人即是"天地之心"，是天地之大生命"开窍"、"发窍"之所在。人在宇宙中的特殊地位端在于此。人的"幸运"与人的"责任"亦均在于此。

在论及现代存在主义的虚无主义的本质时，汉斯·约纳斯（Hans Jonas）慧眼独具，一眼洞穿其要害所在：人与整个宇宙的断裂乃是"虚无主义根本"，"人与**自然**（*physis*）的二元论乃是虚无主义处境的形而上学背景"，而"从未有任何一种哲学要比存在主义更不关心自

---

① 《王阳明全集》卷三，第107页。

然了，在它那里没有给自然留下任何尊严"。① 存在主义固然高扬人作为"一根会思想的芦苇"的"尊严"与"高贵"，然而这种人的尊严与高贵身份的获得却是以孤独感、疏离感、陌生感、脆弱感为代价，人从"存在的大链条"之中脱落出来，"人的状况：变化无常，无聊，不安"②。人成了完全孤零零的"被抛者"，被抛到无边无际的广袤的空间之中，让人迷惑与不安的是，在这浩瀚无际的空间之中，

> 我自己竟然是在此处而不是在彼处，因为根本没有任何理由为什么是在此处而不是在彼处，为什么是在此时而不是在彼时。③
>
> 我不知道是谁把我安置到世界上来的，也不知道世界是什么，我自己又是什么？我对一切事物都处于一种可怕的愚昧无知之中。……我看到整个宇宙的可怕的空间包围了我，我发现自己被附着在那个广漠无垠的领域的一角，而我又不知道我何以被安置在这个地点而不是另一点，也不知道何以使我得以生存的这一小点时间要把我固定在这一点上，而不是在先我而往的全部永恒与继我而来的全部永恒中的另一点上。④
>
> 我们是驾驶在辽阔无垠的区域里，永远在不定地漂流着，从一头被推到另一头。我们想抓住某一点把自己固定下来，可是它却荡漾着离开了我们；如果我们追寻它，它就会躲开我们的掌握，滑开我们而逃入于一场永恒的逃遁，没有任何东西可以为我们停留。这种状态对我们既是自然的，但又是最违反我们的心意的；我们燃烧着想要寻求一块坚固的基地与一个持久的最后据点的愿望，以期在这上面建立起一座能上升到无穷的高塔；但是**我们整**

---

① Jonas, *The Phenomenon of Life: Toward a Philosophical Biology*, p.232.
② 帕斯卡尔著，何兆武译：《思想录》，商务印书馆1995年版，第62页。
③ 帕斯卡尔著，何兆武译：《思想录》，第101页。
④ 帕斯卡尔著，何兆武译：《思想录》，第92—93页。

个的基础破裂了，大地裂为深渊。①

这些无限空间的永恒沉默使我恐惧。②

从帕斯卡尔（Blaise Pascal, 1623—1662）的描述之中，我们不难体会到，宇宙固然仍有其秩序，但这是一种让人感到陌生的"敌意性的秩序"，人们对它充满"恐惧与不敬"、"战栗与轻蔑"。③"那个毫不在乎的自然是真正的深渊。只有人在烦着，在他的有限性之中，孑然一身，徒然面对死亡、偶然性以及他筹划的意义之客观的无意义性，此委实是前所未有之处境。"④人在异己、异质的世界之中没有任何的归属感，于是人生的意义便完全局限于人之意识领域，倘若人生还有一点意义的话。人之"窍"被塞住了，"一窍不通"的结局只能是精神完全封闭在它自己，皮肤的界限成了所有感受的界限。人与滋养自己的源头活水（天地人间之气）之间的"孔窍"、"管道"淤塞不通了，腔子内的"精神"日趋枯竭，"精气神"日趋不振、萎缩，遑论"左右逢其源"了。

"满腔子皆恻隐之心，以**人身八万四千毫窍**，在在灵通，知痛痒也。"刘蕺山（1578—1645）所描述的人这一存在者乃是扎根于生生不已、大化流行之中的**通身皆窍者**，他深刻地体会到宇宙生命的力度、强度与方向，自觉地向他者、天地万物敞开他自己，成就自己感通之身、敞开之身、应答之身。这种精神气质与存在主义简直天壤之别！

挺立儒家思想的"主体性"意识，是儒学遭遇现代性自我更生的一个重要路径，毕竟"主体性"哲学、"意识"哲学是现代性的基本精神取向。但我们绝不能因此而忽视儒家主体性哲学、意识哲学背后的

---

① 帕斯卡尔著，何兆武译：《思想录》，第33页。
② 帕斯卡尔著，何兆武译：《思想录》，第101页。
③ Jonas, *The Phenomenon of Life: Toward a Philosophical Biology*, p.219.
④ Jonas, *The Phenomenon of Life: Toward a Philosophical Biology*, p.282.

身体向度，不能忘记儒家道德哲学的"存在论的根基"，儒家之道德哲学乃是其自然哲学有机部分。儒家的主体性不是封闭于纯粹意识领域之中的存在，而是透过身体的"孔窍"而与他者、天地万物相互感应、相互应答的身心一如的存在，这种主体性本身就嵌在身体之中，无论是"惕然动乎中，赧然见乎色"之耻感，抑或是"恻然动乎中"之"不忍"、"悯恤"、"顾惜"之同感，乃至生意津津之一体生命的生机畅遂感、乐感，皆是深深嵌入身体之中的"觉情"与"实感"。① 大哉，身体之为"窍"！罗近溪（1515—1588）曰：**"盖人叫做天地的心，则天地当叫做人的身。"**② 如此，**人身（心）之窍当叫作天地之窍乎？**

---

① 冯友兰先生很早就指出，"儒家说无条件地应该，有似乎西洋哲学史底康德。但康德只说到义，没有说到仁"。（《新原道》，收入《三松堂全集》，河南人民出版社1989年版，第18—19页）开启儒学体知论域的杜维明先生指出，孟子的心"并不是毫无具体内容的纯粹意识，而是能恻隐、能羞恶、能恭敬、能是非，因而充满了知、情、意各种潜能的实感。心的实感正是通过身的觉情而体现。"（杜维明：《从身、心、灵、神四层次看儒家的人学》，收入郭齐勇、郑文龙主编：《杜维明文集》第五卷，第332页）开儒家身体观研究风气之先的杨儒宾先生也着意强调："儒者的道德意识从来就不仅是空头的意识而已，它带有很强的生命力，这种生命力用中国哲学及医学的术语来说即是气……人身的活动及知觉展现都是气流注的结果，气的精华流为七窍，特别可以成为良知之开窍；而身体一般的展现也都因有气脉贯穿，所以它很自然地会与人的道德意识活动同步启动。"（杨儒宾：《儒家身体观》，第326—327页）

② 《罗汝芳集》，第179页。

第三章 "身不自身"：罗近溪身体论发微

从比较宗教的立场看，身体在儒学中一直具有"崇高的地位"，"我们受之于父母的身体，并不是我们所拥有的私产，而是天地所赐予的**神器**"。①儒家学问实是安身立命之学，儒家之精神追求从未离"身"而行，恰恰相反，越是注重精神、注重心灵生活的儒者，也越是注重"身体"，这与那些以苦行、极端禁欲而追求灵性生活的西行僧们（如鞭笞派）形成了鲜明对照。在极力张扬"良知"的阳明"心学"一系中，最终演化出一种极端重视身体的泰州学派、一种张扬"道尊则身尊，身尊则道尊"的**尊身主义**②，一种富有多重精神义蕴的**身学**，如站在近代西方哲学之身心二元论立场看，这诚属一吊诡现象，然放在身心一如的儒家修身传统看，则是顺理成章、水到渠成之结果。

明儒讲学喜标新立异，所谓"圣贤学问，须要有个宗旨"。王阳明（1472—1529）本人以"致良知"作为自己立言宗旨，泰州学派虽对此持信守之态度，但又独出心裁，各倡自家宗风。罗近溪之学，亦是如此。其弟子邓潜谷（1528—1593）曾当面描述罗近溪之学的风格："我师谈道，每当天人合一，与心迹浑融处，真是令人豁然有省而跃然

---

① 郭齐勇、郑文龙编：《杜维明文集》第五卷，第357页。
② 身道之尊出自王心斋（1483—1541）："身与道原是一件。至尊者此道，至尊者此身。尊身不尊道，不谓之尊身；尊道不尊身，不谓之尊道，须道尊身尊才是至善。"（《心斋王先生语录》卷上）"尊身主义"一词出自嵇文甫：《晚明思想史论》，东方出版社1996年版，第24页。

难已。在我明昭代，**当特称一宗**，而大事因缘，关系世道民生，非云小可。"①"特称一宗"绝非浮夸不实之词，近溪子之学确有一己风光，在当时儒门已有共识，今举王塘南（1522—1605）、周海门（1547—1629）、黄宗羲（1610—1695）三家之言以证：

> 先生平生，学以孔孟为宗，以赤子良心不学不虑为的，以天地万物同体、彻形骸，忘物我，明明德于天下为大。②
>
> 近溪学以孔孟为宗，以赤子良心不学不虑为的，以孝弟慈为实，以天地万物同体，彻形骸，忘物我，明明德于天下为大。③
>
> 先生之学，以赤子良心不学不虑为的，以天地万物同体、彻形骸、忘物我为大。④

倘近溪在世，庶几会对此宗旨解读表示认同。⑤而"身体"之向度则一直贯彻于其中。何以见得？近溪对孔门求仁宗旨多所抉发，但在论及求仁、体仁时，却从不空说个人的道理，他总是从人身以及身之所在处境指点生生之仁德："此个仁德与此个人身，原浑融胶固、打成一片、结作一团"；近溪子以赤子之心指点当下良知，亦从不脱离赤子初生身体之视听言动；而近溪之所倡导的孝、弟、慈更是扣紧人身之所"根"、

---

① 《罗汝芳集》，第 308 页。
② 《罗汝芳集》，第 856 页。
③ 《罗汝芳集》，第 862 页。
④ 《罗汝芳集》，第 872 页。
⑤ 近溪子弟子、《盱坛直诠》的编者曹胤儒曾当着近溪、焦竑（1540—1620）、李贽（1527—1602）等人之面，总结乃师所"分授家事"："天地万物为一体，使天地万物各得其所为极致，所谓大学，所谓明明德于天下，是吾师之门堂阃域；老吾老及人之老，幼吾幼及人之幼，所谓道迩事易，是吾师之日用事物；赤子不虑之良知、不学之良能，与圣人之不思不勉，天道之莫为莫致，是吾师之运用精神。"近溪听后笑曰："予虽无如许层折，然大段亦得，吾子勉之。"（《罗汝芳集》，第 400—401 页）吴震先生曾将王塘南等人评语归纳为四点：（1）以孔孟求仁为宗；（2）以赤子之心为的；（3）以孝弟慈为实；（4）以万物一体为大。（参见吴震：《罗汝芳评传》，南京大学出版社 2005 年版，第 177 页）

所"连"、所"带"立论；至于万物一体之义，在近溪子那里完全是从"通天下为一身"处见出。牟宗三先生在为罗近溪思想特色定位时指出："顺泰州派家风作真实工夫以拆穿良知本身之光景使之流行于日用之间，而言平常、自然、洒脱与乐者，乃是罗近溪。"① 此诚为不刊之论②，唯"流行于日用之间"并不是空头的流行，而必通过"身体"体现于日用之间。毕竟良知不是封闭的精神实体，而是一开放的"灵窍"，良知流行，必通过身体这一"窍"而展现出来。近溪之言"平常、自然、洒脱与乐"，亦每每是以身体为"天体"示之。

本章拟以罗近溪为个案，阐发这种尊身主义的基本内涵，以期对阳明心学一系的身体观之特色有所领略。总略而论，罗近溪对"身体"理解是在一天人合一的谱系之中展开的：（1）就其"天"的一面，吾人此身与众生之身一样均是天地生生不息、大化流行之产物，是天地"和气"之凝聚；（2）就其"人"一面，吾人此身乃有"三条大根"，根于父母、连着兄弟、带着妻子，并进而"联属"国家天下，"统会"上下古今；（3）就吾人此"身"与"心"之关系，则"身不徒身，而心以灵乎其身；心不徒心，而身以妙乎其心"，"赤子"之心一身浑然一如，正是此天人合一之身体的"原型"，在此，"人体"即是"天体"。因此（4）身体不是封闭的单子，而是与天地万物有着千丝万缕联系的"感应器"，身体在与天地万物同感共应之中，万物遂"**责备**"于我。故罗近溪之"身不自身"的观念挺立的是万物一体的责任意识，而与道家之"身不自身"、纵身大化中不喜亦不惧的忘形观形成鲜明对照。

---

① 牟宗三：《从陆象山到刘蕺山》，收入《牟宗三先生全集》第 8 册，第 204 页。
② 近有学者对牟先生的持论提出质疑，以为牟先生对近溪子工夫定性为"大谬"，此实属意气之论。（参见龚鹏程：《晚明思潮》，商务印书馆 2005 年版，第 38 页）

一、我身以万物而为体，万物以我身而为用

孔门立教只是**求仁**一脉，阳明心学一系素从本心、良知指点仁心，近溪子论仁则往往与"身体"联系在一起。

> 圣贤语仁多矣，最切要者，莫踰体之一言，盖吾身躯壳原止血肉，能视听而言动者，仁之生机为之体也。推之而天地万物，极广且繁，亦皆躯壳类也，潜通默运，安知我体之非物，而物体之非我耶？譬则巨釜盛水，众泡竞出，人见其泡之殊，而忘其水之同耳。孺子入井境界，却是一泡方击而众泡咸动，非泡之动也，其釜水同是一机，固不能以自已也。①

吾身作为"躯壳"，只是血肉之身。天地万物亦皆有其躯壳。这些"躯壳"看似个个有别，但此只是"外观"如此，其中却为同一宇宙生机（**仁之生机**）所贯穿。"我体"与"物体"实则"一体"，一如釜中众"水泡"，大小形状看似不同，但一泡方击，众泡咸动，"泡"之为泡原是一釜之水所构成，众泡"咸动"亦是同一釜水之"机"所运而成。血肉之躯之所以能成为视听言动的身体，且对其他身体的活动能够共感同振，正是因为众躯壳原是一气流通的，原是由仁之生机畅遂于其中的。"躯壳"这一让人联想到"界限"、"硬质化"的事物不过是"水泡"，在其下面乃是无界限、软质乃至流动的"水体"。也就是说，吾身之躯壳与万物之躯壳本来即是"同质的"、"一体的"，众躯壳之间并无绝对的限隔，每一个躯壳由于仁之生机而向彼此敞开，"仁"就如同活水源头一样，滋润、涵泳、流通于彼此敞开的躯壳之间。

既然吾之身躯原是以贯彻天地万物的仁之生机为体，则"宇宙

---

① 《罗汝芳集》，第111页。

之间,总是乾阳统运,吾之此身,无异于天地万物,而天地万物,亦无异于吾之此身"①。而就最终来源而看,吾身与天地万物一样,均是天命流行之"产物":"生生之德,普天普地,无处无时不是这个生机。……惟幸天命流行之中,忽然生出汝我这个人来,却便心虚意妙,头圆足方,耳聪目明,手恭口止……"②天地大化,一气流行,吾人之身与大化之中众生之身一样,均为同一生生不息之天理之展现:

> 子曰:盈天地之生,而莫非吾身之生;盈天地之化,而莫非吾身之化。冒乾坤而独露,亘宇宙而长存。此身所以为极贵,而人所以为至大也。③

要之,吾身之由来、吾身之生成、吾身之变化均是天地生生之德的体现。程明道(1032—1085)曾视逝川为"道体流行",今近溪子直接将人之身视为"道"之所在:"大都道具吾心,而**吾身即道**,真机随处洋溢,工夫原无穷际。一念不通之人者,非道也;一息有间于道者,非功也。"④

此身"极贵",此人"至大",人身在宇宙中的极贵、至大的地位在哪里?人在天地之中的独特地位即在于天地生物之心在人这里得到展现,在这种意义上人身不过是"天"之"用具",天"用"吾此身来展现自己的生生不息的生机、涵括万物化育众生的生理:

> 盖天本无心,以生物而为心;心本不生,以灵妙而自生。故天地之间,万万其物也,而万万之物,莫非天地生物之心所由生

---

① 《罗汝芳集》,第 220 页。
② 《罗汝芳集》,第 178 页。
③ 《罗汝芳集》,第 387 页。
④ 《罗汝芳集》,第 371 页。

也；天地间之物，万万其生也，而万万之生，亦莫非天地之心之灵妙所由显也……盖其生其灵，浑涵一心，则我之与天，原无二体；而物之与我，又奚有殊致也哉？是为天地之大德，而实物我之同仁也。反而求之，则我身之目，诚善万物之色，我身之耳，诚善万物之音，我身之口，诚善万物之味，至于我身之心，诚善万物之性情也哉！**故我身以万物而为体，万物以我身而为用。**起初也，**身不自身**，而备物乃所以身其身；其既也，物不徒物，而反身乃所以物其物。是惟不立，而身立则物无不立；是惟不达，而身达则物无不达。①

"**我身以万物而为体**"，系指我与天地万物均是"天地生物之心所由生"，我身之由来、我身之构成、我身之运作，均与天地万物纠缠在一起，我身与天地万物并无根本的限隔；"**万物以我身而为用**"，系指天地万物通过我而呈现其天地万物之相：我身之各种官能（眼、耳、口）乃是用来成就、彰显天地万物的形色、声音、味道，我心乃是用来成就万物的"性情"。最终而言，"天地之心"亦是通过"我身"而得到显露的：

> 夫大哉乾元！生天生地，生人生物，浑融透彻，只是一团生理。吾人此身，自幼至老，涵育其中，知见云为，莫停一息，本与乾元合体……**盖此个天心，元赖耳目四肢显露**，虽其机不会灭息，而血肉都是重滞。②

> 天地之性，人为贵；人者，天地之心也。**故非人，何处安此"心"字？非心，何处安此"道"字？**③

---

① 《罗汝芳集》，第200页。
② 《罗汝芳集》，第28—29页。
③ 《罗汝芳集》，第34页。

盖天与人，原浑然同体，其命之流行，即己性之生生处，**己性生生，即天命流行处**。……所谓：天视自己视，天听自己听，己身代天工，己口代天言也。顷刻之间，畅遍四肢，则视听言动，无非是礼，喜怒哀乐，无不中节，天地万物，果然一日而皆归吾仁。以位之育之，而其修道立教之机，亦只反观一己身中，更不俟他求而有余裕也。①

盖天命不已，方是生而又生；生而又生，方是父母而己身，己身而子，子而又孙，以至曾而且玄也。**故父母兄弟子孙，是替天命生生不已显现个肤皮；天命生生不已，是替孝父母、弟兄长、慈子孙，通透个骨髓**，直竖起来，便成上下今古，横亘将去，便作家国天下。②

乾元、天地生生之理，天地生物之心这些被现代学人视为"形而上"的抽象概念，在近溪子看来恰恰是"依赖"人身之耳目四肢得以显露，人身成了"天心"透显、发露的场所，是天命生生不已的"肤皮"。举凡目视耳听、口言身动，这些被视为"形色"、被视为身体范畴之现象，均有"天命流行而生生不息"存焉。"直竖起来"是说这天地生生的大德通过人代际的绵延而成就一宇宙生命的历程；"横亘将去"是说这天地生生的大德通过人际的联动而成就一宇宙生命的共同体。天地生生的大德即是通过人身这种上下的时间的赓续与左右前后的空间的延展得以向四方上下展开。孔子曰"人能弘道，非道弘人"，近溪子说："盖言天命流行，于穆深远，必藉吾身以树立而表章之，而道之用乃弘且大焉。"③ 于是，宋儒"为天地立心"的说法在近溪子这里进一步落实为"天心"依赖"人身"而得以挺立、显露，于是天地之性与气

---

① 《罗汝芳集》，第156页，标点有改动。
② 《罗汝芳集》，第233页。
③ 《罗汝芳集》，第460—461页。

质之性的说法在这里也得到了改变：

> "形色，天性也"，孟子固亦先言之也。且气质之在人身，呼吸往来而周流活泼者，气则为之；耳目肢体而视听起居者，质则为之。子今欲屏而去之，非惟不可屏，而实不能屏也。况天命之性，固专谓仁义礼智也已！**然非气质生化，呈露发挥，则五性何从而感通？四端何自而出见耶？**①

> 目便分外晴朗，耳便分外虚通，应对便分外条畅，手足便分外轻快，即名中通而理，所谓**天视自己视，天听自己听，己身代天工，己口代天言也**。顷刻之间，畅遍四肢，则视听言动，无非是礼，喜怒哀乐，无不中节，天地万物，果然一日而皆归吾仁。②

如所周知，在宋儒那里，气质之性与天地之性处在一"张力"关系之中，其要在于化解本体论上的性善与现实论上的性三品、性善恶混之紧张，近溪子以孟子形色天性来安顿气质之性，这是把气质之性**向上说**，"气质"（实则即是"形气之身"）是天理（五性）得以感通、四端得以开显的媒介。"天性"、"天命"、"天理"——此形上的理界舍人身则无以朗显。

要之，就身体之"天"之一面而论，人身与仁心是相互依存的关系，人身由天地生生之仁机所贯、所充而成为视听言动之身体，同时，天地之生机又是依**赖**人身之官能、凭**借**人身之"形色"而有展示其一气贯通、遍显万物之气象。质言之，"形色"即"天性"也。③

---

① 《罗汝芳集》，第87页。
② 《罗汝芳集》，第156页。
③ 参见《罗汝芳集》，第54页。"天地之大德曰生，生生之谓易，乾则大生，坤则广生，至孟子自道则曰：日夜所息，雨露之养，岂无萌蘖之生？乐则生矣，生则恶可已，是皆以生言性也。嗜则期易牙，美则期子都，为人心之所同然。目之于色，口之于味，性也有命焉，是亦以食色言性也。岂生之为言，在古则可道，在今则不可道耶？生与食色，在己则可以语性，在人则不可以语性耶？要之，**食色一句不差**，而差在仁义分内外。"

二、身之存在功能:"根、连、带"与"联通"、"统会"

就血肉之躯(躯壳)而论,身体无疑是从父母而来,父母之身体亦由其父母而来,此血肉之躯穿过世代交替的血缘之链条,一直可上溯于一人之身体。

> 吾人之生只是一身,及分之而为子姓,又分之而为玄曾,久分而益众焉则为九族。至是,各父其父,各子其子,更不知其初为一人之身也已,故圣人立为宗法,则统而合之。由根以达枝,由源以及委,虽多至千万其形,久至千万其年,而触目感衷,与原日初生一人一身之时,光景固无殊也。……其四海九州之千人万人,而其心性浑然只是一个天命,虽欲离之而不可离,虽欲分之而不能分。如木之许多枝叶而贯以一本,如水之许多流派而出自一源。①

这一人之身通过在时间(代际)与空间(人际)的无限绵延(久至千万其年)、扩展(多至千万其形),遂成一大宗族。宗法之立不过是要吾人明白生命存在之同本、同源之真相。我的形骸虽与父母形骸是两个不同的"形体",但是"气血"却与父母是同一气血,故赤子与父母拥有天然的一体相亲的能力:

> 人初生之时,百事不知,而个个会争着父母抱养,顷刻也离不得,盖由此身原系父母一体分下,形虽有二,**气血只是一个**,喘息呼吸,无不相通。②

---

① 《罗汝芳集》,第205—206页。
② 《罗汝芳集》,第753页。

因此我的形骸亦不是一封闭的单子，而是扎根于血亲网络之中的一个"节点"，这个"节点"与网络之中的其他"节点"有着千丝万缕的联系。近溪子用"**根**"、"**连**"、"**带**"指示这种联系：

> 诸人试看，某今在此讲学，携有何物？止此一个人身而已。诸人又试想，我此人身，从何所出？岂不**根着父母，连着兄弟，**而**带着妻子**也耶？二夫子（指孔孟）乃指此个人身为仁，又指此个人身所根、所连、所带以尽仁，而曰：仁者人也，亲亲长长幼幼，而天下可运之掌也。是此身才立，而天下之道即现；此身才动，而天下之道即运，岂不易简，岂为难知！①

吾人身体即出于这"根、连、带"所编结而成的纽带之中，无疑这种血气之身的相互交织、指引、连接最终构成了一个宗亲共同体。近溪子写了很多宗谱序，几乎每一篇宗谱序都要强调宗亲共同体之中这种身体根、连、带的关系，并强调"**千身万身只是一身**"的"宗"之精神："君子以仁率亲，等而上之，虽远至百世，一体也；以义率祖，顺而下之，虽繁至千亿，亦一体也。"②

吾人身体宛若一棵盘根于大地之下、延伸于天空之中的大树，扎根于世间宗亲、族群共同体之中，它有"**三条大根**"："盖我此身，父母分胎，父母其一也；此身兄弟同胞，兄弟其一也；此身妻子传后，妻子又其一也。"③根之为根即在于深扎于大地之中，抽枝、发芽、长叶、开花、结果，根深蒂固，生意自是不息；同样"孝父母"、"和兄弟"、"善妻子"，人身之三根得培，一家之生意、一族之生意亦自是不息。身体之"根、连、带"即是仁之生机的表现，"人身与仁心，原

---

① 《罗汝芳集》，第55—56页。
② 《罗汝芳集》，第468—469页。
③ 《罗汝芳集》，第423页。

不相离"①，此仁心在人身上首先就表现在其所根、所连、所带上面。王阳明以"良知"一词指点仁心，此虽能显豁"是非之心"义，然终究不如直接从吾身之切身感受入手指点仁心更加直接、更加亲切。以身之所根、连、带指示仁之发端，让《论语》中"孝弟也者其为仁之本与"的意思更加鲜活了。

毫无疑问，这种"根、连、带"的身体意识不仅是一种血缘认同、血缘归属的意识，它沿着横向的空间轴与纵向的时间轴延伸，前者旨在突显现时的族群之团结，后者则强调历时的世代更替之一脉相承。天地生生之机即在此"根、连、带"之中"**贯古今、联遐迩**"。不过更为重要的是，这种意识还是一种责任意识，这表现在两个方面。

其一，身体之所根、所连、所带同时也是一种情感的纽带，将共同体之中每一成员联系在一起，"牵一发而动全身"，一体相关、休戚与共（所谓"**命运共同体**"）自是"根、连、带"之身体应有之义。

其二，吾人此身原是吾祖之身一脉相传的"遗体"，还拥有光耀、成就这个所"根、连、带"的"大身"之责任：

> 祖之于人也大矣，无论远近，固吾身所由来也。谱之于祖也亦大矣，无论详略，固吾祖本支所由辨也。知所由来，而**吾之身始重**；知所由来之本支，而**吾之身益重**。重其身者，将以成其身也。而所以成其身者，又非所以显其祖也哉？②

如果说身体"根、连、带"着重于身体的"宗谱"义，那么，身体之"联属"与"统会"则强调身体所展现的这种"不息之机"会自不容己地旁联纵贯于天下与万世之中，用近溪子本人的话说："**联属中**

---

① 《罗汝芳集》，第352页。
② 《罗汝芳集》，第473页。

国为一身，统会万古为一息"，"联天下国家以为一身，联千年万载以为一息"，"万物皆为吾体，万年皆为吾脉"。①"联属"突显了身体之旁联的能力，吾人此身不仅是吾宗亲共同体之身，亦是国家、天下之身，是天地万物之身，身体之所"根、连、带"只是仁之发端，此仁之生生不息之机倘不被阻塞，自能周流于国家、天下乃至天地万物之中，而最终"通天下为一身"、"联属家国天下以成其身"。"统会"则突显了身体之纵贯的能力，吾之身绵延于世代更替之时间性中，吾之血脉，无远弗届，乾父坤母，遗体在兹。

"大人"之"大"不过是立其身、大其身，由其所"根、连、带"而旁通周流，下上纵贯，联属统会，因此，大学之道、孟子老老幼幼之旨均是要由此"根、连、带"之身进一步成就为"联属"、"统会"之身：

> 天地之大德曰生，而生生之谓易也。夫生生者，生而又生者也；生而又生，则不息矣……天授是德与人，人受是德于天，勃然其机于身心意知之间，而无所不妙，蔼然其体于家国天下之外，而靡所不联。以是生德之妙而上以联之，则为老吾老以及人之老，而所以老老者，将无疆无尽也。以是生德之妙而旁以联之，则长吾长以及人之长，而所以长长者，将无疆无尽也。以是生德之妙而下以联之，则为幼吾幼以及人之幼，而所以幼幼者，将无疆无尽也。②

联属天下国家、统会万古，如此天地万物之身体，上下千年万世之身体皆在吾身之感应之中、在吾心之虚灵洞达之中，浑融一体。而此种

---

① 《罗汝芳集》，第 199、435、125 页。
② 《罗汝芳集》，第 509 页。

"大人"之身体却又恰恰体现在赤子之身（心）上。

三、赤子之心与赤子之身：人体即天体

从天地生生不息之宇宙创化论而言，吾身乃是天命流行之"产物"；从血肉之躯之形成而论，吾身又是父母精气凝聚而来。吾人此身，依近溪子的看法，即为此天人合一所成就，是为赤子之身（心）：

> 罗子曰：吾人之生，原阴阳两端，合体而成。其一则**父母精气**，妙凝有质，所谓"精气为物"者也；其一则**宿世灵魂**，知识变化，所谓"游魂为变"者也。精气之质，涵灵魂而能运动，是则吾人之身也，显现易见而属之于阳；游魂之灵，依精气而归知识，是则吾人之心也，晦藏难见而属之于阴。交媾之时，**一齐俱到**，胎完十月，出生世间。其赤子之初，则阳盛而阴微，心思虽不无，而专以形用也，故常欣笑而若阳和，亦常开笑而同朝日，又常活泼而类轻风，此阳之一端，见于有生之后者然也。及年少长，则阴盛而阳微，虽形体如故，而运用则专心思矣，故愁戚而欣笑渐减，迷蒙而开爽益稀，滞泥而活泼非旧，此阴之一端，见于有生之后者然也。人能以吾之形体而妙用其心知，简淡而详明，流动而中适，则接应在现前，感通得诸当下。生也而可望以入圣，殁也而可望以还虚，其人将与造化为徒焉已矣。若人以己之心思而展转于躯壳，想度而迟疑，晓了而虚泛，则理每从于见得，几多涉于力为。生也而难望以入圣，殁也而难冀以还虚，其人将与凡尘为徒焉已矣。①

---

① 《罗汝芳集》，第287—288页。

人之生命由阴阳两端和合而来，"阳"的一面指形质，形质由父母精气凝聚而成，用《周易》的话说是"精气为物"；"阴"的一面是指灵魂，灵魂并不由父母精气而来，而另有源头，近溪子用"宿世灵魂"来表示，这确实是一种奇怪的说法，因在儒家义理系统中这种说法是极为罕见的，或是近溪子不自觉地沿用了佛教的说法[①]，不过他还是用《周易》的语言将之表述为"游魂为变"。在父母交媾之际，此阴阳两面"一齐俱到"。而出生世间之初，即为赤子时，阳盛阴微，故常欣笑、开爽、活泼，在这里近溪子明确将赤子之心定位于赤子之身里面，或者说定位于身心合一之时。之所以如此，是因为出生之初，"阴"的一面比较"微"，"心思"（属于"阴"之一面）乃"专以形用"（"形"属于"阳"之一面）；及年少长，阴盛阳微，"形体"虽如故，但"运用"则不再扣紧在"形"上面，而是"专心思"，是"以己之心思而展转于躯壳"，故愁戚、迷蒙、滞泥。言外之意，赤子之身不再，赤子之心亦复不再。复赤子之心不过是重新让心思"专以形用"，是所谓"能以吾之形体而妙用其心知"。这完全是对以往"气质之性"的观念的革命性的改造。

最初由父母精气而来的肉身（赤子之气质）原本即与天赋的性灵（赤子之心）是浑然无间的。即近溪子所说："精气载心而为身，是

---

① 实际上"**宿世灵魂**"的说法在整个《罗汝芳集》中仅一处见，更常见的说法是"灵物"、"良知"、"性灵"，如"天地间，人是一团生理，故其机不容自已……盖人之为人，其体实有两件，一件是吾人此个**身子**，有耳有目，有鼻有口，有手有足，此都从**父精母血**凝聚而成，自内及外，**只是一具骨肉而已**。殊不知其中原有一件**灵物**，圆融活泼，变化妙用，在耳知听，在目知视，在鼻知臭，在口知味，在手足知持行，而统会于方寸，空空洞洞，明明晓晓，名之为心也。心，孟子谓之大体，盖体中之大者也；耳目口鼻四肢，孟子谓之小体，盖体中之小者也。顾人从之如何耳？从其小，则为小人；从其大，则为大人。心止方寸，如何却为大？身长七尺，如何却为小？盖目只管看色，耳只管听声，鼻口只管臭味，四肢只管安逸，所欲所嗜所求，不过面前受用，不能相通，更不知有其他，其体段原已纤细……若吾心体段，则藏之方寸之间，而通之六合之外，其虚本自无疆界，其灵本自无障碍，能主耳目而不为所昏，能运四肢而不为所局……是则**联天下国家以为一身，联千年万载以为一息**，视彼七尺之躯而旦夕延命者，何如耶？"（《罗汝芳集》，第140—143页）

身也，固身也，固耳目口鼻、四肢百骸而具备焉者也；灵知宰身而为心，是心也，亦身也，亦耳目口鼻、四肢百骸而具备焉者也。"近溪子以"神"指示此种阴阳、身心浑融状态："是神也者，浑融乎阴阳之内，交际乎身心之间，而充溢弥漫乎宇宙乾坤之外，所谓无在而无不在者也。"① 这样身心关系不是简单地以心宰身的关系，而是"心以灵乎其身"、"身以妙乎其心"之双向互摄互动的关系。

近溪子以运思善发"赤子之心"之义而著称于中国思想史，细绎其文本，其赤子之心论从未与赤子之身论脱节。近溪子素喜将赤子之身的官能活动与成人之身的官能活动加以对勘，以见出赤子之身官能活动之浑然、天真之一面：

> 子观《洪范》，说人有视听言动思，盖**大体小体兼备，方是全人；视听言动思兼举，方是全心**。但人初生，则视听言动思，浑而为一；人而既长，则视听言动思，分而为二。故要存今日既长的心，须先知原日初生时的心。子观人之初生，目虽能视，而所视只在爹娘哥哥；耳虽能听，而所听只在爹娘哥哥；口虽能啼，手足虽能摸索，而所啼、所摸索，也只在爹娘哥哥。据他认得爹娘哥哥，虽是有个心思，而心思显露，只在耳目视听身口动叫也。于此看心，方见浑然无二之真体，方识纯然至善之天机。吾子敢说汝今身体，不是原日初生的身体？既是初生身体，敢说汝今身中，即无浑纯合一之心？②

"大体小体兼备，方是全人"这一说法确实令人耳目一新。"视听言动"这一身之活动与"思"这一"心"之活动"兼举"才是"全心"，赤子

---

① 《罗汝芳集》，第288页。
② 《罗汝芳集》，第43页。

之心与赤子之身完全是浑融无间的，赤子之目视、耳听、口啼、手足摸索都在爹娘哥哥。赤子之视听言动与赤子之心思全然泯然无间，所谓心思显露只在耳目视听身口动叫。这既是一种身心未分、知行未隔、浑纯合一的状态，同时亦是一种委身于他人的身体（爹娘哥哥），与之依偎、融洽、亲近的状态，因此这又是一种完全融于身体之中的良知、良能。

显然用赤子之心指代这种良知、良能一方面既能凸显良知之先天性，另一方面又能彰显出良知与良能、天性与气质、心灵与身体之浑然一体性："汝原日赤子出世，是心知之萌动者也。然汝初出世做赤子时，孩之则笑，提之则动，见父母便爱，见哥哥便敬，其心知了了，视听虽微也，未尝不条理；喜怒虽弱也，未尝不节奏。是则至卑至近之中，而至高至远的道理，何尝不悉寓于其内耶？"这种身心一如的良知良能复又是普遍之人性："谁人出世之时，不会恋着母亲吃乳，争着父亲怀抱？又谁的父亲母亲，不喜欢抱养孩儿？谁的哥哥姐姐，不喜欢看护小弟小妹？人这个生性，性这样良善，官人与舆人一般，汉人与夷人一般，南人与北人一般，大明朝人与唐虞朝人也是一般。"①

"真体"与"天机"均离不开活泼的身体，均是通过赤子之身那耳目视听、身口动叫展示出来。道不远人，儒家生机之道、天地生生之德即在这赤子之手足摸索、口之哑啼之中**体现**出来：

> 道之为道，不从天降，亦不从地出，切近易见，则**赤子下胎之初，哑啼一声是也**。听着此一声啼，何等迫切！想着此一声啼，多少意味！其时母子骨肉之情，依依恋恋，毫发也似分离不开，顷刻也似安歇不过，真是继之者善，成之者性，而直见乎天地之

---

① 《罗汝芳集》，第153页。

心，亦真是推之四海皆准，垂之万世无朝夕。①

"道"就从这赤子下胎之哑啼一声之中道出它自己！还有比这哑啼一声更亲切、更天真的道出方式吗？**这所表达的"道"就是"常道"，平常、日常、恒常的大道就在这"卑近"、"稚拙"、"天真"的哑啼一声**之中宣示其自身，舍此，方可说"道可道，非常道"。夫子言"仁者人也，亲亲为大"，其原初发出之场域即是这哑啼一声：看见赤子出胎最初啼叫一声，想起叫时只是爱恋母亲怀抱，却指着这个爱根而名为仁。②在这哑啼一声中，近溪子听到的是宇宙的生机、是赤子与母体一体相关的亲情，这哑啼一声当然发自赤子肺腑之一声，但它又何尝不可说是出自天地之心之一声？梁启超（1873—1929）在论及王阳明万物一体之良知时曾指出，慈母对于乳儿，青年男女对于他的恋人，那种痛痒一体的意思何等亲切，"若大圣大贤，把天下国家看成他的乳儿，把一切人类看成他的恋人，其痛痒一体之不能已，又何足怪"③，倘近溪子读到此论，或会补充说，把天下国家看成他的乳儿的大圣、大贤，无他，亦不过是出自其未泯的赤子之心（身）而已。

"人意"即天之生生不息之"生意"。如所周知，由有生之物中体验天地生生仁道，在理学传统中其来有自。理学家讲天地生意大多从花草、鸟兽虫鱼讲起，周濂溪（1017—1073）不除窗前草，二程观鱼、观鸡雏，张载（1020—1078）听驴鸣，直到阳明亦说"天地生意花草一般"，近溪子亦善于从鸟兽虫鱼之中观仁：

> 芳自知学，即泛观虫鱼，爱其**群队恋如**，以及禽鸟之上下，牛羊之出入，**形影相依，悲鸣相应，浑融无少间隔**。辄恻然思曰：

---

① 《罗汝芳集》，第73页。
② 《罗汝芳集》，第74页。
③ 《梁启超全集》第9册，北京出版社1999年版，第4914页。

何独于亲戚骨肉而异之？噫！是动于利害，私于有我焉耳。从此痛自刻责，善则归人，过则归己；益则归人，损则归己。久渐纯熟，不惟有我之私不作间隔，而家国天下翕然孚通……"①

虫鱼、禽鸟、牛羊之形影相依、悲鸣相应，体现的是众生躯壳之间生机畅遂之貌，与二程、张载观天地生物气象（观仁、识仁）有微妙之别的是，近溪子从鸟兽虫鱼身上观到的生机、生意更注重其群体成员之间交通、亲密、协同之团契（communion）。这种在群体之中流动的宇宙生意之最切近的体现之所，莫过于赤子之身，从赤子之心（身）指点天地生意是近溪子思想的一大风光：

> 罗子因怃然叹曰："诸君知红紫之皆春，则知赤子之皆知能矣。盖天之春，见于花草之间，而人之性，见于视听之际。今试抱赤子而弄之，人从左呼则目即盼左，人从右呼则目即盼右。其耳盖无时无处而不听，其目盖无时无处而不盼。其听其盼，盖无时无处而不展转，则岂非无时无处，而无所不知能也哉！"②

确实，宇宙之生机（花草之油然生意，鸡雏、游鱼之活泼，驴鸣之生趣盎然）实是通过吾身之视听言动而呈现，吾身与花草之生意，鸡雏、游鱼之活泼，驴鸣之生趣盎然本是同一片生机，一种没有身体的纯粹观赏意识在原则上是不可设想的！而吾身之生机之最初显露岂不就在这赤子下胎之时那"哑啼一声"之中？宋明儒"观天地生物气象"之传统，在近溪子这里最终发展为观赤子之身，赤子之生机即是天机，赤子之身体即是"天体"：

---

① 《罗汝芳集》，第113页。
② 《罗汝芳集》，第116页。

>夫赤子之心，纯然而无杂，浑然而无为，**形质虽有天人之分，本体实无彼此之异。故生人之初，如赤子时，与天甚是相近**……吾人与天，原初是一体，天则与我的性情，原初亦相贯通。验之赤子乍生之时，一念知觉未萌，然爱好骨肉，熙熙恬恬，无有感而不应，无有应而不妙，是何等景象，何等快活！①
>
>夫惟好生为天命之性，故太和氤氲，凝结此身。其始之生也，以孝、弟、慈而生，是以其终之成也必以孝、弟、慈而成也。人徒见圣人之成处其知则不思而得、其行则不勉而中，而不知皆从孝弟慈之不虑而知、不学而能中来也。此个道理，果是愚夫愚妇、鸢飞鱼跃皆可与知与能而圣人天地有所不能尽也。惟孔子天纵聪明，其见独超拔一世，故将自己身心总放入此个天命性中，保合初生一点太和更不丧失，凭其自然之知以为知，凭其自然之能以为能，怡犹于父子兄弟之间，浑沦于日用常行之内，凡所思惟、凡所作用、凡所视听言动，无昼无夜、无少无老，**看着虽是个人身，其实都是天体；看着虽是个寻常，其实都是神化**。②

赤子因无种种习染，故与"天"最近，其初生之际虽无"一念知觉"之萌发，但其应对全凭其天赋良能，一笑一动却又"未尝不节奏"、"未尝不条理"，此是"动之以天"之"原型"。而**"身体即是天体说"**则可以说是二程子"天人本无二，何必言一"这一思想的进一步引申。在近溪子这里身体即天体，其义大致有四。

（1）"天"即是自然、无造作，即是生生不息。说"身体"是"天体"即是说身体完全成为天地生生不息之展现场所，它的一切举动都是自然而然的，是"率性"而动的："天命之性，即是天生自然，率性

---

① 《罗汝芳集》，第 124 页。
② 《罗汝芳集》，第 134 页。

而行，即是从容快活……浑是一团乐体，浑是一味天机，一切知识也来不着，一切作为也用不去。"①

（2）身体与天地万物处于一种亲密、亲切、协同的共在状态，天地的生机不仅没有在人身这里被阻隔，而且在人身这里得到畅遂，这一方面表现在人身与人身之间的协同性："堂上堂下，人虽千百，而相向相通，心却浑然合成一个也。"② 人虽百千其心，而共一"忻忻爱好之情"，百千其目而共一"明明觌面之视"，百千其耳而共一"灵灵倾向之听"，百千其口而共一"肃肃无哗之止"，百千手足而共一"济济不动之立站"。③ 另一方面表现在人身融入万物之中的浑融无间的生气流通性：来往行人车马，上下禽鸟交飞，远近园花芬馥，高如天日明煦，和如风气暄煦，霭如云烟霏密，"共此段精神"，人人欢忻、活泼之趣，"直觉得如鸟儿一般活动，花儿一般开放，风儿日儿一般和畅"④。这完全是一幅浑融物我、广生大生的宇宙生机图！身体与天地万物浑然"一团虚明活泼之中"。"一堂浑是春"、"一家浑是春"、"万紫千红总是春"，这天地万物的春意与人之身体的春意浑然是一个春意。

（3）身体之意态与天之意态是同拍合奏、琴瑟和鸣的："谛观今人意态，天将风霾，则懊恼闷甚；天将开霁，则快爽殊常。至形气亦然：遇晓，则天下之耳目与日而俱张；际暝，则天下之耳目与日而俱闭。虽欲二之，孰得而二之也哉？"⑤

（4）此身之心即是"天心"："汝诸人的心，果是就同着万物的心；诸人与万物的心，亦果是就同着天地的心。盖天地以生物为心。今日风暄气暖，鸟鸣花发，宇宙之间，浑然是一团和乐。"⑥ 天地是"人的

---

① 《罗汝芳集》，第164页。
② 《罗汝芳集》，第177页。
③ 《罗汝芳集》，第162页，另参见该书第48、94页。
④ 《罗汝芳集》，第761页。
⑤ 《罗汝芳集》，第57页。
⑥ 《罗汝芳集》，第181页。

身"，人是"天地的心"，因为有此"心"，天地之身才拥有其"神经枢纽"，天地万物所发生的一切在人心这里才会共感同振。

可以说在赤子之身（心）这里，"天"与"人"、"心"与"身"是浑融一如的。吾人如不善保此柔软、混沌、身心圆融互摄的赤子之身（心），而让心思走作，让身体成为硬质化的躯壳，则身、心均受其害："心为身主，身为神舍，身心二端，原乐于会合，苦于支离。故赤子提孩欣欣，长是欢笑，盖其时身心犹相凝聚，及少少长成，心思杂乱，便愁苦难当了。"①

作为"天体"（"真体"）的"身体"乃是一感应的身体，它与他人的身体、万物的身体浑然共在于天地之间，形成一个感应场，在此感应场中，身体作为"感应"的"节点"而与"场"中其他身体（人身与物身）同感共振、即感即应。显然这是具有高度敏锐、细致感受能力的身体：

> ……子（近溪子）时不应，惟把臂示之曰："君能信此浑身自头至足，即一毛一发，无不是此灵体贯彻否？"外父（张心吾）曰："佛家固有芥子纳须弥之说，但某质鲁，终看他不见。今翁既

---

① 《罗汝芳集》，第37页。"心"因"血肉重滞"、形躯硬质化为"躯壳的己"而受到"桎梏"："盖良心寓形体，形体既私，良心安得动活？"（《罗汝芳集》，第21页），而"身"因心思走作，亦不免"变形"："夫吾之形体，自有生之初，内而五脏六腑，外而九窍百骸，其精华充满而莫定其充满之量，其血气周旋而莫睹其周旋之迹，是即所谓寂静之元而不动之神也。其善于调摄而顺应之，则视听云为，起居食息，其快活何啻百千万样其妙用也；其不善保护而乖违之，则口眼从而歪斜，手足或相拘挛，其症候何啻百千万状其奇怪也。"（《罗汝芳集》，第314—315页）本文限于篇幅，未能对近溪子之身心关系看法进行深入梳理。总体而言，在身心观上，近溪子力主身心一如论：**身不徒身，而心以灵乎其身；心不徒心，而身以妙乎其心**"，但近溪子尚有"离形"高论，有"形有生死，而魂只去来"之说："精气为物，便指此身，游魂为变，便指此心。所谓形状，即面目也，因魂能游，所以始可以来，终可以返，而有生有死矣。然形有生死，而魂只去来，所以此个良知灵明，可以通贯昼夜，变易无方，神妙而无体也。"（《罗汝芳集》，第70页）亦有"我之形也有涯，而其气也无涯"（《罗汝芳集》，第523页）之叹，这一系列的说法强烈暗示着近溪子灵魂不灭的立场。

云一毛一发，浑是灵体，贯彻当下，何以使我便能见得？"子时即于外父脑背力抽一发，外父连声叫痛，手足共相战动。子问："君之心果痛否？"外父曰："既痛，为何不觉。"子曰："君之身心微渺，如何一发便能通得？手足疏散，如何一发便能收得？声音寂静，如何一发便能发得？细细看来，不止一身，即床榻亦因震撼，苍头俱为怖惊，推之风云互入，霄壤相闻，而即外窥中，可见头不间足，心不间身，我不间物，天不间人，满腔一片精灵，精灵百般神妙，从前在心而为君之知，在身而为君之事，在生而为君之少而壮、壮而老，莫非此个灵体。乃一向闪瞒，莫恻底衷。譬如寄养儿童，于亲生父母偶遇人言说破，则认识欢欣，其情不可想耶！"外父悦然有省。①

"头不间足，心不间身，我不间物，天不间人"，是说身心之间、人我之间、人物之间以及人天之间并无隔阂，而流通其间的"一片精灵"则神感神应，百般神妙。

四、"人形偶然"与"人形幸运"：儒道两种"彻形骸"观念之对比

身体不单单是身体，无论在存在论（ontology）上抑或在生存论（existential）上，它都与天地、他人、万物有着千丝万缕的联系，即所谓"身不自身"。不过这种"身不自身"的观念其立论旨趣不是单纯解构性的（deconstructive），在近溪子这里，身体不是独立自存的"实体"概念，而是牵涉家、国、天下，关联天地万物，纵贯空间时间的"关系"概念。近溪子通过对身体这种关系性的揭示，是为了打通"身

---

① 《罗汝芳集》，第411—412页。

体"与"身体"之间、"身体"与天地万物之间、"身体"与"心"之间的对峙与限隔。近溪子的赤子之身（心）观念亦不过是要借着软性的、浑融的、混沌的、天人合一的、身心一如的"原型"（archetype）身体（天体）去打破那硬壳化的、封闭的、身心割裂的"躯壳"。这与强调身体的流动性、质朴浑圆性的道家身体观颇有亲近之处。近溪子的"身不自身"观念与道家之**"天地委形，非我有也"**观念均是要把吾人此身放在天地万物之中看，在此中，身体无窒碍、无阻隔，气化流行，生机充溢，"大小大快活"。在身体与天（自然）之间生机连续、身体与天地万物之身之间网络交织的共同身体观之后面，乃是一共享的"存有连续"（continuity of being）的一体交感的世界观。①

不过，道家之"彻形骸"更多地是把身体置入宇宙气化流行的环节之中，培育"**人形偶然**"的意识，《庄子·大宗师》云：

> 夫大块以载我以形，劳我以生，佚我以老，息我以死。故善吾生者，乃所以善吾死也。今大冶铸金，金踊跃曰："我且必为镆铘！"大冶必以为不祥之金。**今一犯人之形而曰："人耳！人耳！"**夫造物者必以为不祥之人。今一以天地为大炉，以造化为大冶，恶乎往而不可哉！"

显然在道家看来，在宇宙这一大烘炉之中偶然被塑造为人形并不值得庆幸，造化将左臂化为鸡，则因之而求"时夜"；造化将右臂化为弹，则因之弹击鸮炙；造化将臀部化为轮子，则因之造车以乘之。如此，"安时而处顺，哀乐不能入"。而"家、国、天下"的人伦面向、社

---

① 杜维明先生指出："瓦石、草木、鸟兽、生民和鬼神这一序列的存有形态的关系如何，这是本体学上的重大课题。中国哲学的基调之一是把无生物、植物、动物、人类和灵魂通通视为在宇宙巨流中息息相关乃至相互交融的实体。这种可以用奔流不息的长江大河来譬喻的'存有连续'的本体观，和以'上帝创造万物'的信仰，把'存有界'割裂为神凡二分的形而上学绝然不同。"

会面向、政治面向则为身之桎梏，要之，道家要通过"身不自身"的身体存在论之揭示，让吾人之身从支离破碎的世间伦理、政治网络之纠结之中解脱出来，让吾人超越蔽于一己之私、僵固化了的身体，以"合于天伦"、"同于大通"、"天地并与"、"与天地精神往来"①，通达逍遥无待之游境，"纵身大化中，不喜亦不惧"②。

与此不同，近溪子虽亦把身体置入宇宙气化流行的环节之中，但由此而生起的不是人形偶然的意识，而是"人形幸运"的"庆幸感"。本来儒家一直持高看人的立场，"天地之性人为贵"，而在近溪子看来：

> 人之所以独贵者，则以其能率此天命之性而成道也。如山水虽得天性生机，然只成得个山水；禽兽虽得天性生机，然只成得个禽兽；草木虽得天性生机，然只成得个草木。**惟幸天命流行之中，忽然生出汝我这个人来**，却便心虚意妙，头圆足方，耳聪目明，手恭口止。生性虽亦同乎山水、禽兽、草木，而能铺张显设，平成乎山川，调用乎禽兽，裁制乎草木。由是限分尊卑，以为君臣之道；联合恩爱，以为父子之道；差等次序，以为长幼之道；辨别嫌疑，以为夫妇之道；笃投信义，以为朋友之道。此则是因天命之生性，而率以最贵之人身；以有觉之人心，而弘夫无为之道体。使普天普地，俱变做条条理理之世界，而不成混混沌沌之

---

① 近溪子对身体的看法中，亦有其"与天地精神往来"之面向，如云："盖吾人此心，统天及地，贯古迄今，浑融于此身之中，而涵育于此身之外。其精莹灵明而映照莫掩者谓之精；其妙应圆通而变化莫测者谓之神。神以达精，而身乃知觉，是知觉虽精所为，而实未足以尽乎精也；精以显神，而身乃运用，是运用虽神所出，而实未足以尽乎神也。古之明明德于天下者，其心既统贯天地古今以为心，**则其精、其神亦统贯天地古今以为精为神**。故其耳目手足，四肢百骸，知觉固与人同，而聪明之景，通而无外者，自与人异；运用固与人同，而举措之神，应而无方者，自与人异。"(《罗汝芳集》，第 73—74 页)

② 关于庄子的身体观，可参见司马黛兰：《庄子中关于身体的诸观念》，载 *Experimental Essays on Zhuangzi*, edited by Victor H. Mair, Tree Pines Press, 2010。

乾坤矣。①

人身之贵，贵在其心意与形色，在其人伦之存有方式。

  更吾此形色，岂容轻视也哉！即所以为天性也。惟是生知安行，造位天德，如圣人者，于此形色，方能实践。实践云者，谓行到底里，毕其能事，如天聪天明之尽，耳目方才到家；动容周旋中礼，四体方才到家。只完全一个形躯，便浑然方是个圣人，必浑然是个圣人，始可全体此个形色。②

而儒家的"完形"、"成形"必通过身体所根、所连、所带、所联通、所统会的他人之身体、万物之身体方能"完成"。这种与他人身体、与天地万物之身体"联通"固有其张扬一体生机畅遂的旨趣，同时亦充满了对他人与天地万物休戚与共的关爱意识：

  孔门家法，以恕求仁，正不自私其身，而以万物为体。以身之疾痛而譬诸人，以人之疾痛而反诸己，真是恻然关切，心安能而不公？应安得而不顺耶？③

"幸生"为人已是大幸，生为人后又能走上"一条平平正正，足以自了此生的大路"更是幸上加幸：

  大人者，要不失这一点赤子时，晓知爱爷、晓知爱娘，伶伶俐俐，不消虑、不消学的天地生成真心也。此个真心，若父母能

---

① 《罗汝芳集》，第178页。
② 《罗汝芳集》，第50—51页。
③ 《罗汝芳集》，第357页。

胎教、姆教，常示毋诳，如古之三迁善养，又遇着地方风俗淳美，又再有明师为之开发，良友为之夹持，稍长便导以逊让，食息便引以礼节，良知良能，生生不已。知好色而不夺于少艾，有妻子而不移于恩私，则一举足而不敢忘父母，一出言而不敢忘父母，将为善，思贻父母令名，必果；将为不善，思贻父母羞辱，必不果。一生为人，若果千缘万幸，上得这条程途，方可谓之做人的大路。①

父母的胎教、择临而居、地方风俗之美、明师之开发、良友之夹持，这五重机缘，方引导吾人走上人生之广途，可谓"千缘万幸"！这种"人形幸运"的意识在阳明心学一系颇为常见，如王龙溪云：

古人以人**有五幸：幸不为禽兽**，幸生中国、不为夷狄，幸为男子、不为女人，幸为四民之首、不为农工商贾，幸列衣冠、生于盛世。此是天地间第一等人，不可不自幸。既为天地间第一等人，当做天地间第一等事。第一等事非待外求，即天之所以与我性命，是也。吾人若不知学，不干办性命上事，虽处衣冠之列，即是襟裾之牛马。绮语巧言、心口不相应，即是能言之鹦鹉，与禽兽何异？②

前一幸，只要正常的人都会同意，后四幸则折射出古人的时代与文化的偏见，此自不容置辩。但我们不能忽略心学一系强调"人形幸运"背后的情怀，即既幸生为人，就得堂堂正正做人，就得做天地间第一等事。

---

① 《罗汝芳集》，第142页。
② （明）王畿：《蓬莱会籍申约》，吴震编校整理：《王畿集》卷五，凤凰出版社2007年版，第108页。

在近溪子身不自身的观念背后乃是强烈的感恩意识、责任意识与使命感：

> 静静思之，我此半世，**孤负天地造化付与虚灵之至宝**，而甘心轻弃于尘泥；**孤负父母劬劳**养成轩昂之丈夫，而甘心同朽于草木；**孤负千圣万贤**作经作传，掀开天赐之宝藏，打醒降生之元神，而探取不肯伸手，观玩不肯举目，甘心嚚顽颓惰，将以下愚，终此一生，其罪愆积久，真已追悔无及。①

> 问："孝弟为仁之本，孝弟之道亦多矣，如何方是为仁的本处？"罗子曰："贤只目下思，父母生我千万辛苦，而未能报得分毫；父母望我千万高远，而未能做得分毫，自然心中悲怆，情难自已，便自然知疼痛。心上疼痛的人，便满腔皆恻隐，遇物遇人，决肯方便慈惠，周恤溥济，又安有残忍戕贼之私耶？"②

身之义可谓大矣！只有成就此身，方不辜负此身。赞天地之化育，报答天地付与虚灵之恩；孝敬父母，报答父母生养之恩；以身任道，报答圣贤启蒙之恩。"天地"、"父母"、"圣贤"乃是生成、成就吾身的三个源头，是吾身所负之**三重债**，此三重债实是**"天债"**，天债者，不得不负之债也。天债乃是吾身天生所举、所亏欠者。在存在的根基上，吾身乃是举债而在的。既曰债，则可还。俗语说"有借有还，再借不难"。不得不负、永远还不清之天债，在严格意义上说不再是债，而是恩赐，而对于恩赐，滴水之恩当涌泉相报，然而父母之恩又不同于无偿给我帮助的恩人之恩。父母之恩乃是天恩，因为这种恩不仅仅是因为在我无助的时候，赐我力量、赐我衣食，更为重要的是连这个

---

① 《罗汝芳集》，第 56 页。
② 《罗汝芳集》，第 430—431 页。

"我",这个嗷嗷待哺、这个蹒跚学步、这个软弱无助的我(麦金泰尔所说的dependent rational animal)本身也是父母赐给我的。① 王塘南说,父母之恩虽圣人不能报。因为"凡人惠我一物,我亦酬以一物,是之谓报。今父母生我身,而我不能生父母之身,故曰父母之恩,虽圣人不能报也"②。这个不能报、不能还的天恩、天债却又强有力地激发着我去报答、去偿还!就此而论,在存在的根基上,吾身既是举债之身、受恩之身,又同时是一直行走于报答与偿还的人生之路途之中的偿债之身、报恩之身。

古文无"债"字,"债"字本作"责"字,《说文》:"债,负也。从人责,责亦声。"天债者,天责也。"还债"即是"负责",即是"尽职":

> **此个责任,原人人本固有的,亦人人本该得的。**孔子说"仁者人也"。今出世既为人,便出世来当尽仁也。尽这个仁以为这个人,则其人又何所不该括耶?即如今时乡村俚语,说某人是个人;又曰某人不是人。其曰是人也者,岂谓其能梳头洗面而穿衣吃饭耶?其曰不是人也者,亦岂独谓其头面不整而巾履不备也耶?要必举其所以处事、所以处人、所以处家处国而言之也已。故此意只患不识不知,若知识得时,自便不容辞,亦不容已。③

"身不自身"不是要否定吾人此身的真实性,而是要充分自觉到吾身乃是一"灵器"、"宝器",乃天所赋予我者、托付于我者,承继、延续、成就、光荣此身便成了人之为人所应尽之"天职",是谓广身(广生)、大身(大生),最终成就天地万物一体之身,至此"**七尺之**

---

① 参见 Alasdair MacIntyre, *Dependent Rational Animal*, London: Duckworth, 1999。
② (明)王时槐:《与族弟》,《塘南王先生友庆堂合稿》卷一,收入《四库全书存目丛书》第114册,齐鲁书社1997年版,第191页。
③ 《罗汝芳集》,第175页。

躯，顷刻而同乎天地，一息之气，倏忽而塞乎古今"：

> 天授是德与人，人受是德于天，勃然其机于身心意知之间，而无所不妙，蔼然其体于家国天下之外，而靡所不联。以是生德之妙而上以联之，则为老吾老以及人之老，而所以老老者，将无疆无尽也。以是生德之妙而旁以联之，则为长吾长以及人之长，而所以长长者，将以是生德之妙而旁以联之，则为长吾长以及人之长，而所以长长者，将无疆无尽也。以是生德之妙而下以联之，则为幼吾幼以及人之幼，而所以幼幼者，将无疆无尽也。会万汇之众而欣喜欢爱，以熙熙乎春台，张八荒之景而顺适平康，以优优乎寿域，斯则我之所以为生，与天之所以生乎我者，既恒久而不已，我之所以生乎人，与人之所以同生乎我者，且通达而无殊。是则会合天人，浑融物我，德之盛也，寿之极也，而广生大生之至也。①

这亦是某种意义上的**"纵身大化中"**，纵身于德性生命世代更替之大化中：

> （颜子）后来短命，则这个人有一截，没一截了，所以夫子说"天丧予！天丧予！"皆实事且苦情也。全是他造化好，却得曾子这人来，再传又得子思，又得孟子，便把此老身命接长，直至我们今日一堂人，集聚讲明道学，则身便皆是替他坐，口便皆是替他说，眼便是替他看，耳便是替他听，颜子之命始不短，而夫子之予，终可免乎丧叹也已。圣门求仁之学，须是如此理会，吾侪仁身之功，亦须如此图谋，只得不厌不倦一段精神，直与孔子、

---

① 《罗汝芳集》，第509页。

颜、曾打得对同，我管保百世诸人，亦又替诸君子接续寿命于无疆也已。①

为颜子续命的说法则清楚表明近溪子的身体不只是代际与人际纵横交错的根、联、带之身体，亦是贯彻历史与传统的传道、体道使命之身体。

确实，近溪子反复告诫门人，"茫茫宇宙"，要人担当。并要弟子辈"**对天发一大誓愿，将天地万物担当一担当**"，"满得此愿，方才是一个人"②，这种使命感与其对身体的存在论理解是紧密联系在一起的。孟子"万物皆备于我"，在近溪子这里被标举为"天地万物而**责备**在我"："**吾人此身与天下万世原是一个，其料理自身处，便是料理天下万世处。**"③此身可谓大矣，能不尊乎？"尊身"即"尊道"，学者的使命即是学以成人，当然是成为"大人"。"大人"是如何之大？在近溪子那里，"身大"无疑是"大人"之"大"的一个关键指标：

盖人之所以为大者，非大以身也，大以道、大以学也。**学大则道大，道大则身大，身大则运通天下万世之命脉以为肝肠，体天下万世之休戚以为爪发，疾痛痾痒，更无人相、我相而浑然为一，斯之谓大人而已矣。**④

君子任重而道远，"将天地万物担当一担当"，担子可谓重矣，用朱子的话说"须是认得个仁，又将身体验之，方真个知得这担子重，真个是难"。⑤然若登高必自卑，若涉远必自迩。一门人自述"某自幼

---

① 《罗汝芳集》，第17页。
② 《罗汝芳集》，第393页。
③ 《罗汝芳集》，第11页。
④ 《罗汝芳集》，第669—670页。
⑤ 《朱子语类》卷三十五，《朱子全书》第15册，第1295页。

思将世界整顿一番，今觉心中空自错乱，果大梦也，然卒难摆脱尔"。近溪子曰："此岂是梦？象山所谓：'宇宙内事，皆吾职内事也。'但整顿有大有小，恐君所思，**只图其小而未及其大尔**。"曰："匹夫之力，莫制三人，某今困顿儒冠，即些小整顿，无分也，况望图其大耶？"曰：

> **大小不在于事而在于机，其机在我，则小而可大；其机在人，则虽大亦小也**。试思，世间功德，有大于学术者乎？机括方便，有捷于己之务学者乎？君肯日夜务学，其孰得而御之？学既足法今后，天下后世，其孰能以外之？即如我太祖高皇帝，人徒知其扫荡驱除，为整顿一世乾坤，而不知"孝顺父母，尊敬长上"数言，接尧舜之统，发孔孟之蕴，却是整顿万世乾坤也。《大学》谓：自天子至于庶人而一是无别，岂非专以学术言耶？况余接人亦多，求如公之气力刚锐、心志弘远者，实不易得。但困而莫振，杂而无序，**我愿子欲整顿世界，请自今之学术始；欲整顿学术，请自己身之精神始**。[1]

耶稣基督说过，"我的轭是容易的，我的担子是轻省的"[2]。近溪子就善用这种四两拨千斤让担子轻省的方子。

---

[1] 《罗汝芳集》，第67页。
[2] 《马太福音》11:30。

第四章 "恻隐之心"、"他者之痛"与"疼痛镜像神经元"

一、儒家仁说之中的"痛感体验"

以识痛痒论仁，虽出自程门，但其端倪则已见于孟子有关恻隐之心的论说，而其影响则贯穿于王阳明、刘宗周思想，并一直延伸至当代新儒家的仁说之中。

这一观念的核心在于认定人对他者的生命的关心乃是天然的禀赋（"良知良能"、"恻隐之心人皆有之"），而在儒家思想史中对此论点之证成大致可分两个阶段。一是孟子的乍见孺子将入于井及以羊易牛之例证，一是程门以痛痒识仁之论说。

孟子的两个经典案例，尽人皆知，兹不复述。两个例子都是诉诸人之痛感体验，乍见孺子入井一例，孟子以"怵惕恻隐之心"描述吾人之感受，怵，恐惧之意，惕，惊骇之状。"怵惕"亦为医典用语，指内心不安、慌张、惊惧之状。恻隐，意即伤痛之极，朱子注曰："恻，伤之切也；隐，痛之深也。"① 怵惕恻隐，其意不外乎恐惧惊骇、悲伤痛苦。"乍见"二字则点出孺子入井事件之突然性，吾人面对此境况无任何心理准备，怵惕恻隐之心非安排造作，乃不期而发。在以羊易牛之

---

① 《四书章句集注》，《朱子全书》第 6 册，第 289 页。

例中，齐宣王说"吾不忍其觳觫，若无罪而就死地"。觳觫，牛就死地而恐惧颤抖之貌。这两个案例之共同点都是以痛感体验指点吾人固有的仁心、不忍人之心。其差别除了"不忍"之对象不同（一者孺子、一者牛）外，更为重要的区别在于：孺子将入于井一例中，孺子或许并未感受到自己的危险状况，依《说文》，"孺，乳子也"，孺子是尚处在吃奶阶段之幼儿，对入井的危险性并不了解，不然，他/她不会爬到井边而不觉，故孺子自身在将入于井之际，实无恐惧痛苦之感受；而在以羊易牛一例中，牛已明确察觉到自己的危险处境（将就死地），故已表现出觳觫之状。牛被宰之前下跪、流泪的新闻不时见诸媒体，笔者虽未亲见此情景，但在童年却亲见牛被宰之前之恐惧颤抖状，故对孟子以"觳觫"一语描述牛之恐惧、痛感体验颇能领会其意。这两个不同案例说明，吾人对他者（孺子、牛）生命之关心，并不以他者自身是否体验到自己的危险处境为前提。即使孺子欢快地爬到井边，牛并不觳觫，而是摇摆着尾巴，悠然地走向就死之地，这仍不妨碍吾人恻隐之心之兴起。换言之，只要他者的生命无缘无故地受到伤害，吾人见此情景总会起恻隐之心，吾人总会感到惊惧不安。这种对他者生命的关心直接就反应在吾人当下的惊惧不安的痛感体验之中。要之，孟子对这两个经典案例的描述其旨趣在于唤醒吾人之良知、良能，领悟不忍人之心乃吾人之天然禀赋，乃先天固有之"良贵"与"天爵"。这种良贵与天爵乃是扎根于我的身体之中的痛感体验，所谓不忍人之心即是这样一种彼伤则我伤，彼溺则我溺，不忍见他者受到伤溺的痛感体验。

　　儒学是人学，也是仁学。成"人"，即实现"仁"，"仁"可谓儒学之核心范畴。儒家修身工夫论的根本旨趣不外是"观仁"、"识仁"、"体仁"与"成仁"，而孟子所描述的生命的**痛感体验**一直是儒家"体仁"、"识仁"的一个重要内涵，《白虎通·情性》直接用"不忍"来界定"仁"字，董仲舒《春秋繁露·仁义法》也说仁者，"爱人之名也"、"仁主人"，而其《必仁且知》更是将"**憯怛**爱人"视为仁之最重要的表现。至宋明理学而有新的转进。谢上蔡（良佐）曾说，"有知觉，识痛痒，便唤做仁"。又说，"仁是四肢不仁之仁，不仁是不识痛痒，仁是识痛痒"①。识痛痒就是对痛痒有所觉，不识痛痒就是对痛痒无所觉。对痛痒的知觉构成了仁之体验的本质内涵。上蔡"仁是四肢不仁之仁"的说法衍生自乃师程明道（颢）"识仁"的种种论说："医书言**手足痿痹为不仁**，此言最善名状。仁者，以天地万物为一体，莫非己也。认得为己，何所不至？若不有诸己，自不与己相干。如手足不仁，气已不贯，皆不属己。""医家以**不认痛痒谓之不仁**，人以不知觉不认义理为不仁，譬最近。"②"人之一肢病，**不知痛痒，谓之不仁**。人之不仁，亦犹是也。"③尽管《论语》中"人而不仁"、"为富不仁"等"不仁"的用法均是道德用语，但这并不妨碍理学家们依然接纳作为风疾的"不仁"这一医学用语。例如陈白沙在书信中即有"盖自去秋七月感风，**手足不仁**，至今尚未脱体"等说法。这里程门对仁的内涵界定跟中医对"不仁"的界定颇相贯通。依中医，身体乃荣卫之气所充，荣卫不行，则身体不仁，状若尸焉。《黄帝内经》已将经络不通、血脉不畅，而导致手脚丧失了感受痛痒的能力称为"不仁"，如《血气形志》云："形数惊恐，经络不通，病生于不仁。"④这里的"不仁"即是没有觉知的意思，《痹论篇》中"其不痛不仁者，病久入深"⑤，"不仁"与"不痛"并置，其意思仍不外是"不觉"。王冰注"不仁"曰："不应其用"，因此"手足不仁"即指肢体丧失正常的活动能力，处于心无法使唤的状态。所以程门"仁是四肢不仁之仁"说，其原初体验即是一身体的痛感，即是指识痛痒之能力。拥有这种能力的身体（四肢）

---

① 《上蔡语录》，朱杰人等主编：《朱子全书外编》第3册，华东师范大学出版社2010年版，第10、20页。
② 《河南程氏遗书》卷二上，《二程集》，第15、33页。
③ 《河南程氏外书》卷三，《二程集》，第366页。
④ 姚春鹏译注：《黄帝内经》（全二册），第228页。
⑤ 姚春鹏译注：《黄帝内经》（全二册），第370页。

即是仁，丧失这种能力的即是麻木不仁。问题是，"仁"作为儒学义理系统核心范畴如何与今日生理学意义上的"识痛痒"联系在一起？而作为"负价值"的"不仁"又如何与不识痛痒、麻木相关？难道这只是儒学能近取譬的又一表现？或者只是理学家当机指点的一个话头？抑或另有深意存焉？我们可以设想一个只有人形而不拥有七情六欲的"天使"，倘若他（她）没有任何痛感的体验，会不会拥有恻隐之心呢？这在传统儒家思想乃至中国思想之中并不构成一个实质问题，因为身心一如始终是古典思想的基调，孔孟论德性均喜欢取譬于食色一类身体自然需要。他们从未设想一个毫无食色之心的人、一个纯粹的无身体的理性心灵（a purely rational incorporeal soul）能否拥有德性。一个没有扎根于身体主体之心如何能够感受到他者生命的惊恐，又如何能够将处于危险之中的他者的处境理解为需要求助的处境、把孺子匍匐入井这一处境感知为一道德处境？它或可收到乃至执行相应的指令（一个绝对应当的指令），然而严格追究起来，这条指令最终也只能出自拥有怵惕恻隐能力的存在者。吾人之所以为他者的生存担惊受怕，是因为已设定吾人自身即是一担惊受怕的肉身存在。说到底，恻隐之心是嵌在腔子之中的生命觉情，二程子即有"满腔子皆恻隐之心"的著名话头。①

在陆王心学一系，更是将以痛痒、真诚恻怛论仁发扬光大：四肢百体，痛痒相关；一家九族，痛痒相关；天地万物，痛痒相关。一言以蔽之，"天下一家，痛痒未尝不相关也"。② 湛甘泉则进一步以"一气感通"论此痛痒相关："仁心故心之神也，交通也。通天而天，通地而地，通万物而万物，通尧、舜、禹、汤、文、武、周、孔而尧、舜、禹、汤、文、武、周、孔，感而通之，一气也。气也者，通宇宙而一者也，是

---

① 关乎道德情感在道德建构中的不可或缺的地位，可参见 H. B. Acton, "The Importance of Sympathy", *Philosophy*, vol. 30, No. 112 (Jan., 1955), Cambridge University Press, pp. 62-66。

② （宋）陆九渊：《与朱子渊》，《陆九渊全集》卷十六，中国书店 1992 年版，第 128 页。

故一体也。一体，故氤氲相通，痛痒相关，不交而交矣。"① 我们再看王阳明的"良知"概念，如所周知，王阳明的良知是人皆有之的"是非之心"，是一"普遍的道德判断原则"，而通于康德的实践理性，此自是良知内涵之一面。但王阳明又着意强调良知只是"一个真诚恻怛"，"恻怛"的意思仍然是"伤痛"、"哀恸"。故其"是非之心"说又常常与"疾痛"相连："夫人者天地之心，天地万物本吾一体者也。生民之困苦荼毒孰非疾痛之切于吾身者乎？不知吾身之疾痛，无是非之心者也。"② 感受到"吾身之疾痛"与"是非之心"关系竟然如此密切。把良知与"痛感体验"联系在一起，在康德的实践理性论说里面是找不到的。本来在王阳明"心"之种种界定那里，"知痛痒"就是一个不可或缺的环节："心不是一块血肉，凡知觉处便是心。如耳目之知视听，手足之**知痛痒**，此知觉便是心也。"③ 从痛感体验指示良知，在阳明后学中，罗近溪（汝芳）、胡庐山（直）最擅此道。近溪子外父张心吾无法知晓"浑身自头至足无不是灵体贯彻"之说，近溪子即于外父脑背力抽一发，外父连声叫痛，手足共相战动。"君之心果觉痛否？"近溪子问曰。④ 罗近溪还说过："心上疼痛的人，便会满腔皆恻隐，遇物遇人，决肯方便慈惠，周恤溥济，又安有残忍戕贼之私耶？"⑤ 欧阳南野（德）、罗念庵（洪先）的弟子胡庐山为谢上蔡"以觉训仁"辩护说：

  古者医书以手足痿痹为不仁，言弗觉也，诚觉则痛痒流行，而仁理在其中矣，**岂觉之外而别有痛痒？别有仁理哉？**是故觉即道心，亦非觉之外而别有道心也。人惟蔽其本觉，而后为多欲，

---

  ① （明）湛若水：《神交亭记》，《湛甘泉文集》卷十八，《四库全书存目丛书》第57册，齐鲁书社1997年版，第9页。
  ② 《答聂文蔚》，《王阳明全集》卷二，上海古籍出版社1992年版，第79页。
  ③ 《王阳明全集》卷三，第121页。
  ④ 《罗汝芳集》，第411页。
  ⑤ 《罗汝芳集》，第15页。

为人心，当其为多欲，为人心，则虽有闻见知识，辨别物理，亦均为痿痹而已，而奚其觉然？则谓觉为觉于欲者非也。①

这里，胡庐山将"识痛痒"与"仁理"均收在"觉"之中，使得儒学一体生命的觉情完全扎根于身体之中。舍此觉情，即便是能够辨别物理，仍然属于"痿痹"。他在阐发孔子栖栖皇皇之追求时，依然是诉诸"疾痛求理"的痛感体验：

> 曰："孔子进以礼，退以义，然乃皇皇乎车不维，席不温，若求亡子于道路者，何哉？"曰："是乃仁也。今夫人自形气观，则一身重，次及家族；自宰形气者观，则民物天地皆吾大一身也。是故天地吾头足，君亲吾心腑，家族吾腹胁，民庶吾四肢，群物吾毛甲，是孰宰之哉！即所谓生而觉者仁是也，唯生而觉，则此大一身者理而不痹矣。苟天地不得理焉，则头足痹；君亲不得理焉，则心腑痹；家族不得理焉，则腹胁痹；民庶群物不得理焉，则四肢毛甲痹。孔子之时，岂独头足心腑痹也乎哉？使孔子而无觉则已，孔子先觉者，夫恶能木木然不**疾痛求理**也。孔子曰：天下无道，某不与易也，而谁与易之？故曰：是乃仁也。"②

而至刘蕺山则更是明确将孟子的恻隐之心直接与识痛痒能力挂钩："满腔子皆恻隐之心，以人身八万四千毫窍在在灵通，知痛痒也。**只此知痛痒心便是恻隐之心**。凡乍见孺子感动之心，皆从知痛痒心一体分

---

① （明）胡直：《六锢》，《衡庐精舍藏稿》卷二十八，《景印文渊阁四库全书》第 1287 册，台湾商务印书馆 2008 年版，第 612 页。
② （明）胡直：《征孔子》，《衡庐精舍藏稿》卷二十九，《景印文渊阁四库全书》第 1287 册，第 634 页。

出来。"① 可以说，阳明一系"良知"概念既是**普遍的**"是非之心"，又是**具体的**（弥漫于腔子之中）"知痛痒"之能力，良知在根本上乃是一具身（具体）之知（embodied knowledge）。

可见，痛感体验（识痛痒）自孟子以降一直是儒家仁说思想的一个核心要素。儒者在表述对生民的关怀之情时，亦常诉诸"视民痒疴，疾痛切身"一类语式。孟子"仁的政治学"其运思路线仁者—仁心—仁政之三位一体，而"文王视民如伤"（《离娄篇》）则无疑是此仁之政治之典范。《左传·哀公元年》已有"视民如伤"国之福之语。程颢坐县衙时亦以此为座右铭，被传为佳话。可以说，在世人普遍视为权力角斗场之政治领域，真正的儒者念兹在兹的始终是"仁心"之实现，湛甘泉发挥《大学》亲民思想：

> 《记》曰："在亲民"，是故天地民物一体者也，一体故亲，故能亲民，民斯亲之矣。一体之感应也，今夫拔一毛而莫不知痛焉，刺一肤而莫不知痛焉者，何也？一体故也。有形之气之同，人可知也；无形之气之同，人不可得而知也。知无形之气之体之同，斯知痛痒相关矣。斯痌瘝乃身矣，斯视民如伤矣。②

即便到近代，深受西方科学的影响的维新派在说仁时，亦仍不弃以识痛痒论仁之路数。

> 固言脑即电矣，则脑气筋之周布即电线之四达，大脑小脑之

---

① 《明儒学案》卷六十二，沈善洪主编：《黄宗羲全集》第 8 册，第 906 页。《孟子师说》所载该语与此处所引略有出入，见《黄宗羲全集》第 1 册，第 68 页。只此知痛痒心便是恻隐之心，实是针对朱子如下说法而发："饥寒痛痒，此人心也；恻隐、羞恶、是非、辞逊，此道心也。"在刘宗周看来，朱子的说法"太分析"。

② （明）湛若水：《亲民堂记》，《湛甘泉文集》卷十八，《四库全书存目丛书》第 57 册，第 13 页。

盘结即电线之总汇，一有所切，电线即传信于脑，而知为触、为痒、为痛，其机极灵，其行极速，惟病麻木痿痹，则不知之由，电线已摧坏，不复能传信至脑，虽一身如异域然，故医家谓麻木痿痹为不仁，不仁则一身如异域，是仁必异域如一身，异域如一身，犹不敢必即尽仁之量，况本为一身哉！①

仁之至，自无不知也，牵一发而全身为动，生人知之，死人不知也；伤一指而终日不适，血脉贯通者知之，痿痹麻木者不知也。②

谭嗣同的这些说法实未逸出传统以识痛痒论仁的矩镬。

当代新儒家代表杜维明先生在论及识痛痒论仁时曾明确指出："识痛痒乃是为人之本质特征；不识痛痒，不论在健康上还是在道德上都被视为是一个重要缺陷。人即是一识痛痒者，无能于此即是有害于吾人之仁。这种对痛苦的肯定态度乃是基于具身化（embodiment）与感受性（sensitivity）乃是仁的两个基本特征这一信念推出的。"杜先生从宇宙论与具身感受两个向度，深刻揭示出痛感体验在儒家仁说之中的关键地位。在宇宙论上人与天地万物皆是大化流行之中的"环节"，人作为一种宇宙论的存在（cosmological being），与天地万物乃一气贯通，人因其感受力最为充分，其"情绪之敏感"、"心理之回应"、"智性之感受"皆与"感受性"紧密相关，因此"我们的感受性让我们不仅在象征的意义上，而且在肉身贯通的意义上'体现着'（embody）生生不息的宇宙"。这种"体现"无疑是一种具身感受，正是这种具身感受性使得儒家道德本心在本质上是嵌在肉身之中的"觉情"，是"智性的觉识与道德的觉醒"。③

---

① 谭嗣同：《仁学》，中华书局1958年版，第8—9页。
② 谭嗣同：《仁学》，第10页。
③ 参见 Weiming Tu, *The Global Significance of Concrete Humanity: Essays on the Confucian Discourse in Cultural China*, New Delhi: Center for Studies in Civilizations, 2010。该书第11章即以 Pain and Humanity in the Confucian Learning of the Heart-and-Mind 为题，对心学一系识痛痒与仁之内在联系进行了深入探讨。尤见该书 pp. 342, 346, 349。笔者在修订本文时，承蒙杜维明先生惠赐此新著，特此致谢！

由上所述儒学以痛感体验指点仁心（恻隐之心）之论说，不难得出以下结论：第一，儒学之道德本心、良知始终是扎根于身心一如的立场，仁心乃是一具体（embodied）之心、良知乃一体之于身之知。第二，仁心、良知之反应一如吾人身体机能之反应，在本质上是自然而然、理不容已的。第三，仁者对他者之关心确实"血脉"相连的，是"一体"相关的。俗语说，儿是爹娘心头肉，仁者以天地万物为心头肉，割舍不得，放心不下，此非难以理喻之事。

二、谁会痛痒？

由孟子以痛感体验指点吾人之本心进至宋明理学以"识痛痒"指点仁心，人己、人物相通之"感通"义与宇宙一体生命的"生生"义得以显豁。换言之，理学家仁说之中的切身的"痛感"彰显出的是弥漫于人己、人物之间的生生不息、息息相关的生力、生机与生趣。

> 心有所觉谓之仁，仁则心与事为一。草木五谷之实谓之仁，取名于生也，生则有所觉矣。四肢之偏痹谓之不仁，取名于不知觉也，不知觉则死矣。事有感而随之以喜怒哀乐，应之以酬酢尽变者，非知觉不能也。身与事接，而心漠然不省者，与四体不仁无异也。然则不仁者，虽生，无以异于死；虽有心，亦邻于无心；虽有四体，亦弗为吾用也。①

理学家津津乐道的观鸡雏、不除窗前草、观游鱼一类话头，都无非要说宇宙生机的畅遂即是吾人生机之畅遂，此生机受阻、受摧残，吾人即有切身之痛感。故在孟子的两个经典事例之中，吾人之所以会为

---

① 《论语精义》卷六下，《朱子全书》第 7 册，第 419 页。

处在危险境地的他者担心，虽不以他者当下是否切己地体验到自身的痛苦、恐惧为前提，但这个他者在原则上是会感受到痛苦、恐惧的生命存有、生灵（sentient beings）。见孺子入于井跟见石子入于井，感受自有本质差异。见木偶入于井，如吾人并未意识它只是一木偶，而把它错认为人，则吾人之反应与见孺子入于井完全一样，如注意到它只是一木偶，则吾人之反应或仍有一恻隐之心（此只是因它形近于人而起相应之联想，此种恻隐之心近乎一虚拟的恻隐之心，如读小说情节而感动、紧张，这种感动、紧张乃是由文字联想所激发的。文本世界之打动人心，依其描述的逼真性、深刻性而有所变化，木偶的情形亦与之类似）。

此即意味着"识痛痒"是与识他者的痛痒联系在一起的，这个他者在本质上是"能痛痒者"。无疑，他人与我一样都是"能痛痒者"，但是在儒家的心目中，具有痛痒能力者从不曾局限在人类自身，万物（动物乃至植物）均能感受到痛痒。孟子从衅钟之牛的觳觫中真切感受到牛之痛痒，并由此得出见其生不忍食其肉，闻其声不忍见其死之结论。倘若说"数罟不入洿池"，"斧斤以时入山林"一类说法还只是基于人类可持续发展所做出的生态保护策略，那么，《荀子·王制》"草木有生"、"禽兽有知"之说①，则直接奠定了草木禽兽作为生命主体的存有论地位，董仲舒说"泛爱群生"，草木禽兽即已含在群生的范畴之中，其《春秋繁露·仁义法》更明确指出："质于爱民，以下至于鸟兽昆虫莫不爱，不爱，奚足谓仁？"周敦颐不除窗前草，云与自家意思一般，其义也不外是说窗前草跟人一样都是生意的展现者，是一生命的主体。及至朱子则开始对草木无知说有所怀疑，他说：草木虽不能断然说跟人、动物一样有知觉之能力，但也有"生意"，你去戕贼它，它也会不高兴（"不复悦怿"），早上太阳照耀的时候，它会欣欣向荣，仿佛跟人一样能痛痒（"亦似有知者"）。而到了李渔笔下，草木完全

---

① "水火有气而无生，草木有生而无知，禽兽有知而无义，人有气、有生、有知，亦且有义，故最为天下贵也。"

成了有知之物,其《闲情偶寄》"紫薇"一文云:

> 禽兽草木尽是有知之物,但禽兽之知稍异于人,草木之知又稍异于禽兽,渐蠢则渐愚耳。何以知之?知之于紫薇树之怕痒。知痒则知痛,知痛痒则知荣辱利害,是去禽兽不远,犹禽兽之去人不远也。人谓树之怕痒者,只有紫薇一种,余则不然。予曰:草木同性,但观此树怕痒,即知**无草无木不知痛痒**,但紫薇能动,他树不能动耳。人又问:既然不动,何以知其识痛痒?予曰:就人喻之,怕痒之人,搔之即动,亦有不怕痒之人,听人搔扒而不动者,岂人亦不知痛痒乎?由是观之,草木之受诛锄,犹禽兽之被宰杀,其苦其痛,俱有不忍言者。人能以待紫薇者待一切草木,待一切草木者待禽兽与人,则斩伐不敢妄施,而有疾痛相关之义矣。①

"**无草无木不知痛痒**",天地万物均是能痛痒者,这本身即是对痛痒具备敏锐感受能力(所谓"八万四千毫窍,在在灵通")的仁者切身证成的。可以说,人类之识痛痒能力越敏锐、越深刻,宇宙之中能痛痒的主体、物种就越丰富,反之亦然。

从识万物之痛痒到不识痛痒构成了儒家仁德之至仁与不仁两个极点。**至仁者自**是将天下众生的痛痒当作自己的痛痒的人("大人者以天地万物为一体者也"),他不忍心见到他者受苦,并通过努力尽量让他者摆脱痛苦。不仁者则只识自家痛痒,他者一律是无关于己的陌路人。萧吉《五行大义》在引《文子》二十五等人说后,将"肉人"列为最低等级,据称肉人"狂痴无识,**痛痒莫分**,虽能动静,与肉不异"②,

---

① (清)李渔撰,单锦珩校点:《闲情偶寄》卷五,浙江古籍出版社1985年版,第247页。
② (隋)萧吉撰,钱杭点校:《五行大义》,第139页。按:萧吉所引《文子》二十五等人之说,与今本《文子》出入较大,一是称谓有别,二是排序亦有别。今本《文子》将"肉人"列为第二十四等。参见彭裕商:《文子校注》,巴蜀书社2006年版,第152页。

肉人显系行尸走肉之人。痛痒莫分，固属"不仁"，不过，在笔者看来一个能够感受、关心自家痛痒甚至亦能够感受到他者痛痒的人，却对他者施加伤害甚或以给他人制造痛痒为快乐（残忍者、施虐狂）才是"不仁之极"。

人作为万物之灵，其"灵"就在于对天地之众生灵的痛痒能力之高度的灵感。一切有生皆具有识痛痒的能力，儒家只是认定唯有人不仅能够识自家的痛痒、关心自家的痛痒，而且亦能够识他者的痛痒、关心他者的痛痒。人能推其识痛痒之心，物因其禀气之偏，则推不得。① 人浑然处于"天地之中"而"首出庶物"，绝不在于人是世间唯一之主体，不在于人是唯一大写之"我"（I），包括山川、草木、禽兽之"庶物"皆是"非我"（not I）——这个"我"依照基于几何学与数量之纯粹数学图式而衍生的先天范畴去为自然立法，"非我"即意味着是非理性的他者（irrational others），是为"我"所用的"器具"。② 诚如杜维明先生所言，在儒家思想之中，动物界、生物圈与无机宇宙跟人类共同体所有成员一样，乃共同构成为与吾人相关的"一主体之团契"（a communion of subjects），而非"一客体之集合"（a collection of objects）。③

试对比一下笛卡尔对动物能否识痛痒的思考，笛卡尔一度对动物生理学产生了兴趣，早在拉·美特利提出人是机器的观点之前，笛卡尔就说过活人的身体跟死人的身体（尸体）的差别就恰似一架能推动

---

① 依朱子，天地人物虽一气贯通，但人得"气之正且通者"，物得"气之偏且塞者"，物种间有知者如虎豹只知父子，蜂蚁只知君臣，鸟之知孝，獭之知祭，亦只通得一路而已。当然人亦有昏明清浊之不同，故有上智下愚之别。

② 参见 H. Peter Steeves, *Animal Others: On Ethics, Ontology and Animal Life*, edited by H. Peter Steeves, State University of New York Press, 1999, pp. 56-57。

③ Weiming Tu, *The Global Significance of Concrete Humanity: Essays on the Confucian Discourse in Cultural China*, p. 346.

自己的机器（如上紧发条的钟表）跟一架损坏的机器的区别一样。① 而动物则是名副其实的机器，它没有自我意识，没有自由意志，于是它的"觳觫"与"哀鸣"只不过如人无意识的动作（如"痉挛"）一样，纯粹是"机械动作"，又像是自行车的链子少了润滑油，或者轴承之中少了一两粒珠子，骑起来就会发出咔啦咔啦的怪声一样。你能从自行车发出的咔啦咔啦的声音之中判断出它是否感受到疼痛吗？不能。倘若动物真是一架机器，那你能从狗呜呜的哀嚎之中判断出它是否感受到疼痛吗？也不能。被认为与儒家伦理气质相近的康德也明白地说，人是目的，故人对于动物只是一间接义务（indirect duties）而非"直接义务"，动物只是吾人达到目的之手段。他反对虐待动物，但不是站在动物自身的立场考虑，而是说虐待动物会破坏人的仁慈心，这样在对待人类时也会变得残忍起来。言外之意，虐待动物本身不是问题，问题在于虐待动物会最终导向虐待人，康德真是把他人是目的的立场贯彻到底了，而一旦贯彻到底，他的思想与将草木看作同自家意思一般的儒家思想的根本区别也就显豁无遗了。

三、关心他者的痛痒如何可能：从苏格兰学派到叔本华

从以笛卡尔为代表的个体主义的立场审视，他人是否跟我一样会痛痒委实不易理解。姑且立于个体主义之立场看（此处个体主义乃是方法论上的个体主义），儒家以识痛痒论仁，就其实质当包含以下四个环节：I，识自家痛痒；II，关心自家痛痒（搔痛痒）；III，识他者痛痒；IV，关心他者痛痒。这四个环节是环环相扣的，任何一个环节的缺失都构成不了完整的"仁"之体验。

其中，由 I—II 即从感受到自家痛痒到关心自家的痛痒，就常识面

---

① 参见陈立胜：《自我与世界——以问题为中心的现象学运动研究》，第 231—233 页。

而言是同一过程的两个环节，纯然是一个无思无虑的（unthinking）自发过程。"识痛痒"之际即会当下去搔痛痒，人之搔痛痒是识痛痒之本能的、当下的反应，"一切痛苦的感觉都与摆脱痛苦的愿望分不开"①，我想用不着卢梭之类的哲学家的指点，每个识痛痒的人都会理解这一点。能够感受到自家的痛痒与能够关心自家的痛痒，这是任何一位生理正常的人的基本能力，肢体的麻木不仁已非"正常"，此属不言自明的常识。这只是就常识面而言，这并不排除一些"反常"与"例外"的情形存在。这种"反常"与"例外"的情形大致可以分为两类，一类是纯然负面意义上的感受自家的痛痒，如在受虐狂那里，他感受到自己的痛痒，但却以给自己制造痛痒为快，这是一种纯然以痛苦为快乐的行为；另一类是纯然正面意义上的感受自家痛痒，如孟子"天将降大任于斯人"的说法，君子为了更高的修身目标，而忍受自家的痛痒，在这里忍受自家的痛痒并不是把痛痒本身作为可以享受的东西，因而与自虐狂的情形有着本质的区别。介于两者之间的是某种极端的禁欲主义者的行为，比如说一度在欧洲蔓延的鞭笞派，他自然亦识痛痒，但亦以给自己制造痛痒作为"圣德"、作为"赎罪"之途径而甘之若饴，这里尽管忍受痛痒的目的并不在痛痒本身，而在于成就"圣德"、在于"赎罪"，但其对痛痒甘之若饴的态度又表现出某种自虐狂的色彩。

排除这些"反常"与"例外"的情形，我们可以认定由 I—II 乃是自然而然的过程，那么需要解释的则有以下两个问题：第一，由 I、II 如何向 III 过渡？亦即一个识自家痛痒、关心自家痛痒的人能否也能够识他者的痛痒？第二，一个能识他者痛痒的人能否进一步关心他者的痛痒？即由 III—IV 如何可能？前一问题是认识论问题，后一问题是伦理学问题。两个问题即是西方哲学中"他人的心"之问题，是一近乎无

---

① 卢梭著，李平沤译：《爱弥儿》，商务印书馆 1978 年版，第 74 页。

解的哲学难题，也可以说是一"哲学丑闻"。我只能原本感受到自己的痛痒，我如何能够"切身"感受他人的痛痒——更遑论动物、植物的痛痒？的确，匍匐入井的明明是孺子，为何"乍见"者会感到惊恐（怵惕）与伤痛（恻隐）？他惊恐什么？又为何而"伤痛"？"乍见"、"乍听"甚至"念及"（"每念斯民之陷溺，则为之戚然痛心"）他者受苦，自家即感到伤痛，究竟如何可能？

　　苏格兰启蒙学派一直从对同情（sympathy）经验的分析入手，尝试解决这个难题。休谟在其《人性论》中用了不少篇幅讨论这个问题，他注意到这样一种现象：我们看到愉快的面容，自己的心中也会产生愉悦与宁静，而瞥到一张愤怒或悲哀的脸，我们也会油然而生一种沮丧。恐惧、愤怒、勇敢等情绪皆具有传导性，就像我们看到他人打哈欠，自己也会跟着打哈欠一样。① 休谟把这种现象视为**同情**现象，这种现象表明人类心灵生活之间具有交互性一面："人们的心灵是互相反映的镜子，这不但是因为心灵互相反映他们的情绪，而且因为情感、心情和意见的那些光线，可以互相反射，并可以不知不觉地消失。"② 同情就是心灵这种"相互反映"、"相互反射"的能力。休谟借助于他的印象与观念的联结思想进一步阐述了同情的发生机制："当任何情感借着同情注入心中时，那种情感最初只是借助其结果，并借脸色和谈话中传来的这种感情**观念**的那些外在标志，而被人认知的。这种观念立刻转变成一个**印象**，得到那样大的程度的强力和活泼性，以致变为那个情感自身，并和任何原始的情感一样产生同等的情绪。"③ 在这个过程之中，"**想象**"发挥了作用："当我们的想象直接考虑他人的情绪并深入体会这种情绪时，它就使我们感觉到它所观察的一切情感，而尤其感

---

① 这种情感、情绪的传导现象不仅发生在人身上，甚至在某些动物身上也可以观察到。（参见休谟著，关文运译：《人性论》，商务印书馆1980年版，"论动物的爱与恨"一节）
② 休谟著，关文运译：《人性论》，第402页。
③ 休谟著，关文运译：《人性论》，第353页。

觉到悲伤或悲哀。"①

"想象"一直是西方"同情"理论最常诉诸的一个环节。亚当·斯密在《道德情操论》的首篇第一章一开始就提出一个问题：每当我们看到他人遭遇不幸时，就会为之悲哀、感伤，这是一种人人与生俱来的**"原始感情"**，但是，我们对他人的感受并没有"直接体验"，我们何以能够知道他人的感受，又何以能够同情他人的感受？斯密的回答是，同情者看到他人处在痛苦之中，他会产生一种**"想象"**，设想自己处在这种悲惨境地下会有何种感受："由于我们对别人的感受没有直接经验，所以除了**设身处地的想象**外，我们无法知道别人的感受。"②

> 引起我们同情的也不仅是那些产生痛苦和悲哀的情形。无论当事人对对象产生的激情是什么，每一个留意的旁观者一想到他的处境，就会在心中产生类似的激情……在人的内心可能受到影响的各种激情之中，旁观者的情绪总是同他通过**设身处地的想象**认为应该是受难者的情感的东西相一致的。③

"想象"在斯密的同情机制之中实质上起到了一种连接两个不同感受主体之间感受状态并将之归为一类的作用。毕竟"我们的想象所模拟的，只是我们自己的感观的印象"，而不是受苦者本人的感官印象。唯有凭借想象，我们才能把自己置于他人的位置上，"我们设身处地地想到自己忍受着所有同样的痛苦，我们似乎进入了他的躯体，在一定程度上同他像是一个人，因而形成关于他的感觉的某些想法，甚至体会到一些虽然程度较轻，但不是完全不同的感受"。④

---

① 休谟著，关文运译：《人性论》，第419页，另参见第355页。
② 斯密著，蒋自强等译：《道德情操论》，商务印书馆1997年版，第5页。
③ 斯密著，蒋自强等译：《道德情操论》，第7页。
④ 斯密著，蒋自强等译：《道德情操论》，第6页。

休谟与斯密都是诉诸"想象"机制解释同情现象,这种处理方式是典型的"**借类比而推论**"(inference by analogy)之模式:我知道自己有某种感受之际,会表现出某种相应的表情与姿态,当我看到他人表现出某种表情与姿态,"联想"到自己在此种表情与姿态下的内心感受,遂"推断"他人乃处在某种感受下。此处之"联想"、"想象"、"推断"都是构造性分析(constitutionanl analysis)之术语,这不意味着在同情现象发生过程之中,我们都要在自己的心灵生活之中实际地进行一番联想、想象、推断,然后才能做出同情的回应。

至于人为何会产生这种"想象",这究竟是一种什么性质的"想象"?为何这种"想象"会造成感同身受的效果?针对这一系列的问题,苏格兰的思想家们未予以深究。在我看来,"想象"乃是同情理论之中的一个操作性概念(operational concept),它是用来解释"同情"现象的,但它本身却没有得到解释。这真应了叔本华的一句话:"**道德,鼓吹易,证明难。**"

叔本华的《道德的基础》就是要证明这个难题。他先是花了差不多一半的篇幅去批评康德的道德学基础,指出康德的道义论核心范畴绝对应当、无条件的责任一类概念,实在是来自基督教的十诫,是建立在"隐蔽的神学种种假设上",是"神学道德的倒置",犯了"窃取论题"之错误。而作为对一切可能的有理性者有效的、由纯粹的先天综合命题所构成的道德原则("始终依据你能同时意愿其成为一切有理性者的普遍法则的那项格律而行动"这一定言令式)又没有任何"实在性",根本无法触动人心,"完全缺乏可能的功效","只在太空中飘荡"。在叔本华看来,道德行为的源头只能在于意欲他人的福利的"天然的同情心",而且是对他人痛苦不幸的关心,这才是"唯一真正的道德动机":"对一切有生命物的无限同情,乃是纯粹道德行为最确实、最可靠的保证",它既是公正的源头,也是仁爱的源头,同情就是伦理学的基础。然而本性上原是自私自利的"个体"为何又会拥有这超出

"个体化原理"的同情能力呢？这一问，遂"达到那任何经验永远不能渗透的地方"，"我们立足的坚实地面下陷了"，证明到了尽头，在这个尽头处，休谟早已立在那儿。

不过，叔本华下定决心要对这一难题有所推进，他知道"理性不能给以直接解释"，要跟休谟说再见，就必须祭出"**形而上学**"的神器："每一纯粹仁慈行为都是出于完全而真正的无私帮助，本身完全是由另一个人的痛苦激发的，这一问题，如果我们彻底加以探究，事实上，乃是一**难解之谜**，置入实践中的一件**神秘主义**；因为它源自于更高等的知识，而且只能在这构成所有为神秘之物的本质的知识中得到真正解释。"①他从东方的印度教与儒教之中找到了这种神秘主义，这种更高等的万物一体的知识（all things are one）：吾人与天地万物是同一生存意志，个体化不过是源于空间与时间的一种表面现象，仅仅是一种"心理图像"，是一种"错觉"，打碎这个"个体化原理的桎梏"，撕开这层"摩耶之幕"，你就会洞见印度教的那句箴言——"那，就是你"，真实的世界只有一个，即万物共属的同一生存意志，吾人与天地万物不过是同一生存意志之客体化而已。

叔本华清醒地认识到，他提供的这种"对终极的伦理学现象的形而上学解释"跟西方传统的理性主义进路迥然不同，并称自己的这套解释系统是"伦理学形而上学"，他甚至还说"真正能够直接给予伦理学以支持的唯一形而上学是这样的，它原本就是伦理学的，是用伦理学的材料，即意志构成的"。②这可以说是伦理学是第一哲学的先声，用牟宗三先生的一对道德形而上学术语说，这确实不再是西方意义上的"**道德底形而上学**"（metaphysics of morals），而已具有"**道德的形而上学**"（moral metaphysics）某些气质。宋明理学家如程颢、张载与

---

① 叔本华著，任立、孟庆时译：《伦理学的两个基本问题》，商务印书馆1996年版，第302页。
② 叔本华著，任立、刘林译：《自然界中的意志》，商务印书馆1997年版，第147页。

王阳明都是以人与天地万物是一气贯通来说明吾人何以能对天地万物的痛苦有所感、有所应。换言之，天地万物本来就和我是"一体"的，故生民之困苦必切于自身（疾痛之切体）。不过，儒家的这套存有论论述一方面确实是气化宇宙的世界观信念使然，另一方面更是道德本心工夫证成之结果，就此而论，叔本华之"道德的形而上学"仍是一**玄解性的**（speculative）形上学，而**非工夫证成性的**（practical or self-cultivational）形上学。

四、疼痛镜像神经元

最近二十年来认知神经科学、发展心理学的研究成果为我们重新审视这些问题提供了新的契机。尤其是镜像神经元的发现，为我们重新理解同情与交互主体性提供了"神经生物学的机制"。

研究者发现在我们大脑皮层的运动前区有一个**镜像神经元系统**（MNS/Mirror Neuron System），它负责监控运动行为，在看到他人的行动、表情时，它会激活我们自己相应的行动与情绪神经机制，而产生切身参与的感受。这也就意味着对他者的行动、意图、躯体感觉、情绪的理解乃是**当下的**、**直接的**，而不是**想象性**的。例如，当我们观察到他人的行动时，我们自己相应的运动系统也被激活了，仿佛是我们自己在执行同一动作一样。又如，看到别人闻到难闻气味时皱起眉头的厌恶表情，我们自己脑岛之中的镜像神经元也被激活了，就如同与我们亲自闻到难闻气味感到厌恶时一样。[1] 看到他人打哈欠会引发自己打哈欠，这是情绪感染的经典例证，现在研究人员发现，即便是看到

---

[1] Wicker通过功能性磁共振成像技术观察到，亲身闻到难闻气味与看到他人闻到难闻气味的表情时，大脑前岛叶相同部位均被激活。参见 Giacomo Rizzolatti and Laila Craighero, "Mirror Neuron: A Neurological Approach to Empathy", *Neurobiology of Human Value*, Springer-Verlag Berlin Heidelberg, 2005, pp. 117-118。

打哈欠的字眼，或者听到打哈欠的字眼，大脑的镜像神经元区域都会在一定程度上被激活。《世说新语》之中口渴的军人听到曹操说起甘酸的梅子，皆出口水，现在终于得到了脑神经科学的科学解释。

他人情绪能够穿透旁观者的情绪生活，在后者之中激发起相关的或相类似的体验，这些现象不仅为扫描脑部神经活动的功能性磁共振成像（fMRI）所观察到，也为扫描面部表情的肌电图（electromyography）技术所印证。一个人的运动、知觉、情绪状态会激活看到这种状态的另外一个人的相应的表象与神经过程，这种对他人行动的内状态的模仿（inner motor simulations）对于切身理解他人的行动是至关重要的，它为我们无须任何反思性思考而直接理解他人行动的意义提供了一个"共享的状态"。镜像神经元的这种工作机制构成了我们社会性大脑以及我们理解、与他人同感的能力的基础。由于镜像神经元的发现，很多学者认为同感（empathy）是直接在体验之中理解他人感情与内状态的能力，它就深深扎根于我们活生生的身体体验之中，正是这种体验让我能够直接将他人确认为同类。①

对儿童镜像神经元活动的观察与研究则表明，婴儿天生就拥有进入他人体验、参与他人体验的能力，这种同感能力完全是前语言的天赋本能。这一结论被视为是对发展心理学、道德教育理论的一种"范式转变"，如心理学家 Stein Bråten 表示，婴儿具备的这种**"他者—中心的参与"**（altercentric participation）能力，对传统笛卡尔式的自我、对莱布尼兹没有窗户的单子主体、对皮亚杰以自我中心（egocentric）为出发点的儿童发展心理学都是一种"颠覆"。②

---

① Avenanti and Aglioti, "The Sensorimotor Side of Empathy for Pain", Mauro Macia (eds.), *Psychoanalysis and Neuroscience*, Springer, 2006, pp. 241-242.

② 参见 Stein Bråten, *On Being Moved: From Mirror Neurons to Empathy*, John Benyamins Publishing Company, 2007, Part Ⅲ, pp. 149-236。相关研究还可参见 Hoffman, *Empathy and Moral Development: Implications for Caring and Justice*, Cambridge University Press, 2000。

行动、触觉、情绪领域之中运作的模仿性镜像机制同样是我们与他人痛苦共感的生理根基所在。"**疼痛镜像神经元**"（pain mirror neurons）的研究表明，对他人痛苦的感知，也会激活自己痛苦处理过程之中的某些神经网络。换言之，由于疼痛镜像神经元的作用，使得我在看到他人痛苦的时候，亦会激活我自己的某些神经结构，这些神经结构跟自己在痛苦体验时发生活动的神经结构大多是重叠的。这就意味着在感知到他人痛苦的时候，我不仅**意识**到他人的痛苦，而且也**真切地感受**到他人的痛苦。疼痛体验可以沿着两个现象学轴加以描述：（1）**感觉识别向度**（the sensory-discriminative dimension），包括疼痛的空间延展（何处痛痒）、时间延续（何时痛痒）以及强度性质（痛痒程度）。（2）**情感—动机向度**（the affective-motivational dimension），包括刺激物的不快以及由它所引起的行为与自动的反应。① 帕特（PET/Positron Emission Computed Tomography 正电子发射型计算机断层显像）与功能性磁共振成像均证明在疼痛体验之中存在一个被称为"疼痛基质"（pain matrix）的复杂神经网络。疼痛的感觉与情感因子是在这个疼痛基质的两个独立的结点（nodes）上得到编码的，即感觉运动结与情感结。感觉运动结包括首级与次级躯体感觉区（Somatosensory cortices）、感觉运动结构（如小脑 [the cerebellum]）、皮质运动前区以及运动区。情感结至少包括前扣带回皮层（anterior cingulate cortex/the ACC）与岛叶区域（insular regions）。肌体的疼痛体验从针刺到幻痛（phantom pain）在疼痛基质的不同结上均有反映。人类的痛苦体验绝不限于肌体损伤层面，不过，神经影像学的研究表明心理疾痛乃至社会痛苦（social pain），其背后的神经回路与加工过程和肌体痛苦的机制大多也是交叠在一起的。例如，肌体感受到疼痛刺激时活跃的前

---

① Avenanti and Aglioti, "The Sensorimotor Side of Empathy for Pain", Mauro Macia (eds.), *Psychoanalysis and Neuroscience*, Springer, 2006, p.236.

扣带皮层部分在社会伤害的体验中亦被激活。在听感伤的音乐或故事的过程之中，前扣带皮层部分活动的信号明显加强了。[1] 甚至读一系列有关疼痛含义的词语（如"折磨"、"痉挛"和"痛苦"）时都会激活人脑中处理疼痛反应的区域，尽管没有即时的生理反应出现。王阳明"每念斯民之陷溺，则为之戚然痛心"，看来确实是切身之感受。"正是由于我们对别人的痛苦抱有同情，即设身处地地想象受难者的痛苦，我们才能设想受难者的感受或者受受难者感受的影响。当我们看到对准另一个人的腿或手臂的一击将要落下来的时候，我们会本能地缩回自己的腿或手臂；当这一击真的落下来时，我们也会在一定程度上感觉到它，并像受难者那样受到伤害。"[2] 亚当·斯密观察到的这一现象完全得到了镜像神经元理论的支持。有研究者通过对看到夹在车门的手指图像的受试者以及看到被针刺手指的图像的受试者的大脑进行功能性磁共振成像扫描，发现他们与疼痛相关的前脑岛与前扣带皮层均被激活了。

自家疼痛与看到他者疼痛，大脑前扣带回皮层均会被激活，不过自家疼痛激活的是与尾侧和前侧相关的区域，而他者疼痛更多的是激活头端区域中的两个不同的簇（clusters），因此对他人疼痛的同感不会导向自我与他人表象的完全融合。[3] 而如果要求受试者将观察到受痛苦刺激的图像（如夹在门缝中的手，或受到电击的身体某个部位）的

---

[1] Avenanti and Aglioti, "The Sensorimotor Side of Empathy for Pain", Mauro Macia (eds.), *Psychoanalysis and Neuroscience*, pp.238-239.

[2] 斯密著，蒋自强等译：《道德情操论》，第6页。

[3] Melita J. Giummarra and John L. Bradshaw, "Synaesthesia for Pain: Feeling Pain with Another", J. A. Pineda (ed.), *Mirror Neuron Systems*, DOI: 10.1007/978-1-59745-479-7_13, Humana Press, New York, 2009, p.294. Jean Decety and C. Daniel Batson 的研究也指出，亲身的痛苦与对他者痛苦的直接感受所激活的神经网络只是部分重叠，而不是完全一致的。感受他人的痛苦更多是脑岛与脑皮层的脑喙侧（rostral）激活。参见 Jean Decety and C. Daniel Batson, "Empathy and Morality: Integrating Social and Neuroscience Approaches", J. Verplaetse et al. (eds.), *The Moral Brain*, DOI 10.1007/978-1-4020-6278-2_5, Springer Science+Business Media B. V. 2009。

对象想象为亲人或朋友的图像,则其疼痛基质所激活的强度明显增加。这可以被视为是疼痛同感也具有社会亲缘性的一面的证据。

五、仁之"具身性"与非化约主义

疼痛镜像神经元的研究成果对于我们重新理解恻隐之心提供了新的契机,对他人痛苦之"感同身受"看来是有其神经学的生理基础之支持的。无论如何,乍见孺子入井与乍见石头入井,看似相同的知觉行为,实则在根本上是两种不同的"看见",前者让我感受到恐惧、哀痛,让我"心头一震",后者只不过是一中性物体的下落活动而已。一个人可以冷静地看一块石头入井,心头不起一点波澜;一个人乍见孺子入井,亦能冷静旁观、心头不起一点波澜吗?① 俗语说"人心是肉长的",只有这颗肉长的心才能怵惕、才能恻隐,才能被感动,才能感动人。良知之为"真诚恻怛"原本即是"嵌在肉身"之中,牵涉到知、情、意诸面向的有厚度之"知",是一种切身之知、一种"体知"(embodied knowing)。疼痛镜像神经元的发现为这种"切身性"、"具身性"提供了一种科学的解释。有了这个发现,儒家"通乎民物,察乎天地,无不恻怛"这一万物一体的生命情怀不应再仅仅被视为某种神秘体验,某种意识营造的精神境界,它还是扎根于身体之中、拥有某种生理—心理基础的活生生的体验。

作为真诚恻怛的良知究竟是"呈现"抑或是"假设",这一度是一段著名的现代学术公案,镜像神经元的发现是否坐实了"呈现"说了

---

① 人对他人、对生命物的知觉与对无机物的知觉实是类型有别的知觉,胡塞尔在《观念》第二卷之中对区域本体论(regional ontology)的阐发有助于澄清这个问题。不过,在中国古典思想之中,"物"通常是指有情之物,纯然之物则往往与器并称为"器物"。这也就意味着"物"总是承载着某种"价值",王阳明在论及一体之良知时说见瓦石之毁坏而必有"**顾惜之心**",但他亦很精细地选择自己的用语,分别以"**怵惕恻隐**"、"**不忍之心**"、"**悯恤之心**"指示人知觉到他人(孺子)、动物(鸟兽)、植物(草木)受到伤害、摧残时的感受。

呢？抑或镜像神经元理论本身也不过是一"科学之假设"？毋庸置疑的是，任何人类生命的体验都不应简单地归结为生理层面的活动，就像爱情不应被化约为（reduced to）一系列肾上腺素、荷尔蒙指标、多巴胺与内啡肽一样，儒家对他者生命一体相关的情怀也不应被化约为疼痛镜像神经元的一系列激活状态。其实对于儒家修身之生存体验而言，良知之呈现，实在不需要什么科学发现来支撑。需要指出的是，疼痛镜像神经元只是吾人感受他者痛痒之神经基础，在现实生活之中这一基础是透过个体的生活体验、价值认同、理性认识方发挥作用。例如只有吃过梅子的人，听到梅子二字才能起到出口水的效果。笔者儿时学"望梅止渴"这一成语时，因北方山村并无梅树，亦不曾见过梅子，故总不解其义，循循善诱的老师说，你想象吃山楂吧。再如，对鸟兽生命之感通必以对鸟兽之"性命之常"有所认知方能落入实处，《庄子·至乐》中的鲁后见到海鸟止于鲁郊，"御而觞之于庙，奏《九韶》以为乐，具太牢以为膳。鸟乃眩视忧悲，不敢食一脔，不敢饮一杯，三日而死"。这个故事说明，要想感同身受，必先了解他者的真实感受，不然难免盲目。又如，见到一位无辜者被枪杀，吾人情不自禁会伤心痛苦，但如在电影的结尾终于看到一位十恶不赦的坏蛋被击毙，心中则又有正义终得伸张之快意。

更为重要的是，虽然镜像神经元作为"同感"的生理基础，为感同身受、设身处地这些道德词汇背后所涉及的生理与心理机制提供了某种说明与解释，但是理解他人情感、感受的"同感"与带有关爱动机的"同情"之间的区别与联系能否在镜像神经元层面上得到有效的解释，至今还是一个问题。① 能够切身感受到他者的痛苦，可以说已经

---

① 关乎同感（empathy）与同情（sympathy）之别，可参见以下两文：Douglas Chismar, "Empathy and sympathy: the important difference", *The Journal of Value Inquiry*, 22:4, 1988; Gustav Jahoda, "Theodor Lipps and the Shift from 'Sympathy' to 'Empathy'", *Journal of the History of the Behavioral Sciences*, vol. 41(2), Spring, 2005。

得到脑神经科学、疼痛镜像神经元的强有力支持,然而将此切身之感受转化为真实的道德行动,而不只是停留在感受阶段,则须"存养",须道德主体的弘扬,是儒家修身工夫所系焉。

第五章 "心"与"腔子":儒学修身的体知面向

"体知"一词并不是杜撰的,但它在现代汉语学术语境中的"复活",乃至在传统儒学研究中展开一个新的论域,却与杜维明先生长年的标举分不开。① 在汉语世界中,"心知肚明"本是不言自明的意思,但长期受笛卡尔式身心二元思维洗礼的现代人,"心知"已被"更正"为"脑知",而"肚明"则依然让人不可思议。不过近年来的科学研究日趋表明"心知"与"肚明"还真是联系在一起。② "体知"一词

---

① "杜撰说"出自台湾清华大学梅广教授之评杜维明《论"体知"——儒家人学的认知意义》的提纲,参见郭齐勇、郑文龙编:《杜维明文集》第五卷,第343页注释①。承蒙吾友冯焕珍教授指点,唐之《月灯三昧经》(收入《大藏经》)已有"体知"一词(如卷五"能体知其性"),该词亦不时出现在以后的佛教典籍之中。近读台湾大学黄俊杰教授《"体知"与"心解":东亚儒者解经的两种途径》一文得知,"体知"一词在最初的文献中多出现在有关"音律"的语脉里面,最早当属《后汉书·志第一·律历上·律准》:"音不可书以晓人,知之者欲教而无从,心达者**体知**而无师,故史官能辨清浊者遂绝。"其后,"心达者**体知**而无师"一语经常被后人论音律时所采用,如《晋书·志第六·律历上》、《宋书·志第一·律历上》等。黄俊杰教授的文章宣读于"体知与儒学"研讨会(台北,2006年11月21日)。

② 近二十年来西方哲学、心理学、神经科学与认知科学的发展,日趋强调人类认知与理解之中的肉身因素,"身体思维"、"具身心灵"(embodied mind)等一系列观念的阐发,使我们意识到认知不是专属于大脑的思维活动,而是由身体、周遭处境与行动共同构建的事件,长期以来将思维活动定位于大脑的做法受到了强有力的挑战,毕竟大脑本身也是嵌在肉身之中的大脑(embodied brains)。参见 Merleau-Ponty, *Phenomenology of Perception*, Francisco J. Varela, Evan Thompson & Eleanor Rosch, *The Embodied Mind: Cognitive Science and Human Experience*, Cambridge: The MIT Press, 1991; G. Lakoff & M. Johnson, *Philosophy in the Flesh: The Embodied Mind and Its Challenge to Western Thought*, New York: Basic Books, 1999. 其中尤其值得一提的是新兴的心理神经免疫学(psyhconeuroimmunology/ PNI),它的研究成果表明,心灵与身体在分子与细胞的层面是完全不可分的,传统的神经系统科学、内分泌学与免疫学三个独立学科实际上是相互渗透、相互

的揭橥，让我们明白"心"知背后尚有"身"之资源。问题在于，"心知"究竟如何会与"身子"绾结在一起？"知识"如何嵌在身体里面，而不只是"装"在"脑子"里面？此中所涉之学理诚有待进一步深思。本文选取三个"身子"（"腔子"）话头（"心要在腔子里"、"满腔子是恻隐之心"、"大腔子"），以对朱子的相关话语的诠释为中心，揭示"心"与"腔子"之间的交互贯通性，以期体味儒家修身智慧之"体知性"一面。

一、心要在腔子里

（一）"心"、"腔子"与"在之中"

"心要在腔子里"，腔子，关中俗语，意即身子、身之躯壳。说"心要在腔子里"即是说"心要在身子之中"。心如何在身子之中？是不是说，方寸之心在七尺之躯之中，就像铅笔在文具盒之中一样？倘若如此理解"心"在"腔子"之中，那不仅在根本上误会了"心"与"腔子"在儒学上的真正的内涵，而且对"在之中"亦未能有真切的把握。毕竟"心"与"腔子"在这里都不是什么现成的东西，因而"在之中"也不是现成的东西之间的物理空间意义上的"在里面"。换言之，要把握"心要在腔子里"，首先需要厘清三个关键词的真实内涵，

（接上页）关联的。原来人们一直认为情绪与无意识相联系，而今人们意识到无意识即贮存在身体之中。情绪是由各种不同的神经肽配体产生的，我们所体验的情感、情绪也是启动脑与身体之间特殊神经元回路的一种机制，而这种机制会引起行为所需要的生理变化，进而产生相应的行为。因此整个身体即是一个智慧有机体，这无疑证明了梅洛-庞蒂身体智能的现象学洞见。而身体之免疫系统、神经系统与内分泌系统是通过细胞上的信息物质与受体沟通的，因此最有效的健康方式一定是整体性的。这也就意味着修身不能只是停留在心灵上面，不能把心灵视为与身体过程无关的抽象现象，同样健身也不能只是停留在身体上面，不能把身体视为与心灵无关的纯粹有机体。任何进入到机体的刺激，无论是思想、情绪（恐惧与愤怒）抑或化学物质（食物、药物），其影响都是弥漫于周身的，因而是影响整个身与心的。参见 Seamus Carey, "Cultivating Ethos through the Body", *Human Studies* 23(2000), pp. 23-42。

即"心"、"腔子"与"在之中"在儒学的修身体系里面的真实含义是什么。

"心"不是块然之心,不是"实有一物"①之作为五脏之一的心,而是"操舍存亡之心",其性状"神出鬼没"、"神明不测"。因此绝不能将"心"做实体化的理解,但也并不能因此而将之视为与"身"绝然相对的"纯粹意识"。西方哲学之中的"唯物"与"唯心"在这里都搭不上界。"心"在根本上是"气之灵",是"气之精爽"②,因"心"为灵气,故能周流腔子,畅于四肢,睟面盎背。

而"身"亦不是一架自动机,也不是一个现成的东西、一个解剖学意义上的躯体,后者往往被理学家们称为"躯壳"。儒家之身在根本上是一"**养就之身**",养身与养心在儒家之修身观念里,本来就是一事之两面。就心与身之关系看,朱子(1130—1200)实际上有三种说法:

一为知觉层面的身心关系,举手投足、扬眉启口均是心之主使。耳鼻口舌、四肢百骸的任何运动与功能都离不开"心"之存在,心动才有身动。

> 问:"形体之动与心相关否?"曰:"岂不相关,自是心使他动!"③

一为无意识层面的身心关系,此关涉"心不在"而有"形体之动"的情形。

> 问:"恻隐、羞恶、喜怒、哀乐,固是心之发,晓然易见处。

---

① 《朱子语类》卷五,《朱子全书》第14册,第221页。
② 《朱子语类》卷五,《朱子全书》第14册,第219页。有关朱子"心"之种种含义之系统分析,参见陈来:《朱子哲学研究》,华东师范大学出版社2000年版,第213—264页。
③ 《朱子语类》卷五,《朱子全书》第14册,第220页。

> 如未恻隐、羞恶、喜怒、哀乐之前，便是寂然而静时。然岂得块然槁木？其耳目亦必有自然之闻见，**其手足亦必有自然之举动。**不审此时唤作如何？"曰："喜怒哀乐未发，只是这心未发耳。**其手足运动，自是形体如此。**"①

此处所谓"自然之举动"、心未发时之手足运动（如下意识地伸腿，打哈欠，眨眼睛以及梦中的身体活动等）皆可归为无意识层面的身心关系。在这个层面的身体活动，虽不是意识心发出的，但不能说完全没有心之参与。因为无心之身，只能是一团血肉，而根本没有运动能力。

一为德性层面的身心关系，貌之恭肃、行之得体均由衷而发，诚于内而形于外，此类身体运动完全出于心之主宰。

> 心之为物，至虚至灵，神妙不测，常为一身之主，以提万事之纲，而不可有顷刻之不存者也。一不自觉而驰骛飞扬，以徇物欲于躯壳之外，则一身无主，万事无纲。虽其俯仰顾盼之间，在己不自觉其身之所在矣。②

毋庸置疑，朱子乃至儒家讲养身、修身乃是扣紧在德性层面的身心关系上面③，但即便是对"作用是性"极为痛恶的朱子、陈淳亦从未完全隔绝"知觉"而言"心"、言"性"：

---

① 《朱子语类》卷五，《朱子全书》第 14 册，第 220—221 页。
② （宋）朱熹：《御定小学集注》卷五，收入《文渊阁四库全书》第 699 册，第 578 页。另参见《朱子语类》卷五，《朱子全书》第 14 册，第 232 页。
③ 朱子之忠实弟子陈淳说："今世有一种杜撰等人，爱高谈性命，大抵全用浮屠作用是性之意……谓人之所以能饮能食，能语能嘿，能知觉运动，一个活底灵底便是性，更不商量道理有不可通。且如运动，合本然之则，固是性。如盗贼作窃，岂不运动，如何得是性？耳之欲声，目之欲色，固是灵活底。然目视恶色，耳听恶声，如何得是本然之性？只认得个精神魂魄，而不知有个当然之理，只看得个模糊影子，而未尝有的确定见，枉误了后生晚进，使相从于天理人欲混杂之区，为可痛。"（[宋]陈淳：《北溪字义》，中华书局 1983 年版，第 10 页）

> 心者，一身之主宰也。人之四肢运动，手持足履，与夫饥思食、渴思饮、夏思葛、冬思裘，皆是此心为之主宰。如今心恙底人，只是此心为邪气所乘，内无主宰，所以日用间饮食动作皆失其常度，与平人异，理义都丧了，只空有个气，仅往来于脉息之间未绝耳。大抵人得天地之理为性，得天地之气为体。理与气合，方成个心，有个虚灵知觉，便是身之所以为主宰处。然这虚灵知觉，有从理而发者，有从心而发者，又各不同也。①

修身即是要确保"知觉从理上发来"，而不是"从形气上发来"。换言之，人只有一个心，一个知觉，问题的关键在于让"道心"、让德性意识一直充溢于视听言动这一作用层面，而绝不是在视听言动之外，空头地把持一个"心"字。总之，视、听、言、动皆为"此心之用"，人之一身，知觉运用，皆为心之所为，皆未尝离心而发生。②可谓"身在此，则心合在此"③。

实际上，心为身之主，这并不是朱子一人的看法，应当是理学家们的共识：

> 耳目口鼻四肢，身也，非心安能视听言动？心欲视听言动，无耳目口鼻四肢亦不能。故无心则无身，无身则无心。但指其充塞处言之谓之身，指其主宰处言之谓之心。④

> 汝若为着耳目口鼻四肢，要非礼勿视听言动时，岂是汝之耳目口鼻四肢自能勿视听言动？须由汝心。这视听言动皆是汝心：汝心之视，发窍于目；汝心之听，发窍于耳；汝心之言，发窍于

---

① （宋）陈淳：《北溪字义》，第11页。
② 《答杨子直》，《晦庵先生朱文公文集》卷四十五，《朱子全书》第22册，第2072页。
③ 《朱子语类》卷九十六，《朱子全书》第17册，第3238页。
④ 《王阳明全集》卷三，第90—91页。

口；汝心之动，发窍于四肢。若无汝心，便无耳目口鼻。所谓汝心，亦**不专是那一团血肉**，若是那一团血肉，如今已死的人，那一团血肉还在，缘何不能视听言动？**所谓汝心，却是那能视听言动的。这个便是性，便是天理。**有这个性，才能生。这性之生理便谓之仁，这性之生理，发在目便视，发在耳便听，发在口便言，发在四肢便动，都只是那天理发生，**以其主宰一身故谓之心。这心之本体原只是个天理，原无非礼。**①

王阳明（1472—1529）在这里除了阐发身心不二之外，着意强调的身之主宰谓之心，实不出朱子身在心在之意。

心既然是个"活物"，忽然出，忽然入，时在此，时在彼，则如何"要在腔子里"？说"心要在腔子里"，并不就是说作为五脏之一的心要在腔子里，那是解剖学上的一个事实，不言自明。这里的"在之中"根本就不是一种现成的空间性关系。那么，如何理解"在之中"呢？

身体现象学告诉我们，"心"之在"身"之中，大致有以下三种情形：（1）定位于身体某个部位之中的基本感受（localized sensations），诸如，头疼、腹疼是定位于头部、腹部之疼，手痒、脚痒是定位于手部、脚部之痒。此种类型的感受、知觉本身就是定位于身体之中的感知，可谓体知的原型。显然，神明不测之心并没有定位于腔子的某个部位之中，但这并不意味着心可以离开腔子而存在（无身则无心）。（2）通过身体某个部位表达自身的"心情"，诸如，某人高兴得手舞足蹈，此处手舞足蹈即是"心情"高兴之表达，在此之外，并没有一种"私人语言"式的心情秘而不宣。但我们并不能因此就把"高兴"定位在手与足上面。又如，某人羞得脸红，以手掩面。脸红、以手掩面本身就构成了羞的一个环节，但我们并不能因此而将"羞"定位于脸上

---

① 《王阳明全集》卷一，第36页。

面。我们从来不会说诸如"我的手足很高兴"、"我的脸很羞"之类的话。显然,说"心在腔子里",也不是说"心"在某个身子部位中表达自己。(3)非定位化的浑然之身的感受,诸如,情绪、乏力感、活力感,我们既无法将之定位于身子的某个部位,也不能说它们通过身体的某个部位或动作得以表达。但这绝不意味着它们可以与身子脱开干系,毋宁说,它们是弥漫周身的。所谓浑身不舒服,既不是说头不舒服、脚不舒服,也不是在头、脚等身体之外有个"不舒服"的感觉。说浑身通泰,亦复如此。

那么,心在腔子之中,是不是即是心弥漫于腔子中、充盈于腔子中?所谓"浑身是心"?所谓"盈于人身"?听听朱子是如何说的:

> 惟是此心之灵,既曰一身之主,苟得其正,而无不在是,则耳目口鼻、四肢百骸,莫不有所听命以供其事,而其动静语默,出入起居,惟吾所使,而无不合于理。如其不然,则身在于此,而心驰于彼,血肉之躯,无所管摄。①

心在腔子中,即是耳目口鼻、四肢百骸皆为"心"所充盈,这个"在之中"在根本上是一个修身的活动、养身的活动。这个"在之中"是"充盈"于其中、"主宰"于其中、"关摄"于其中。说到底,心在腔子中是一种工夫修为,是让"心"弥漫于四肢百骸、视听言动之中。朱子曾用一字概之:

> 或问:"心要在腔子里,如何得在腔子里?"曰:"敬,便在腔子里。"又问:"如何得会敬?"曰:"只管怎地衮做甚么?才说

---
① 《大学或问》,《朱子全书》第6册,第535页。

到敬，便是更无可说。"①

不过，朱子最终还是对这个无可说的"敬"加以点明："敬只是提起这心，莫教放散。"②那么，"敬"之门径如何？

（二）内外交相养：身心修炼之道

"敬"，心"便在腔子里"。"敬"无疑是指心态之高度凝敛、专一。然而，"心体难存易放"，故持敬工夫往往是从身上入手，从腔子入手："初学工夫，茫然未有下手处，只就此威仪容貌、心体发用最亲切处，矜持收敛，令其节节入于规矩，则此心自无毫发顷刻得以走作间断，不期存而无不存矣。"③于是，传统之"六艺"（礼、乐、射、御、书、数）样样都是"心要在腔子里"的活动。孔子讲"兴于诗，立于礼，成于乐"，朱子认为此处"兴"、"立"、"成"皆是养心之活动，是兴此心、立此心、成此心。而此种种养心活动却又是通过身体进行的，毕竟习乐、诵诗、学舞关涉声音节奏、视听言动："诗本性情……吟咏之间，抑扬反复，其感人又易入。故学者之初，所以兴起其好善恶恶之心，而不能自已者，必于此得之"；"礼以恭敬辞逊为本，而有节文度数之详，可以固人肌肤之会、筋骸之束。故学者之中，所以能卓然自立而不为事物之所摇夺者，必于此而得之"；"乐有五声十二律，更唱迭和，以为歌舞八音之节，可以养人之性情，而荡涤其邪秽，消

---

① 《朱子语类》卷九十六，《朱子全书》第17册，第323页。参见朱子高徒陈淳之说："程子曰：人有四百四病，皆不由自家。只是心须教由自家。盖心之为物，虚灵知觉，所以为一身之主宰也。身无此为之主宰，则四支百体皆无所管摄，视必不见，听必不闻，食必不知其味矣。然所以为心者，又当由我有以主宰之。我若何而主宰之乎？所谓敬者，又一心之主宰也。"（[宋]陈淳：《答林司户二》，《北溪大全集》卷二十九，收入《文渊阁四库全书》第1168册，第728页）

② 《朱子语类》卷一百一十五，《朱子全书》第18册，第3638页。

③ （明）张岳撰，林海权、徐启庭点校：《小山类稿》卷十八，福建人民出版社2000年版，第348页。

融其查滓,故学者之终,所以至于义精仁熟而自和顺于道德者,必于此而得之,是学之成也"。① 这完全是身心交养的活动,并不能简单地从社会规范之内在化去理解。

朱子之说实出自小程子,小程子有言:"古人有声音以养其耳,采色以养其目,舞蹈以养其血脉,威仪以养其四体。今之人只有理义以养心,又不知求。"② 皆云程朱喜静坐,静坐实是不得已也,古人之"声音"、"采色"、"舞蹈"、"威仪"与"心"之交相养之道,"今皆无之",静坐遂成收敛身心之主要途径了。朱子尚撰《敬斋箴》阐发"敬"之"主一":

> 正其衣冠,尊其瞻视。潜心以居,对越上帝。足容必重,手容必恭。择地而蹈,折旋蚁封。出门如宾,承事如祭。战战兢兢,罔敢或易。守口如瓶,防意如城。③

"养耳"、"养声"、"养血脉"、"养四体"都属于"正说";而"非礼勿视,非礼勿听,非礼勿言,非礼勿动"则属于"负说"。对此"负说",小程子的解读是:"四者身之用也,由乎中而应乎外,制于外所以养其中也。"④ 为此,小程子专门制定了"四箴"(视箴、听箴、言箴、动箴)以"制于外所以养其中"。

朱子对于脱离"制于外"而奢谈"养其中"颇多微词,认为后者"只说心,不说身","近日学者又有一病,多求于理而不求于事,**求于心而不求于身**"。⑤ 在朱子看来脱离开"身学","心学"是无着落的:

---

① 《仪礼经传通解》卷九,《朱子全书》第 2 册,第 404—405 页。
② 《河南程氏遗书》卷二十二上,《二程集》,第 277 页。另参见"五色养其目,声音养其耳,义理养其心,皆是养也"。(《朱子语类》卷九十五,《朱子全书》第 17 册,第 3228 页)
③ 《敬斋箴》,《晦庵先生朱文公文集》卷八十三,《朱子全书》第 24 册,第 3996 页。
④ 《河南程氏文集》卷八,《二程集》,第 588 页。
⑤ 《朱子语类》卷一百二十,《朱子全书》第 18 册,第 3794 页。

> 盖人能制其外，则可以养其内。固是内是本，外是末，但偏说存于中，不说制于外，则无下手脚处，此心便不实。外面尽有过言、过行更不管，却云吾正其心，有此理否？①

明代朱学大儒张岳（1492—1552）曾依《礼记》等典籍辑《威仪动作之节》一文，对容体、颜色、辞令详加界定，举凡足、手、目、口、声、头、气、立、色、坐、行，种种言行举止均在规范之列。并有评曰：

> 古人自起居饮食、事亲敬长，以至应事接物，莫不各有其法。然随事着见，应用有时，惟动作威仪之节之在人身，有不可以须臾离者。**故学者内既知所存心矣，又必致谨乎此，使一身之动，咸中节文，则心体之存乎内者，益以纯固矣。此内外交相养之法。**惟实用其力，渐见功效者，然后有以深信其必然，非空言所能喻也。②

这种身心交养工夫，即便在张扬心学的王阳明那里依然有所承继，当今讨论王阳明工夫论者对此多视而不见：

> 其栽培涵养之方，则宜诱之歌诗以发其志意，导之习礼以肃其威仪，讽之读书以开其知觉。今人往往以歌诗习礼为不切时务，此皆末俗庸鄙之见，乌足以知**古人立教之意**哉！……故凡诱之歌诗者，非但发其志意而已，亦所以泄其跳号呼啸于咏歌，宣其幽抑结滞于音节也；导之习礼者，非但肃其威仪而已，亦所以周旋揖让而动荡其血脉，拜起屈伸而固束其筋骸也；讽之读书者，非但开其知觉而已，亦所以沈潜反复而存其心，抑扬讽诵以宣其志

---

① 《朱子语类》卷一百二十，《朱子全书》第18册，第3795页。
② （明）张岳撰，林海权、徐启庭点校：《小山类稿》卷十八，第344页。

也：凡此皆所以顺导其志意，调理其性情，潜消其鄙吝，默化其粗顽，日使之渐于礼义而不苦其难，入于中和而不知其故，是盖先王立教之微意也。①

这里的"歌诗—习礼—读书"三位一体教学法与程朱之身心交养法是完全一致的，而遥契于孔门"兴于诗，立于礼，成于乐"之家法。②

不过，王阳明对**"身上如何用得功夫"**之问题的回答终究是扣紧在"心"上：

> 《大学》之所谓身，即耳目口鼻四肢是也。欲修身，便是要目非礼勿视，耳非礼勿听，口非礼勿言，四肢非礼勿动。要修这个**身，身上如何用得功夫**？心者身之主宰。目虽视而所以视者心也，耳虽听而所以听者心也，口与四肢虽言动而所以言动者心也。故欲修身在于体当自家心体，常令廓然大公，无有些子不正处。主宰一正，则发窍于目，自无非礼之视；发窍于耳，自无非礼之听；发窍于口与四肢，自无非礼之言动：此便是**修身在正其心**。③

---

① 《训蒙大意示教读刘伯颂等》，《王阳明全集》卷二，第87—88页。

② 王阳明还亲撰《教约》，对歌诗、习礼、读书加以详细规范，其要曰："凡歌诗须要**整容定气**，清朗其声音，均审其节调；毋躁而急，毋荡而嚣，毋馁而慑。**久则精神宣畅，心气和平矣**。每学量童生多寡，分为四班，每日轮一班歌诗；其余皆就席，**敛容肃听**。每五日则总四班递歌于本学。每朔望，集各学会歌于书院。凡习礼，须要澄心肃虑，审其**仪节**，度其**容止**；毋忽而惰，毋沮而怍，毋径而野；从容而不失之迂缓，修谨而不失之拘局。久则礼貌习熟，德性坚定矣。童生班次，皆如歌诗。每间一日，则轮一班习礼。其余皆就席，**敛容肃观**。习礼之日，免其课仿。每十日则总四班递习于本学。每朔望，则集各学会习于书院。凡授书不在徒多，但贵精熟。量其资禀，能二百字者，止可授以一百字。常使精神力量有余，则无厌苦之患，而有自得之美。讽诵之际，务令专心一志，口诵心惟，字字句句紬绎反复，抑扬其音节，宽虚其心意，**久则义礼浃洽，聪明日开矣**。"（《王阳明全集》卷二，第89页）对于"六艺"在先秦儒学修身中的地位与作用，参见杜维明：《孟子思想中的人的观念：中国美学探讨》，收入郭齐勇、郑文龙编：《杜维明文集》，第284—289页。

③ 《王阳明全集》卷三，第119页。

"身上如何用得功夫"以及"修身在正其心"的说法，与朱子格致说确实存在路数之别，此自毋庸置疑。但"戒慎不睹，恐惧不闻"之"体当"功夫实际上仍不出朱子"提起这心，莫教放散"之"敬"的范畴。唯在朱子处，"敬"不止是"主一无适"之"心态"，亦兼有"整齐严肃"之"身姿"。严威俨恪，虽非敬本身，但致敬却由此入手，"未有貌箕踞而心敬者"。而在王阳明处，则担心一味溺于"身姿"之修炼，难免堕入"扮戏子"与"义袭于外"之嫌疑①，故纠之以"心上用功"。

其实，在程朱那里，"敬"作为"心要在腔子里"的主要工夫，必牵涉两个主要面向，一是身态的修炼，一是心态的收敛。此本是鸟之两翼、车之两轮，相辅相成，内外呼应。倘若说程朱对六艺的解释着眼于身态的修炼，那么对"好好色"与"恶恶臭"的诠释则注重的是心态的调整。

……使其恶恶则如恶恶臭，好善则如好好色，皆务决去，而求必得之，以自快足于己，不可徒苟且，以殉外而为人也。然其实与不实，盖有他人所不及知而己独知之者，故必谨之于此以审其几焉。

……而凡其心之所发，如曰好善，则必由中及外，无一毫之不好也；如曰恶恶，则必由中及外，无一毫之不恶也。夫好善而中无不好，则其好之也，如好好色之真，欲以快乎己之目，初非为人而好之也；恶恶而中无不恶，则是其恶之也，如恶恶臭之真，欲以足乎己之鼻，初非为人而恶之也。所发之实，既如此矣，而须臾之顷，纤芥之微，念念相承，又无敢有少间断焉，则庶乎内

---

① "若只是那些仪节求得是当，便谓至善，**即如今扮戏子**，扮得许多温清奉养的仪节是当，亦可谓之至善矣。"（《王阳明全集》卷一，第3页）后儒朱舜水讥朱子"足容必重，手容必恭"为**"俨然泥塑木雕**，岂复可行于世！"其立意又与阳明迥异。见氏著：《答安东守约书三十首》，《朱舜水集》卷七，中华书局1981年版，第190页。

外昭融，表里澄澈，而心无不正，身无不修矣。①

王阳明后来揪住《大学》这个话头不放，立自家知行合一宗旨。这固然不合于朱子知行"互发并进"说，但其强调**紧切着实的功夫**，与**朱子为己而不为人、表里澄澈**之立论实并无二致：

> "如好好色，如恶恶臭。"见好色属知，好好色属行，只见那好色时已自好了，不是见了后又立个心去好。闻恶臭属知，恶恶臭属行，只闻那恶臭时已自恶了，不是闻了后别立个心去恶。如鼻塞人虽见恶臭在前，鼻中不曾闻得，便亦不甚恶，亦只是不曾知臭。就如称某人知孝某人知弟，必是其人已曾行孝行弟，方可称他为知孝知弟；不成只是晓得说些孝弟的话，便可称为孝弟？又如知痛，必已自痛了方知痛；知寒，必已自寒了；知饥，必已是自饥了；知行如何分得开？……圣人教人，必要是如此，方可谓之知。②

"如好好色，如恶恶臭"之诚意功夫，实际上是纯化意志。让善良意志真实无妄。在这一点上，清儒颇得其意：

> "诚意"章，从朱子后总说不明白……诚意之意，即是好善恶恶之意，非善恶之念也。好善恶恶，自途人至于圣人皆有之，只是人不能诚。已好善矣，却不能如好好色，则好之中犹有不好者存，而不能求必得之矣。已恶恶矣，却不能如恶恶臭，则恶之中犹有不恶者存，而不能务决去之矣。夫好善恶不善，是自己明

---

① 《大学或问》，《朱子全书》第6册，第533页。
② 《王阳明全集》卷一，第4页。

知其当好、当恶，却不肯好之、恶之，以至十分真实，非自欺而何？果能真实务决去，而求必得之，乃为实用其力。此处"诚"字，切莫对伪妄说，只对"虚"字说。自欺，只是不结结实实的好恶到十分，尚未到如下面掩着欺人，以至伪妄也。①

心在腔子中，自然所视、所听，言谈、举止乃至颜色、气象必有一番景象："一退一进，一俯一仰，耳目所加，手足所措，盖有妙理存焉。"②此处所谓的"妙理"不是悬空的抽象理则，而是体现于身体之中的艺术，亦是孟子所说的"践形"③，所谓"其生色也，睟然见于面，盎于背，施于四体，四体不言而喻"。朱子在《四书章句集注》中释此条目曰："四体虽不能言，而其理自可晓也。"显然，此解并未完全切中孟子身心浑然一如之功夫，而有隔于孟子工夫纯熟后之浑融气象。后来，朱子亦觉其不妥："近看得似未安，恐只是说四体不待安排而自然中礼也。"④纯熟功夫实际上就是学习的功夫、练习的功夫。如书法家之挥笔、如大匠之运斤，皆由生疏到纯熟，由刻意到无心，清儒张履祥善发朱子此意：

　　四体不言而喻，功夫纯熟后，自有不知不觉从容和节之妙。正如写字一般，其初写，仿却恁用意，到得熟后，自然动合法度也。御者得心应手，大匠运斤成风，可谓善于形容矣。⑤

---

① （清）李光地撰，陈祖武点校：《榕村语录 榕村续语录》，中华书局1995年版，第13页。
② 《论语精义》，《朱子全书》第7册，第640页。
③ 杨儒宾：《儒家身体观》，第129—172页。
④ 《答欧阳希逊》，《晦庵先生朱文公文集》卷六十一，《朱子全书》第23册，第2952页。今本《四书集注》释"四体不言而喻"为"四体不言而喻，言四体不待吾言，而自能晓吾意也"。另参见：问："四体不言而喻"。曰："是四体不待命令而自如此。谓'手容恭'，不待自家教他恭而自然恭；'足容重'，不待自家教他重而自然重，不待教他如此而自然如此。"（《朱子语类》卷六十，《朱子全书》第16册，第1959页）
⑤ （清）张履祥撰，陈祖武点校：《杨园先生全集》卷三十九，中华书局2002年版，第1074页。

从"礼乐不可斯须去身"、"不知礼,则耳目无所加,手足无所措"到"不待安排而自然中礼",不难看出儒学"知礼"之"知"完全是"体知"。① 孔子之"从心所欲而不逾矩"显示出此种"知"所能达到的"出神入化"之境界,其举手投足、凝眉注目无不为内心道理流行之体现"心要在腔子里"最终必在身体上有所展现,《论语·乡党》所记载孔子之颜色与举止,即是"心在腔子里"之典范。②

二、满腔子是恻隐之心

(一)"满腔子"之"满"

《朱子语类》中多处谈及"满腔子是恻隐之心",且颇多发明:

> 问:"'满腔子是恻隐之心。'只是此心常存,才有一分私意,便阙了他一分。"曰:"只是**满**这个躯壳,都是恻隐之心。才筑着,便是这个物事出来,大感则大应,小感则小应。恰似大段痛伤固是痛,只如针子略挑,血也出,也便痛。故日用所当应接,**更无些子间隔**。痒痾疾痛,莫不相关。才是有些子不通,便是被些私意隔了。"③

> "腔子,身里也,言满身里皆恻隐之心。心在腔子里,亦如云心只是在身里。"问:"心所发处不一,便说恻隐,如何?"曰:"恻隐之心,**浑身皆是,无处不发**。如见赤子有恻隐之心,见一蚁子亦岂无此心!"④

---

① 《论语集注》,《朱子全书》第 6 册, 第 241 页。
② 有关儒家身心修炼,参见彭国翔:《儒家传统:宗教与人文主义之间》,北京大学出版社 2007 年版。
③ 《朱子语类》卷五十三,《朱子全书》第 15 册, 第 1759—1760 页。
④ 《朱子语类》卷五十三,《朱子全书》第 15 册, 第 1760 页。

"满腔子是恻隐之心。"不特是恻隐之心,满腔子是羞恶之心,满腔子是辞逊之心,满腔子是是非之心。**弥满充实,都无空阙处。**"满腔子是恻隐之心",如将刀割着固是痛,若将针劄着也痛,如烂打一顿固是痛,便轻掐一下也痛,此类可见。①

此三段话语,皆着重强调恻隐之心充满身子,"满这个躯壳"、"浑身皆是"、"弥满充实",此种种说法,皆在强调恻隐之心如何与"腔子"("身子")浑然交融、充塞无间。"满"字颇堪玩味:"满"是"无间隔"、"无空阙处",由此"满",故"通体"都是"感通之体",浑身都是"感通之身";"满"是"充溢"、"充实",故必周流不已,"无处不发";"满"也是"贯通",正如脉理贯通乎一身一样,"仁之理"亦贯通乎一身、贯通乎腔子。②"满腔子"遂挺立为即感即应的感通之身。

问:"恻隐之心,固是人心之懿,因物感而发见处。前辈令以此操而存之,充而达之。不知如何要常存得此心?"曰:"**此心因物方感得出来,如何强要寻讨出?**此心常存在这里,只是因感时识得此体。平时**敬以存之,久久会熟。**善端发处,益见得分晓,则存养之功益有所施矣。"又问:"要恻隐之心常存,莫只是要得此心常有发生意否?"曰:"四端中,羞恶、辞让、是非亦因事而发尔。此心未当起羞恶之时,而强要憎恶那人,便不可。如恻隐,亦**因有感而始见,欲强安排教如此,也不得。**"③

此段旨在突出恻隐之心的"敬存"之道。此感通之身无须事先安排,只须时时敬存,纯熟之后,自然因物感而应,随时、随处应事而发。

---

① 《朱子语类》卷五十三,《朱子全书》第15册,第1761页。
② 《朱子语类》卷九十七,《朱子全书》第17册,第3268页。
③ 《朱子语类》卷五十三,《朱子全书》第15册,第1761页。

（二）为何只提"恻隐之心"？

既然，不特是恻隐之心，满腔子也是羞恶之心、辞逊之心、是非之心，那么为何偏偏拈出个恻隐之心呢？难道只是出于行文的方便？抑或还有深意在焉？当初，谢上蔡（1050—1103）见程明道（1032—1085），举史文成诵，不遗一字，颇为自负。孰料遭到明道讥讽："贤却记得许多，可谓玩物丧志！"上蔡闻之，汗流浃背，面发赤色，明道云："此便见得恻隐之心。"此明明是闻过而惭皇，"自是羞恶之心"，何以明道偏偏却说"见得恻隐之心"呢？换言之，**孟子之四端是不是平铺、并置的？抑或是纵向的、统贯的？**这个问题值得认真追究。通检朱子相关论述，恻隐为首的意义大致有两方面的意思。

其一，恻隐之心是"动端"，有之，则动，无之，则不会动。

> 黄景申嵩老问："仁兼四端意思，理会不透。"曰："谢上蔡见明道先生，举史文成诵，明道谓其'玩物丧志'，上蔡汗流浃背，面发赤色，明道云：'此便见得恻隐之心。'公且道上蔡闻得过失，怎地惭皇，自是羞恶之心，如何却说道'见得恻隐之心'？公试思。"久之，先生曰：**"惟是有恻隐之心，方会动。若无恻隐之心，却不会动。**惟是先动了，方始有羞恶，方始有恭敬，方始有是非，动处便是恻隐。若不会动，却不成人。若不从动处发出，所谓羞恶者非羞恶，所谓恭敬者非恭敬，所谓是非者非是非。天地生生之理，这些动意未尝止息，看如何梏亡，亦未尝尽消灭，自是有时而动，学者只怕间断了。"①

恻隐之心，头尾都是恻隐。三者则头是恻隐，尾是羞恶、辞逊、是非。若不是恻隐，则三者都是死物。**盖恻隐是个头子，羞**

---

① 《朱子语类》卷五十三，《朱子全书》第15册，第1776—1777页。

恶、辞逊、是非便从这里发来。①

"三者则头是恻隐，尾是羞恶、辞逊、是非"，说明三者的"起处"、"发动处"是一致的，均源于恻隐之心。恻隐之心是"动"之"端"，只有恻隐之心动了，其他三者才能随之而发。"头子"是"动"的开始，谁在"动"？自然是"性"在动，"性"在何处"动"？自然是在"心"动。这是朱子性体情用、心统性情义理架构之表现。用朱子本人的话说，"动处是心，动底是性"②。

> 问："明道先生以上蔡面赤为恻隐之心，何也？"曰：**"指其动处而言之，只是羞恶之心。然恻隐之心必须动，则方有羞恶之心。**如肃然恭敬，其中必动。羞恶、恭敬、是非之心，皆自仁中出。故仁，专言则包四者，是个蒂子。**无仁则麻痹死了，安有羞恶恭敬是非之心！仁则有知觉，痒则觉得痒，痛则觉得痛，痒痛虽不同，其觉则一也。"**又问："若指动言仁，则近禅。"曰："这个如何占得断！是天下公共底。释氏也窥见些子，只是他只知得这个，合恻隐底不恻隐，合羞恶底不羞恶，合恭敬底不恭敬。"又问："他却无恻隐、羞恶、恭敬、是非？"曰："然。"③

从"初动处"挺立"恻隐之心"的首要地位，恻隐之心必先起动，其他三心才能动。恻隐是仁心"跃动"之源头，而其所以拥有如此优先之地位，在于它是生命的觉情，是仁的觉情，"仁"是在"恻隐"这里得到觉醒，没有这个觉情之首发，其他三心无从发出。这是朱子恻隐首端论的一个重要意思。与此相关的论说甚多：

---

① 《朱子语类》卷五十三，《朱子全书》第15册，第1762页。
② 《朱子语类》卷五，《朱子全书》第14册，第223页。
③ 《朱子语类》卷五十三，《朱子全书》第15册，第1777页。

> 方其乍见孺子入井时，也着脚手不得。纵有许多私意，要誉乡党之类，也未暇思量到。但更迟霎时，则了不得也。是非、辞逊、羞恶，虽是与恻隐并说，**但此三者皆自恻隐中发出来。因有恻隐后，方有此三者。恻隐比三者又较大得些子。**①

> 问："恻隐之心，如何包得四端？"曰："恻隐便是**初动**时，**羞恶、是非、恭敬，亦须是这个先动一动了，方会恁地，只于动处便见。**譬如四时，若不是有春生之气，夏来长个甚么？秋时又把甚收？冬时又把甚藏？"②

> 问："仁包四者。然恻隐之端，如何贯得是非、羞恶、辞逊之类？"曰："恻隐只是**动处。接事物时，皆是此心先拥出来，其间却自有羞恶、是非之别，所以恻隐又贯四端**……"③

在这里"恻隐比三者又较大得些子"、"恻隐便是初动时"、"恻隐只是动处"等等说法，显然皆是从**发生的次第**上而言的。恻隐之心是整个道德本心的最初发动处，是非、辞逊、羞恶是奠定在恻隐之心基础上发生的。倘若一个人丧失了对他人苦乐的感同身受的能力，一切道德活动便丧失了源头活水，羞恶、恭敬、是非遂仅有其名无其实：羞恶者非羞恶，恭敬者非恭敬，是非者非是非。

其二，恻隐是通贯的一端，贯通四端之头尾。

> 恻隐是个脑子，羞恶、辞逊、是非须从这里发来。若非恻隐，三者俱是死物了。**恻隐之心，通贯此三者。**④

> 只是谢显道闻明道之言，动一动。为它闻言而动，便是好处，

---

① 《朱子语类》卷五十三，《朱子全书》第 15 册，第 1758 页。
② 《朱子语类》卷五十三，《朱子全书》第 15 册，第 1766 页。
③ 《朱子语类》卷九十五，《朱子全书》第 17 册，第 3183 页。
④ 《朱子语类》卷五十三，《朱子全书》第 15 册，第 1766—1767 页。

却不可言学者必欲其动。**且如恻隐、羞恶、辞逊、是非，不是四件物，合下都有。**"偏言则一事，总言则包四者"，触其一则心皆随之。言"恻隐之心"，则羞恶、辞逊、是非在其中矣。①

显然，"恻隐之心通贯此三者"、"合下都有"等说法**看似**与上述"次第说"、"头尾说"稍有变化。这个变化在下面的条目中表现得**似乎**更加显豁：

问："仁包四者，只就生意上看否？"曰："统是一个生意。如四时，只初生底便是春，夏天长，亦只是长这生底；秋天成，亦只是遂这生底，若割断便死了，不能成遂矣；冬天坚实，亦只是实这生底。如谷九分熟，一分未熟，若割断，亦死了。到十分熟，方割来，这生意又藏在里面。明年熟，亦只是这个生。**如恻隐、羞恶、辞逊、是非，都是一个生意。当恻隐，若无生意，这里便死了，亦不解恻隐**；当羞恶，若无生意，这里便死了，亦不解羞恶。这里无生意，亦不解辞逊，亦不解是非，心都无活底意思。"②

大凡人心中皆有仁义礼智，然元只是一物，发用出来，自然成四派。如破梨相似，破开成四片。如东对着西，便有南北相对；仁对着义，便有礼智相对。以一岁言之，便有寒暑；以气言之，便有春夏秋冬；以五行言之，便有金木水火土。且如阴阳之间，尽有次第。大寒后，不成便热？须是且做个春温，渐次到热田地。大热后，不成便寒？须是且做个秋凉，渐次到寒田地。所以仁义礼智自成四派，各有界限。仁流行到那田地时，义处便成义，礼、智处便成礼、智。且如万物收藏，何尝休了，都有生意

---

① 《朱子语类》卷九十七，《朱子全书》第17册，第3281页。
② 《朱子语类》卷九十五，《朱子全书》第17册，第3180页。

在里面。**如谷种、桃仁、杏仁之类,种着便生,不是死物,所以名之曰"仁",见得都是生意。如春之生物,夏是生物之盛,秋是生意渐渐收敛,冬是生意收藏。**①

这里,朱子不再坚持"恻隐之心必须动,则方有羞恶之心",而是将四端并置,另在四者之上立一"生意"之目。"生意"是"性"之生意,是"仁理"之生意,犹如谷种、桃仁、杏仁一样,唯其有"生意",才能自然生发出来。"当恻隐,若无生意,这里便死了,亦不解恻隐"这一说法看似表明,"生意"是比恻隐之心更为基本的东西。其实,仔细体味朱子的语脉,"生意"与"恻隐"只是各有侧重而已:"恻隐"凸现了心理感受的一面、觉情的一面,而"春意"、"生意"则强调出"性理"自发的一面。

因此,严格说来,"次第说"与"并置说"并不相互抵牾,甚至也不是两套不同的说法。无论如何,"生意"统乎"四端",而"四端"之中,尚有前后之别、首末之分:真正之"元端"、"初端"、"首端"是"恻隐之端"。恻隐之心是仁心跃动的最初情态,"若无一个动底醒底在里面,便也不知羞恶,不知辞逊,不知是非"②。

"**通**"、"**动**"、"**醒**"、"**发**"这一系列指点恻隐之心的性状之词,一方面表示出恻隐之心是仁理、生理的活动,天地生物之心在人的恻隐之心中油然而发;另一方面,恻隐亦是人之生存的觉情,这种觉情透过身体表现出来,怵惕恻隐也罢,面红耳赤也罢,肃然恭敬也罢,均显示出这种"动处"的觉情之身体的面向。不仅如此,恻隐之心在根本上还是

---

① 《朱子语类》卷六,《朱子全书》第 14 册,第 254 页。
② 《朱子语类》卷九十五,《朱子全书》第 17 册,第 3179—3180 页。清儒王夫之以"不忍人之心"涵括"全体仁",将四端皆视为从此一不忍人之心上发起:"怵惕恻隐之心"是偶然发见之几,**不忍**自利伤物,则"羞恶之心"生;**不忍**以气凌人,则"辞让之心"生;**不忍**悖理违众,则"是非之心"生;四端实起于不忍人之心,"所触而异,分之为四也"。王夫之此说可与朱子恻隐首端论合参。参见王夫之:《四书笺解》卷六,《船山全书》第 6 册,岳麓书社 1991 年版,第 294 页。

他人生命进入我的生命关怀之中的原初方式。正是在恻隐之中，他人作为一个生命主体呈现给我，我成了一个与这个生命主体相关的共同体之中的一员。也只有在一个生命共同体之中，辞让、羞恶、是非等价值才有着落。换言之，没有恻隐所敞开的一体相关的共同体意识，辞让、羞恶、是非便无从发生。在这种意义上，恻隐不应被简单地视为与其他人类情感并列的一种情感，而是生存论意义上的人之为人的根本觉情，在这种觉情里面，启示出人之为人的一个基本生存结构，这个生存结构是一**共在**、**共享**与**共属**的结构。"**共在**"，指的是我与他人乃共同存在，"浑然中处"于天地万物之间。即便在我独在的时候，这个他人也隐性地与我共在一起。"**共享**"，指的是我与共在者共同分享生命价值：（1）我与他人拥有共同的价值，所谓人同此心，心同此理；（2）我与他人乃至他物有着共同的怀生畏死心理感受结构。"**共属**"，指的是民胞物与、休戚与共的一体归属性。恻隐之"通"、"动"、"醒"、"发"正是这种"**共在**"、"**共享**"、"**共属**"的觉情。有了这种一体相关的"**共感**"，方有羞恶，方有辞让，方有是非。恻隐为何为首端，端在于此。

（三）到底谁在"动"？

"惟是有恻隐之心，方会动"，显然在朱子那里，仁心的最初发动处即是恻隐之心。一般来说，朱子之"理""无情意，无计度，无造作"，故是"静态的存有原则"，"只存有而不活动"。[①] 然而，我们也不能忽视朱子理之"未动而能动"[②] 的说法，陈淳（1159—1223）的一段话深得朱子首肯，可援以为证：

> 理有能然、有必然、有当然、有自然处，皆须兼之，方于

[①] 李明辉：《四端与七情：关于道德情感的比较哲学探讨》，第351—353页。
[②] 《朱子语类》卷五，《朱子全书》第14册，第232页。

"理"字训义为备否？且举其一二。如恻隐者，气也；**其所以能如是**之恻隐者，理也。盖其中有是理，然后能形诸外，为是事。外不能（为）是事，则是其中无是理矣。此能然处也。又如赤子入井，见之者必恻隐。盖人心是个活物，其感应之理必如此。虽欲忍之，而其中惕然自有所不能以已也。不然，则是槁木死灰，理为有时而息矣。此必然处也。又如赤子入井，则合当为之恻隐。盖人与人类，其待之之理当如此，而不容以不如此也。不然，则是为悖天理而非人类矣。此当然处也……又如所以入井而恻隐者，皆天理之真流行发见，自然而然，非有一毫人伪预乎其间，此自然处也。①

显然，朱子之理实兼"能然"、"必然"、"当然"、"自然"于一身，故其"动"虽说是乘气而动，但此"动"亦是"理"之能如此、**必如此、当如此、自如此**。其实当朱子说"性理"如谷种、桃仁、杏仁之类时，此种隐喻早已暗示出"理"之"能动"的一面，只是这"能动性"必须通过"心"，在"心田"里面滋润、发芽而已。离开"心田"，"性理"固然无从"发"其"芽"，但性理之"发"，最终还是"自发"。用朱子本人的话是"理不容已"。"不容已"即是"自住不得"，即是"无限"，流动无滞，遍润万有。

道德行动的力量源于何处？道德规范固然是一种指令，但人何以会听从这种指令？换言之，这种道德指令性本身即拥有让人顺服的力量吗？抑或在此指令之外，尚须另立情感之力量？西方伦理学在此问题上纠缠甚久，至今莫衷一是。反观宋明儒学，在知行关系问题上面，纵然亦有纷争，但以功夫践履为共同旨趣的理学家们，都会强调知得

---

① （宋）陈淳：《北溪大全集》卷六。朱子读后称曰："**此意甚备。**"（《答陈安淳》，《晦庵先生朱文公文集》卷五十七，《朱子全书》第23册，第2737页。此处所引陈淳文字与《朱子全书》稍有出入）

就要行得。不必提知行合一之阳明，但引三则朱子语录为例：

> 谦请云："知得，须要践履。"曰："不真知得，如何践履得！若是真知，自住不得。"①
> 子善问："见义不为无勇也。"曰："……若论本原上看，则只是知未至。若知至，则当做底事，自然做将去。"②
> 知之而不肯为，亦只是未尝知之耳。③

知而未行只是"知之不切"、"知之不真"、"见之不分明"、"志之不坚"而已。倘若"心在腔子里"，倘若满腔子都是恻隐之心，则万物之生意盎然发于心，随时随事，即感即应。可谓"溥博渊泉，而时出之"。诚如牟宗三先生所言：

> 此中本质的关键仍在良知本身之力量。良知明觉若真通过逆觉体证而被肯认，则它本身即是私欲气质等之大克星，其本身就有一种不容已地要涌现出来的力量。此即阳明所以言知行合一之故，亦即孟子所言之良知良能也。④

此种"不容已地要涌现出来的力量"，自是在逆觉体证中自然呈露，自是"自然不容已"。只不过，朱子讲的是"**理**不容已"，而阳明强调的是"**心**不容已"而已。

回到恻隐之心之"动"的问题上面来。"怵惕恻隐"，怵惕，恐惧、悲伤；恻者，恻然；隐者，痛也。此"动"说到底是"痛感"，这不是

---

① 《朱子语类》卷一百一十六，《朱子全书》第18册，第3658页。
② 《朱子语类》卷二十四，《朱子全书》第14册，第872页。
③ 《朱子语类》卷二十四，《朱子全书》第14册，第809页。
④ 牟宗三：《从陆象山到刘蕺山》，《牟宗三先生全集》第8册，第189页。

定位于身体某个具体部位的痛感，而是整个身心的"震颤"，这是见孺子匍匐入井之际，本心跃动之自然表现。将此"感动"之心，与身子之反应（痛感）分离，则不免有将"心"悬空之嫌疑。对恻隐之心的描述，学界往往注重其中的"心"字，其实这个"心"字必得与"身"字关联，才能见出其精义：

> 今人乍见孺子入井，必然惊呼一声，足便疾行，行到必然挽住，此岂待为乎？此岂知有善而行之者乎？故有目击时事，危论昌言者，就是只一呼；拯民之溺八年于外者，就是只疾行；哀此茕独者，就是只一挽……①

口之呼，足之行，手之挽，身动如此！而此当下、自然而发的身动其始动处即在那心头一震。"怵惕恻隐"，无有怵惕，何来恻隐？**除却心头一震，吾人不复体认良知是何物。**心头一震实是身心一震。一个没有肉身的纯粹意识是绝不会怵惕恻隐的，也绝不会有什么心头一震。朱子"仁有知觉"之说法（"仁则有知觉，痒则觉得痒，痛则觉得痛，痒痛虽不同，其觉则一也"）看似与朱子反复批评的杨龟山（1053—1135）、谢上蔡的观点甚近，以致引起弟子"若指动言仁，则近禅"之疑惑。朱子一直严守人心、道心之界限，其见道固然可谓分明，但说得过于分析，刘蕺山（1578—1645）对此的批评切中要害：

> 满腔子皆恻隐之心，以人身八万四千毫窍，在在灵通，知痛痒也。只此知痛痒心便是恻隐之心。凡乍见孺子感动之心，皆从知痛痒心一体分出来。朱子云："知痛是人心，恻隐是道心。"**太分析**。②

---

① 《明儒学案》卷三十六，《黄宗羲全集》第 8 册，第 114 页。
② 《明儒学案》卷六十二，《黄宗羲全集》第 8 册，第 906 页。

"太分析",何谓也?此固与朱子之义理框架有关。朱子严辨性情,以未发/已发、静/动、体/用、理/气之类范畴标识之。四端既然被判为"情",属于"已发"、"动"、"用"、"气",则必在其上安立一"未发"、"静"、"体"之"性理"(仁理)以统摄之。其实"汗流浃背,面色发赤"又何尝不是身心之"动"?"人之知非而耻者,必惕然动乎中,赧然见乎色,瞿然见乎四体。"①

> 孟子之言,明白显易,因恻隐、羞恶、恭敬、是非之发,而名之为仁义礼智,离情无以见性,仁义礼智是后起之名,故曰仁义礼智根于心。若恻隐、羞恶、恭敬、是非之先,另有源头为仁义礼智,则当云心根于仁义礼智矣。是故性情二字,**分析不得**,此理气合一之说也。②

舍四端无以见性,仁义礼智之名因四端而"后有",并非在四端之前还有一个仁义礼智在中。此是刘宗周、黄宗羲师徒的看法,在笔者看来,这种看法更能彰显身心交融之特征。要之,儒家之道德意识一定是具身意识(embodied consciousness),是嵌在身体之中的觉情。

三、"大其心"与"大腔子"

(一)大其心

在理学论说之中,"大其心"的说法出自张载("**大其心**,则能

---

① (宋)范浚:《香溪文集》,见《宋元学案》卷四十五,《黄宗羲全集》第 4 册,第 756 页。
② 《孟子师说》,"公都子问性章",《黄宗羲全集》第 1 册,第 136 页。又参见:"满腔子是恻隐之心,此意周流而无间断,即未发之喜怒哀乐是也。遇有感触,忽然迸出来,无内外之可言也。先儒言恻隐之有根源,未尝不是,但不可言发者是情,存者是性耳。扩充之道,存养此心,使之周流不息,则发政施仁,无一非不忍人之心矣。"(《孟子师说》,《黄宗羲全集》第 1 册,第 69 页)

遍体天下之物")与程颢("须是**大其心**使开阔")。朱子的解读多从"理"字着眼,突出其心理流行、遍体万物之意:"大其心,则能遍体天下之物。"体,犹"仁体事而无不在",言心理流行,脉络贯通,无有不到。"苟一物有未体,则便有不到处。包括不尽,是心为有外。"①因此,"大其心"即是大其心量、开阔心胸,毕竟此心之量,本足以包括天地,兼利万物。只是人自不能充满其量,所以推不去。或能推之于一家,而不能推之于一国;或能推之于一国,而不足以及天下,此皆是未尽其本然之量。须是充满其量,自然足以保四海。②

如所周知,朱子对以觉言仁颇为警惕,而与大程子的识仁路数判然有别。后者以身子的觉情来体证"大腔子",亲切、帖实,其高足杨龟山颇得真传:

> 李似祖、曹令德皆龟山弟子,尝问龟山何以知仁。龟山曰:"孟子以恻隐之心为仁之端,平居但以此体究,久久自见。"因问似祖、令德寻常如何说隐。似祖曰:"如有隐忧,勤恤民隐,皆疾痛之谓也。"曰:"孺子将入于井,而人见之者必有恻隐之心,疾痛非在己也而为之疾痛,何也?"似祖曰:"出于自然不可已也。"曰:"安得自然如此?若体究此理,知其所从来,则仁之道不远矣。"二人退,或从容问曰:"万物与我为一,其仁之体乎?"曰:"然。"③

其实朱子虽对以觉言仁一直保持克制,但对"知痛痒"、"能知觉"并非一味排斥,而只是坚持"觉是觉于理"。④ 对于大程子"切脉体仁",

---

① 《朱子语类》卷九十八,《朱子全书》第17册,第3310页。又"'心大则百物皆备',通,只是透得那道理去"。(《朱子语类》卷九十八,《朱子全书》第17册,第3323页)"脱然有贯通处。"(《朱子语类》卷九十八,《朱子全书》第17册,第3337页)
② 《朱子语类》卷五十三,《朱子全集》,第15册,第1772—1773页。
③ (宋)杨时:《龟山集》卷十一,收入《文渊阁四库全书》1125册,第209页。
④ 《朱子语类》卷三十三,《朱子全书》第15册,第1196页。

朱子与弟子曾专门拈出来研究,"脉理贯通乎一身,仁之理亦是恁地"①。由程子"满腔子是恻隐之心",必会体认其中"自然不可已"之力量,亦必会体悟万物一体之仁:

> 满腔子是恻隐之心,此是就人身上指出此理充塞处,最为亲切。若于此见得,即万物一体,更无内外之别。若见不得,却去腔子外寻不见,即莽莽荡荡,无交涉矣。②

在讨论王弼（226—249）"圣人体无"命题时,杜维明先生曾指出,"体"所具有的自体、自证的体知色彩③,张载（1020—1077）所说的"遍体天下之物"以及朱子这里所说的在人身上见得生理充塞处,皆强调"大其心"不是意识关注对象的无限扩张,将天地万物均纳入意识的相关项（noema）,而是透过身子与天地万物相感相应的切身感受。在理学家看来,人之所以不能"遍体天下之物",不是因为认识能力的限制,而是因为"私意间隔"、"物我对立"、"内外扞格"。**一个人固然可以纵其耳目,将天地之声色纳入其视听之中,亦可纵其心思,将万物纳入自家意识之中,但我们却并不能因此就说该人即是"遍体天下万物"了。"遍体"首先是自家身子与天地万物之间具有内在的**

---

① 《朱子语类》卷九十七,《朱子全书》第 17 册,第 3268 页。
② 《答张敬夫问目》,《晦庵先生朱文公文集》卷三十二,《朱子全书》第 21 册,第 1399 页。另参见 "夫仁者,天地生物之心,而人生所得以为心者……人惟己私蔽之,是以生道息而天理隔,遂顽然不识痛痒而为忍人。人之所以体乎仁者,必此身私欲净尽,廓然无以蔽其所得天地生物之体,其中真诚恳恻,蔼然万物之春意常存,彻表彻里,彻具彻细,彻终彻始,浑是天理流行,无一处不匝,无一处不到,无一息不贯,如一元之气流行无间断,乃可以当浑然之全体而无愧。若一处稍有病痛,一微细事照管不到,一顷刻稍有间断,则此意便矣。私意行而生道息,理便不流通,便是顽麻绝爱处,乌得浑全是仁? 如人之一身,浑是血气周流,便是纯无病人;才一指血脉不到,便是顽麻不仁处"。（《答陈安卿》,《晦庵先生朱文公文集》卷五十七,《朱子全书》第 23 册,第 2707—2708 页）
③ 杜维明:《魏晋玄学中的体验思想——试论王弼"圣人体无"观念的哲学意义》,收入郭齐勇、郑文龙编:《杜维明文集》第五卷,第 67—80 页。

感通性，我"切身"体会到天地万物与我的相关性。这是一种"嵌在"身子之中的疾痛相关的感受。① 与这种感受同时而生的乃是一种责任意识、一种关怀意识以及相应的行动。这无疑是一种"体知"，但却不是一种纯粹技能性的知识（know how），在根本上它是一种有深度与厚度的"知"，牵涉到知、情、意各个面向。

（二）大腔子

"大其心"与"大腔子"是一个对子。心大了，腔子也大了。

> 朱子曰："满腔子是恻隐之心"，是就人身上指出此理充塞处，最为亲切。盖天地之心，充塞于人身者，为恻隐之心；人心充塞天地者，即天地之心。人身一小腔子，天地即大腔子也。②

需要指出的是，大腔子、大身子（刘宗周语）固然通过"大其心"得到体证，但此大腔子、大身子却也是存在论（ontology）意义上的实有，这种实有不再只是停留在一气贯通的传统论说上面，而是活生生的、天人浑融的生存论（existential）的大腔子、大身子：

---

① 泰州学派方本庵在解张载"大其心"时即能颇发此意：张载所谓大其心，即孟子尽其心也。大者，非驰骛空虚，但视天下无非我而已。尽者，非穷极分量，但随在不有我而已。仲尼之道，尽于忠恕。忠恕则大其心矣，尽其心矣，与天地万物相流通，而性天现前矣。（《明儒学案》卷三十五，《黄宗羲全集》第8册，第97—98页）

② 此高攀龙语，见《明儒学案》卷五十八，《黄宗羲全集》第8册，第762页。另参见《高子遗书》卷一。高子的学问猛进亦与悟此"大腔子"紧密相关：吾年二十有五，闻令公李元冲与顾泾阳先生讲学，始志于学。以为圣人所以为圣人者，必有做处，未知其方，看《大学或问》，见朱子received入道之要莫如敬，故专用力于肃恭敛收，持心方寸间，但觉气郁身拘，大不自在。及放下，又散漫如故，无可奈何。久之，忽思程子谓心要在腔子里，不知腔子何所指。果在方寸间否耶？觅注释不得。忽于《小学》中见其解曰："腔子犹言身子耳。"大喜，以为心不专在方寸，浑身是心也。顿自轻松快活……猛省曰：原来如此，实无一事也。一念缠绵，斩然遂绝。忽如百斤担子顿尔落地，又如电光一闪，透体通明，遂与大化融合无际，更无天人内外之隔。至此，见**六合皆心，腔子是其区宇，方寸亦其本位**，神而ішов之，总无方所可言也。（高攀龙撰：《困学记》，《高子遗书》卷三，《景印文渊阁四库丛书》第1292册，第355—357页）

> 仁者以天地万物为一体。乃人以天地万物为一体，非仁者以天地万物为一体也。若人与天地万物本是二体，却借仁者以合之，蚤已成隔膜见矣。**人合天地万物以为人，犹之心合耳、目、口、鼻、四肢以为心。今人以七尺言人，而遗其天地万物皆备之人者，不知人者也；人以一膜言心，而遗其耳、目、口、鼻、四肢皆备之心者，不知心者也。**学者若于此信得及、见得破，我与天地万物本无间隔，即欲容其自私自利之见以自绝于天而不可得。①

在这里，"心"不再是抽象的、与"身"隔绝的"意识领域"，而是与耳目口鼻四肢浑融于一起的具体的心，同样，人不再是以皮肤为间隔的肉身，而是与天地万物浑融于一起的具体的人。刘蕺山的大身子的观念完全打破了以皮肤划界的个体主义的身体观，人与其周遭的生存环境一起共同构成了"大腔子"。"人之在天地，如鱼在水，不知有水，直待出水，方知动不得。"② 离开了天地，人便动不得，腔子便成为死的躯壳。身子活动自如，原来皆是在天地之中方能如此。天人无间断，天—地—人—万物最终亦是身心一如、一气流通之大腔子。

每一个小腔子都"身"处在天地这个大腔子的脉络之中的不同"位置"，天地生物之心"发窍"于这个腔子之中，此天地之心弥漫于人周身之中（满腔子都是恻隐之心），人之身活动于天地万物之中。他向天地万物敞开自身，并在其敞开的境域之中与天地万物浑然一体。在天地这个大腔子的怀抱之中，动、植、飞潜皆为同胞，皆是自家心头上的"肉"，休戚与共，一体相关。

---

① （明）刘宗周撰：《答秦履思五》，吴光主编：《刘宗周全集》第3册，浙江古籍出版社2007年版，第312页。

② 《河南程氏遗书》卷二上，《二程集》，第43页。

四、小结

"心要在腔子里",固然显示出心对腔子的"主宰"、"统摄",然而,这种心之"宰制"不是居高临下的压服,而是基于腔子("身")内在需要并通过腔子的"引导"。理学家"敬"的工夫,都是通过腔子、身子的配合进行的。正如儿童之习步,并不是基于"我要走步"的意念活动而落实的实践,也不仅仅是通过神经系统的运作而控制肢体运动,相反神经系统的发育本身就是在与四肢的肌肉活动、身体的重心感、身体活动的周遭处境的互动之中进行的。也就是说,不是"心"要对四肢运动进行如此调控,而是四肢运动本身要求"心"对四肢进行如此调控。正是在这种长期互动的练习过程之中,神经系统日趋成熟,它越来越会支配四肢活动,四肢也越来越听从心之使唤。与此相似,"心要在腔子里"也是一个通过腔子的活动而不断练习的过程,六艺所涉之种种"身态"之修炼,同时就是"心态"的修炼。理学家所喜讲的"事上磨练"已经充分意识到并不存在纯粹的"心"之修炼,心之修炼必须通过身子的处世活动来进行。即便是静坐观未发前气象,亦不单纯是"心"之事情,而是要通过身体的某种姿态以及相应感官活动、呼吸活动的配合才能进行。① 在这种意义上可以说,仁心的培养与礼仪之培养,养心与养身均是一而二、二而一之事情。"养

---

① 喜欢静坐的朱子尝著有《调息箴》,见《晦庵先生朱文公文集》卷八十五,《朱子全书》第 24 册,第 3997 页。对宋儒静坐的深入讨论,参见杨儒宾:《宋儒静坐说》,载《台湾哲学研究》2004 年第 4 期,第 39—86 页。王阳明及后学对静坐的态度,参见张卫红:《罗念庵的生命历程与思想世界》,生活·读书·新知三联书店 2009 年版,第 406—424 页。与朱子相同,王龙溪之静坐亦联调息法,参见彭国翔:《良知学的展开——王龙溪与中晚明的阳明学》,生活·读书·新知三联书店 2005 年版,第 290—298 页。对静坐之身态最为讲究的当推颜钧,其七日闭关法对身子要求颇为严格:"以绢缚两目,昼夜不开;绵塞两耳,不纵外听;紧闭唇齿,不出一言;擎拳两手,不动一指;趺跏两足,不纵伸缩;直耸肩背,不肆惰慢;垂头若寻,回头内照……"参见《颜钧集》,中国社会科学出版社 1996 年版,第 37—38 页。

耳"、"养声"、"养血脉"、"养四体"旨在"养心",而"心"正是在此所养的过程之中,不断熟悉腔子的内在品性,并最终与腔子打成一片。儒家讲"好德"如好好色,将"好德"与"好好色"并置,实即是让好德之心完全弥漫于腔子之中。

"**满腔子是恻隐之心**"揭示出儒家道德意识的具身性(embodiment)。仁理、良知的自发、自然、活泼、流行与活力均是扎根于腔子之中的身—心活动,道德主体不只是一理性的主体,同时也是情感的主体,是情理交融的感通主体。其即感即应的能力是嵌在身子之中的能力。无论是"惕然动乎中,赧然见乎色"之耻感,抑或是"恻然动乎中"之"不忍"、"悯恤"、"顾惜"之同感,乃至生意津津之一体生命的生机畅遂感、乐感,皆是深深嵌入腔子之中"觉情"与"实感"。[①] 所谓浑身皆恻隐之心是也。道德意识从不是悬空的观念,而是渗透于腔子之中的具身意识(embodied consciousness)。

"**大其心**"之"大"实是一身体之的过程,而不单单是意识范围或视野的开阔,因此,"大其心"与"大其身"乃是一体之两面,人身之"**小腔子**"乃是嵌在天地"**大腔子**"之中。在此大腔子中,人之小腔子、人之身子实是一感通之身、一敞开之身、一应答之身,其即感即应之"良知"、"良能"既是具身之知(embodied knowledge),又是嵌在宇宙这个大腔子之中的"体知"。

[①] 开启儒学体知论域的杜维明先生指出,孟子的心"并不是毫无具体内容的纯粹意识,而是能恻隐、能羞恶、能恭敬、能是非,因而充满了知、情、意各种潜能的实感。心的实感正是通过身的觉情而体现"。(杜维明:《从身、心、灵、神四层次看儒家的人学》,郭齐勇、郑文龙编:《杜维明文集》第五卷,第332页)

第六章 宋明儒学中的"镜喻"

镜子之用，或照己，或照人。"照己"属于自我认识，"照人"属于认识外界。人类精神活动的方向不外乎反观自视与外观世间，中西思维不约而同以"镜子"摹状此反观内心与澄心外照之精神活动。① 现代学者更以"镜喻"——如精神分析家拉康（Lacan）之"镜像"、社会学家库利（C. H. Cooley）之"镜中自我"——建构自己的理论。检讨传统思想中的"镜喻"特征成为我们把握传统思维方式与精神气质的一个重要途径。

钱锺书先生对中西典籍中的镜喻进行过搜集与分类，并指出中文典籍中镜喻有"两边"，一者洞察，物无遁形，善辨美恶；二者涵容：物来斯受，不择美恶。"前者重其明，后者重其虚，各执一边。"② 美国哲学家罗蒂（Richard Rorty）则将整个西方主流哲学的传统称为"镜子的心"之传统，后现代哲学家如杜威（John Dewey）、维特根斯坦（Wittgenstein）与海德格尔（Heidegger）对主流的解构亦是从不同角度对**"镜子形象"**加以瓦解。③ 实际上在罗蒂之前，波普尔

---

① 古典文献中的"镜子"参见《渊鉴类函》第11册"镜"条目（感谢台湾大学中文系张宝三教授的指点）。钱锺书的《管锥编》（中华书局1979年版）对中西典籍中关于镜子的典故搜集甚全，恋镜与自恋见于第751—753页，恶镜与自恶类型见第817—820页；宝镜照妖类型见第728—730页；镜喻则见第76—78页。

② 钱锺书：《管锥编》，中华书局1979年版，第77页。

③ 罗蒂著，李幼蒸译：《哲学与自然之镜》，生活·读书·新知三联书店1987年版，第8—9页。

（Karl Popper）就揭示出西方认识论传统中的"巨镜图画"。他认为以培根（Bacon）、笛卡尔（Descartes）为代表的西方近代哲学有一共同预设：只有清除心灵中的偏见与虚妄，大自然的奥秘才会向心灵如实地敞开。这一预设可以追溯到亚里士多德（Aristotle）与苏格拉底（Socrates）的思想中。其背后有着这样一种形而上学的观念："纯种知识、未玷污的知识和导源于最高权威、（可能的话）导源于上帝的知识的高贵性。"①波普尔虽未直接以"镜子"命名这一传统，因而给人以画龙却未点睛之遗憾，但他却补足了罗蒂镜子谱系中所存在的历史空白：他直接点出西方这一心灵传统在本质上是"一种宗教学说"②。不过波普尔在这里所说的宗教乃是限制在古希腊柏拉图神赐本质说上面的。

基督教传统中的"镜子的心"这一环节的构成最先见于法国汉学家戴密微（Paul Demiéville）《心之镜》一文。③戴密微从西方基督教的镜喻考察开始，转向道家与禅宗的镜喻的系统研究。其后，国内学人陆续展开对中国佛教、文论、诗论、画论之中的镜喻研究。但对儒家思想中镜喻的专题研究一直阙如。

有鉴于此，本章尝试弥补这一缺陷。本章首先考察先秦与两汉儒学镜喻使用的范围与思想背景，接着分别描述程明道（1032—1085）、程伊川（1033—1107）、朱子（1130—1200）及王阳明（1472—1528）以镜喻心的言说方式及各自特点，在此基础上借助于塞尔（J. Searle）的"背景"理论与康纳顿（P. Connerton）的"体化实践"概念进一步阐发"磨镜"工夫的"体知"性质，最后揭示镜喻的局限性以及儒学

---

① 波普尔著，傅季重等译：《猜想与反驳》，上海译文出版社1986年版，第36页。
② 波普尔著，傅季重等译：《猜想与反驳》，第21页。
③ Paul Demiéville, "The Mirror of the Mind", *Sudden and Gradual: Approaches to Enlightenment in Chinese Thought*, ed. by Peter N. Gregory, Honolulu: University of Hawaii Press, 1987, pp. 13-40. 感谢吾友冯焕珍教授对戴密微研究成果的介绍并惠示戴氏大文。

心性观念一意多喻的特色。

一、镜喻溯源

"镜"之一字乃"鉴"字之声转。后者则本于"监"字。①

在先秦文献中，诸子多在**政治论域**中使用镜喻。《墨子·非攻》云："古者有语曰：'君子不镜于水而镜于人，镜于水，见面之容，镜于人，则知吉与凶。'"据孙诒让所引，《书·酒诰》："古人有言曰，人无于水监，当于民监。"《太公金匮阴谋》有《武王镜铭》云："以镜自照见形容，以人自照见吉凶。"孙诒让还指出《国语·吴语》："申胥曰：王盍亦鉴于人，无鉴于水。"② 显而易见，墨子所引确系古时习语。凡此种种说法皆从君主、君子的**为政之德**立论。

后来，随着铜鉴的发明，**水鉴**的隐喻被铜鉴取代，但喻义不变。如修八尺有余，而形貌昳丽之邹忌窥镜而自视，观己之"蔽"（妻妾之私与畏），进而察"王之蔽甚矣"，并以己之鉴成就齐威王纳谏之美德。威王善鉴之德似乎成为家族遗产，后人颇能发扬光大：

> 列精子高听行乎齐愍王，善衣东布衣，白缟冠，颡推之履，特会朝雨，袪步堂下，谓其侍者曰："我何若？"侍者曰："公姣且丽。"列精子高因步而窥于井，粲然恶丈夫之状也。喟然叹曰："侍者为吾听行于齐王也，夫何阿哉！又况于所听行乎万乘之主，人之阿之亦甚矣，而无所镜其残，亡无日矣。孰当可而镜？其唯

---

① 《广雅》："鉴谓之镜。"《说文》："鉴，水盆也。"汪荣宝引林义光《文源》云："监即鉴之本字。上世未制铜时，以水为鉴，象皿中盛水，人临其上之形，从臣，臣伏也。"汪荣宝加按曰："林说是也。后世以铜为之，故施金旁，声转则曰镜也。"汪荣宝撰，陈仲夫点校：《法言义疏》，中华书局1987年版，第275页。

② （清）孙诒让撰，孙以楷点校：《墨子间诂》，中华书局1986年版，第128—129页。

士乎！人皆知说镜之明己也，而恶士之明己也。镜之明己也功细，士之明己也功大。得其细，失其大，不知类耳。"①

在**以今之人、今之士**为鉴之外，尚有**以古之人为鉴、以史为鉴**之说法，这种用法滥觞于《诗经·大雅·荡》之"**殷鉴不远，在夏后之世**"。这种**以前世为鉴**的说辞屡屡出现在儒家的文献之中。如《法言》云，"聆听**前世**，清视在下，鉴莫近于斯矣"②。又如，"明镜者，所以察形也；**往古者**，所以知今也。今知恶古之危亡，不务袭迹于其所以安存，则未有异于却走而求及于前人也。"③

以人为鉴也罢，以古为鉴也罢，就成就"君德"而言，皆属于进谏者、纳谏者言说的一种程序。后来屡见于各种谏文中，最负盛名的当然是魏徵（580—643）与唐太宗之间的镜子佳话。魏徵说："夫监形之美恶，必就止水；监政之安危，必取亡国。诗曰：'殷鉴不远，在夏后之世。'臣愿当今之动静，以隋为鉴，则存亡治乱可得而知。"④从谏如流的唐太宗则说："**以铜为鉴，可正衣冠；以古为鉴，可知兴替；以人为鉴，可明得失。**"⑤君臣镜子佳话也成了诗人的话题，白居易作《百炼镜》曰："太宗常以人为镜，鉴古鉴今不鉴容。四海安危居掌内，百王治乱悬心中。乃知天子别有镜，不是扬州百炼铜。"⑥

同一镜喻用在同一政治论域之中，会因用喻者的不同的政治信念而表现不同的喻义。韩非子（公元前280？—前233）用镜喻为自己的以法为本的立场张目：

---

① 《吕氏春秋》卷二十，《恃君览》，上海书店1986年版，第266页。
② 汪荣宝撰，陈仲夫点校：《法言义疏》，第274页。
③ （清）王聘珍撰，王文锦点校：《大戴礼记解诂》，中华书局1983年版，第67页。
④ （宋）欧阳修等撰：《新唐书》，中华书局1975年，第3873页。
⑤ （宋）欧阳修等撰：《新唐书》，第3380页。
⑥ 《全唐诗》七函一册，上海古籍出版社1986年版，第1047页。

> 治国之道，去害法者，则不惑于智能，不矫于名誉矣。昔者舜使吏决鸿水，先令有功而舜杀之；禹朝诸侯之君会稽之上，防风之君后至而禹斩之。以此观之，先令者杀，后令者斩，则古者先贵如令矣。**故镜执清而无事**，美恶从而比焉；衡执正而无事，轻重从而载焉。夫**摇镜则不得为明**，摇衡则不得为正，法之谓也。故先王以道为常，以法为本。①

而后来的贾谊（公元前200—前168）则用镜喻申发自己的圣王理念：

> "数闻道之名矣，而未知其实也。请问道者何谓也？"对曰："道者，所从接物也。其本者谓之虚，其末者谓之术。虚者，言其精微也，平素而无设施也。术也者，所从制物也，动静之数也。凡此皆道也。"曰："请问虚之接物，何如？"对曰：**"镜仪而居，无执不臧，美恶毕至，各得其当。** 衡虚无私，平静而处，轻重毕悬，各得其所。明主者，南面而正，清虚而静，令名自宣，命物自定，如鉴之应，如衡之称，有艸和之，有端随之，物鞫其极，而以当施之。此虚之接物也。"②

以上种种镜喻之用法，除了韩非与贾谊的镜喻涉及从政者的心性之外，其他使用多是取**"借鉴"**义，而与人心性状并无直接瓜葛。《诗经·邶风·柏舟》云：**"我心匪鉴**，不可以茹。"其义究竟如何，注家间存在争议③，搁置不论可也。以镜喻心始于道家。《老子》十章即有**"涤**

---

① （清）王先慎：《韩非子集解》，第91—92页。
② （汉）贾谊：《贾子新书》卷八，上海商务印书馆，1937年版，第81页。
③ 钱锺书先生认为《柏舟》中的"我心匪鉴"一语之解释，毛、郑、孔之《传》、《笺》、《正义》之注疏皆"苦纠绕"，而应解为"虚而能受"之意。如依钱解，则心镜喻当始于《诗经》。参见钱锺书：《管锥编》，第76—78页。

除玄鉴，能无疵"①之说法，但明确将心与镜子联系在一起则滥觞于《庄子》。《庄子·应帝王》曰："**至人之用心若镜**，不将不迎，应而不藏，故能胜物而不伤。"郭象注曰："鉴物而无情，来即应，去即止。物来乃鉴，鉴不以心，故虽天下之广而无劳神之累。"②以"无情"、"无累"解庄子的镜喻，可说是画睛之笔，切中庄子的精神："吾所谓无情者，言人之不以好恶内伤其身，常因自然而不益生也。"③庄子是用譬的大师，至人用心若镜的说法是由**单元镜喻**（ unit metaphor ）组成的。如《庄子·德充符》**心如止水**即是一例："常季曰：'彼（王骀）为己，以其知，得其心，以其心。得其常心，物何为最之哉？'仲尼曰：'人莫鉴于流水而鉴于止水，惟止能止众止。'""鉴于止水"仍然是说"无情"。成玄英疏曰："夫止水所以留鉴者，为其澄清故也……止水本无情于鉴物，物自照之。"④

《庄子·天道》则明确**将水、镜、心三者串在一起**：

> 水静则明烛须眉，平中准，大匠取法焉。水静犹明，而况精神？圣人之心静乎天地之鉴也，万物之镜也。夫虚静恬淡、寂漠无为者，天地之平，而道德之至，故帝王圣人休焉。休则虚，虚则实，实则伦矣；虚则静，静则动，动则得矣。⑤

水静止不动，故清明、清净；水动，往往沉渣泛起而变浑浊，况

---

① 陈鼓应先生对此条目考辨甚详，参见陈鼓应：《老子注译及评介》，中华书局1984年版，第98页。
② （清）郭庆藩：《庄子集释》，上海书店1986年版，第138—139页。
③ （清）郭庆藩：《庄子集释》，第100页。
④ （清）郭庆藩：《庄子集释》，第88页。
⑤ 吾友吴重庆教授在其博士论文第二章第二节以"明镜说：道家对形上之境的追求"为题对道家的镜喻进行了系统考察，参见吴重庆：《儒道互补：中国人的心灵建构》，广东人民出版社1993年版，第47—57页。庄子的镜喻的一个重要喻义就是突出心之"虚"的性质，有学者断言，"自从佛教传入中国后，镜子的比喻又多了一层涵义，那就是'空'和'虚'"。这个看法应该是值得商榷的。参见乐黛云：《中西诗学中的镜子隐喻》，《文艺研究》1991年第5期，第43页。

流水潺潺，所成影像必不稳、不清。水静，影方清。而镜子只有虚而不藏，空空如也，方能如实照物。止水之清净、明镜之虚明，凡此种种意象均指明圣人之心因其平静、虚明而不为物所"迁"，不为事所扰动，无情、无累、自由、逍遥的面向。

庄子的镜喻旨在表达圣人、至人之心之"虚"、"静"、"明"等性状，这奠定了后来道家镜喻使用的基调。如"人莫鉴于流沫，而鉴于止水者，以其静也；莫窥形于生铁，而窥于明镜者，以睹其易也，夫唯易且静，形物之性也……夫鉴明者，尘垢弗能薶；神清者，嗜欲弗能乱"①。

在先秦乃至两汉，儒学中人用镜喻多限于以人为鉴、以史为鉴之政治论域，而少见将镜喻心者，**荀子**或许是唯一的例外。

> 人何以知道？曰：心。心何以知？曰：虚一而静。心未尝不臧也，然而有所谓虚；心未尝不满也，然而有所谓一；心未尝不动也，然而有所谓静……虚一而静，谓之大清明。②

> 人心譬如盘水，正错而勿动，则湛浊在下而清明在上，则足以见鬓眉而察理矣。微风过之，湛浊动乎下，清明乱于上，则不可以得大形之正也。心亦如是矣。故导之以理，养之以清，物莫之倾，则足以定是非、决嫌疑矣。③

这些观念大概都是从道家中承袭而来，只不过庄子讲虚静旨在取消"人为"而凸显"自然"，荀子讲虚静则重在发挥心之知性活动。④

---

① （汉）高诱注：《淮南子注》卷二，第 29—30 页。该书此类镜喻甚多，戴密微文有较详细之梳理，兹不复赘述。
② （清）王先谦撰：《荀子集解》，上海书店 1986 年版，第 263—264 页。
③ （清）王先谦撰：《荀子集解》，第 267 页
④ 参见徐复观：《中国人性论史·先秦篇》，上海三联书店 2001 年版，第 218 页。牟宗三先生亦指出，《道德经》曰"致虚极，守静笃"，虚静是道家的工夫，荀子之虚一而静就来自道家。参见牟宗三：《中国哲学十九讲》，上海古籍出版社 1997 年版，第 90 页。

当然荀子思想中也有"应"物的一面,如"能定然后能应"①,但这终究不是庄子式的"镜应"。

二、明镜与磨镜:从二程到朱子

在儒学义理系统之中,明确以明镜、止水喻心始于二程。二程尽管在为人气象、为学风格上均有不同,但在明镜、止水的使用与诠释上却并无二致。二人皆强调"以物待物,不以己待物"②,明道主张"定性":"动亦定,静亦定,无将迎,无内外……夫天地之常,以其心普万物而无心;圣人之常,以其情顺万事而无情。故君子之学,莫若廓然而大公,物来而顺应。"③伊川则要求"自宁"、"心主定"、"止于事":"物各付物"而不为物所役。④明道曰:"人心不得有所系"⑤,伊川则曰:"圣人之心若何?"曰:"圣人之心,如镜,如止水。"⑥

两者均以镜喻说明心不为怒所迁的道理。明道对"不迁怒"的解释言简意赅:

> 动乎血气者,其怒必迁。若鉴之照物,妍媸在彼,随物以应之,怒不在此,何迁之有?⑦

伊川的讲解则滴水不漏:

---

① (清)王先谦撰:《荀子集解》,第12页。
② 《二程集》,第125、165页。
③ 《答横渠张子厚先生书》,《二程集》,第460页。
④ 《二程集》,第144页。
⑤ 《二程集》,第124页。
⑥ 《二程集》,第202页。
⑦ 《二程集》,第129页。

问:"'不迁怒,不二过',何也?《语录》有怒甲不迁乙之说,是否?"曰:"是。"曰:"若此则甚易,何待颜氏而后能?"曰:"只被说得粗了,诸君便道易,此莫是最难。须是理会得,因何不迁怒?如舜之诛四凶,怒在四凶,舜何与焉?盖因是人有可怒之事而怒之,圣人之心本无怒也。譬如明镜,好物来时,便见是好,恶物来时,便见是恶,镜何尝有好恶也?世之人固有怒于室而色于市。且如怒一人,对那人说话,能无怒色否?有能怒一人而不怒别人者,能忍得如此,已是煞知义理。若圣人,因物而未尝有怒,此莫是甚难。君子役物,小人役于物。今人见有可喜可怒之事,自家着一分陪奉他,此亦劳矣。圣人心如止水。"①

一言以蔽之,"小人之怒在己,君子之怒在物"②。心不为怒迁,亦不为喜迁,可谓定矣。此不为物迁之精神与庄子所说的"不与物迁"③颇为接近,明镜止水之喻借自《庄子》,应无可疑。当然,廓然大公、物来顺应之精神与禅家如鸟行空、似影涉水、有心而实无心的说法亦颇为接近,二程语录中就有"**风竹感应**"一条而无说,想必也是禅家风来疏竹,风过而竹不留声之意味。由是观之,忽滑谷快天将"明镜止水"说判为"近于禅家之坐禅入定"亦无可厚非。④

在"不迁怒"的理解上,朱子自然也承继二程的说法:"颜子自无

---

① 《二程集》,第210—211页。
② 《二程集》,第306页。
③ (清)郭庆藩:《庄子集释》,第86页。郭象注曰:"任物自迁。"
④ 忽滑谷快天著,朱谦之译:《中国禅学思想史》,上海古籍出版社1994年版,第569页。佛教中镜喻自成一体,对宋明儒学影响至深者当推心镜喻与磨镜喻。不必提惠能、神秀镜喻之争,流传甚广的玄觉《永嘉证道歌》中有语:"心镜明,鉴无碍,**廓然莹彻**周沙界。""廓然莹彻"岂不就是明道的"廓然大公"?又如,宗密有磨镜之喻:"譬如磨镜,垢尽明现。虽云磨镜,却是磨尘。所言修道,只是遣妄。夫镜性本明,非从外得。尘复则隐。磨之则显。隐显虽殊,明性不异。"(《大方广圆觉修多罗了义经略疏》卷二上)宋明儒者直接以镜喻心、以磨镜喻工夫,而不问其出处,足见其影响之深。如王阳明高足王龙溪即喜以禅宗磨镜、去垢功夫讨论致知工夫。参见(明)王畿:《王龙溪语录》,台湾广文书局1977年版,第242—243页。

怒。因物之可怒而怒之，又安得迁？"①但他对二程以镜喻说颜子不迁怒的做法又甚为警觉，并屡屡告诫弟子"不要如此理会"，切勿耽于看"圣贤气象"，免得"精神在外"而忘却自家实地用功。为此，他在"学已成处"、"效验"、"终身到处"、"极至处"与"克己之初"、"下手工夫"、"用功之处"、"着力工夫"、"工夫原头"之间做出严格区别：前者属于颜子好学之"符验"，颜子所学并不在此，"颜子学处，专在非礼勿视、听、言、动上。至此纯熟，乃能如此"②。毕竟"不迁怒"乃属于"无形迹"，是"难事"，初学如何教得？又如何学得？

因此，与二程以明镜、止水摹拟"不迁"之理有别，朱熹着意强调仔细"分别是非"的工夫，视听言动，皆有是非，毫厘必计，漫忽不得。不然，"若专守虚静，此乃释老之缪学，**将来和怒也无了，此成甚道理**？圣人当怒自怒，但不迁耳。见得道理透，自不迁不二"③。显然，在对不迁怒的文本解读上面，二程重"不迁"字，不免"说得太高"，乃至"浑囵是个无怒"了，无怒便与佛老无别；朱熹重个"怒"字，强调**当怒则怒，怒而中节，怒后不留**，"当"字一出，便有个"理"，有个"理当"的意思在。这并不是说在对"不迁怒"的解读上，二程不讲"理"④，朱子不讲"不迁"，唯两者所说各有侧重耳。

二程以明镜（止水）喻圣人之心，重在凸显镜之"明"，以摹拟圣人应物无累、无滞之化境的一面，此与庄子的用法接近；朱子也采纳明镜之喻，然其侧重却在镜之打磨、拂拭之功夫的一面，此自然袭自

---

① 《朱子语类》卷五，《朱子全书》第 15 册，第 1089 页。
② 《朱子语类》卷五，《朱子全书》第 15 册，第 1091 页。
③ 《朱子语类》卷五，《朱子全书》第 15 册，第 1096 页。
④ 二程将明镜、止水之喻基本上限制在"应物"上面，故为彰显其儒家性一面，须严辨"应物"与"恶物"之别。这方面小程子尤为看重，问："恶外物，如何？"曰："是不知道者也。物安可恶？释氏之学便如此。释氏要屏事不问。这事合有邪？合无邪？若是合有，又安可屏？若是合无，自然无了，更屏什么？"（《二程集》，第 195 页）又："学佛者多要忘是非，是非安可忘得？自有许多道理，何事忘为？夫事外无心，心外无事。世人只被为物所役，便觉苦事多。若物各付物，便役物也。"（《二程集》，第 263—264 页）

禅宗。磨镜、拂尘屡见于朱子的功夫论说：

> 心犹镜，仁犹镜之明。镜本来明，被尘垢一蔽，遂不明。**若尘垢一去，则镜明矣。**①

> 公而以人体之，故为仁。盖公犹无尘也，人犹镜也，仁则犹镜之光明也。**镜无纤尘则光明，人能无一毫之私欲则仁。**然镜之明，非自外求也，只是镜元来自有这光明，今不为尘所昏尔。人之仁，亦非自外得也，只是人心元来自有这仁，今不为私欲所蔽尔。②

> **镜犹磨而后明。**若人之明德，则未尝不明。虽其昏蔽之极，而其善端之发，终不可绝。但当于其所发之端，而接续光明之，令其不昧，则其全体大用可以尽明。③

> 所谓"明明德"者，求所以明之也。譬如镜焉：本是个明底物，缘为尘昏，故不能照；**须是磨去尘垢，然后镜复明也。**④

每面镜子的资质不同，有通体明亮之镜，有锈迹斑斑之昏镜，根器不同，自然功夫也不同。有趣的是，朱子既用镜喻说根器之不同，也用镜喻说功夫之不同：

> 既有天命，须是有此气，方能承当得此理。若无此气，则此理如何顿放。……且如言光：必有镜，然后有光；必有水，然后有光。光便是性，镜水便是气质。若无镜与水，则光亦散矣。⑤

---

① 《朱子语类》卷三十一，《朱子全书》第15册，第1109页。另参见同卷第1116页。
② 《朱子语类》卷九十五，《朱子全书》第17册，第3226页。
③ 《朱子语类》卷十四，《朱子全书》第14册，第434页。
④ 《朱子语类》卷十四，《朱子全书》第14册，第440页。
⑤ 《朱子语类》卷五，《朱子全书》第14册，第193页。

而镜水有昏明清浊之不同，故气质亦不同。颜子"三月不违仁"，乃颜子之心三个月无尘垢，吾等气浊之人，"或日一次无尘垢，少间又暗；或月一次无尘垢，二十九日暗"，不脚踏实地地用功，悬想圣贤不迁怒、不违仁，甚无益也。朱子还特别强调磨镜功夫之常常勤拂拭的一面：

> 要验学问工夫，只看所知至与不至，不是要逐件知过，因一事研磨一理，久久自然光明。如一镜然，今日磨些，明日磨些，不觉自光。若一些子光，工夫又歇，仍旧一尘镜，已光处会昏，未光处不复光矣。①

要之，二程用"镜喻"仅限于摹状圣人心之廓然大公、物来顺应的一面，朱子在继续申发此喻的同时，又用之表达其性一心一情的义理架构："心"如镜（"心犹镜"、"人如镜"、"人心如一个镜"），"性"如镜之明（"仁犹镜之明"，"明德"是镜之明，性是"能光者"），"情"则如"光照物处"。所谓"已发"与"未发"也相应地被譬为"镜之未照"与"好丑无所遁形"。② 而"明明德"与"格物致知"也就顺理成章地如磨镜复明的功夫了。

三、心镜之喻：王阳明与其后学

儒学中，明镜之喻的广泛使用，由二程经朱子至王阳明而集大成。

---

① 《朱子语类》卷十四，《朱子全书》第 14 册，第 228 页。
② 如："圣人之心，**未感于物**，其体广大而虚明，绝无毫发偏倚，所谓'天下之大本'者也。**及其感于物**也，则喜怒哀乐之用各随所感而应之，无一不中节者，所谓'天下之达道'也。**盖自本体而言，如镜之未有所照，则虚而已矣**；如衡之未有所加，则平而已矣。**至语其用，则以其至虚，而好丑无所遁其形**；以其至平，而轻重不能违其则。此所以致其中和，而天地位，万物育，虽以天下之大，而举不出乎吾心造化之中也。"（《舜典象刑说》，《晦庵先生朱文公文集》卷六十七，《朱子全书》第 23 册，第 3258 页）

检视王阳明诗文,镜喻俯拾皆是,现仅陈其荦荦大者。

王阳明吸纳二程不为物累、顺而应之、内外两忘之镜喻用法。文章依然围绕着"不迁怒"去做,只不过比二程说得**更细、更透**:

> 问,"有所忿懥"一条。先生曰,"忿懥几件,人心怎能无得?只是不可有耳。凡人忿懥,着了一分意思,便怒得过当。非廓然大公之体了。故有所忿懥,便不得其正也。如今于凡忿懥等件,只是个物来顺应,不要着一分意思。便心体廓然大公,得其本体之正了。且如出外见人相斗,其不是的,我心亦怒。然虽怒,却此心廓然不曾动些子气。如今怒人亦得如此,方才是正。"①

"动些子气"实际上就是大程所说的"动乎血气",唯"当"字、"正"字比二程一味着意强调的"物来顺应"多了几分**细致入微之处**。对于小程子"怒甲不怒乙"之周折诠释,阳明快刀斩乱麻:"颜子不迁怒,非谓怒于甲者不移于乙,盖**不为怒所迁也**。"② 此其诠释之**更通透处**。

"本体之正"亦即是"中",亦即"未发之中",对此,王阳明亦喜用明镜喻之,以下师徒对话即是一例:

> 曰:澄于中字之义尚未明。
> 曰:此须自心体认出来,非言语所能喻。中只是天理。
> 曰:何者为天理?
> 曰:去得人欲,便识天理。
> 曰:天理何以谓之中?
> 曰:无所偏倚。

---

① 陈荣捷:《王阳明传习录详注集评》,台湾学生书局1983年版,第309页。
② 《阳明先生遗言录》,《中国文哲研究通讯》第3期第8卷,第18页。

曰：无所偏倚是何等气象？

曰：**如明镜然，全体莹彻，略无纤尘染着。**①

针对弟子对程子圣人情顺万事而无情、圣人之情不生于心而生于物的质疑（"学务无情，累虽轻，而出儒入佛矣，可乎？"），王阳明的辩解仍然诉诸明镜之喻：

圣人致知之功，至诚无息。其良知之体皎如明镜，略无纤翳。妍媸之来，随物见形。而明镜曾无留染。所谓情顺万事而无情也。无所住而生其心，佛氏曾有是言。未为非也。明镜之应物，妍者妍，媸者媸。一照而皆真。即是生其心处。妍者妍，媸者媸，一过而不留，即是无所住处。②

显然，王阳明在这里所使用的"明镜"更多带有禅意，而微别于二程的仙风。直接将《金刚经》"无所住而生其心"入文，无丝毫遮掩，而不怕那些严守三教界限的弟子们的怀疑，与其说是阳明不因人废言，还不如说是出自阳明本人的自信：

至理匪外得，譬犹镜本明。
外尘荡瑕垢，镜体自寂然。
孔训示克己，孟子垂反身。
明明圣贤训，请君勿与谖。③

吾道既匪佛，吾学亦匪仙。

---

① 陈荣捷：《王阳明传习录详注集评》，第 104 页。
② 陈荣捷：《王阳明传习录详注集评》，第 237 页。
③ 《郑伯兴谢病还鹿门雪夜过别赋赠三首》，《王阳明全集》卷二十，第 732 页。

> 坦然由简易，日用匪深玄。
> 始闻半疑信，既乃心豁然。
> **譬彼土中镜，暗暗光内全。**
> **外但去昏翳，精明烛媸妍。**①

可以说，王阳明对其思想的核心概念心之体（良知）性状的描述离不开镜喻，无论是心体之廓然大公，抑或是未发之中均以明镜示之。甚至在描述心体之"无"、"虚"的一面时，王阳明还是毫不犹豫地诉诸镜喻：

> 心之本体原无一物，一向着意去好善恶恶，便又多了这分意思，便不是廓然大公。《书》所谓"无有作好作恶"，方是本体。所以说有所忿懥好乐，则不得其正。正心只是诚意工夫里面体当自家心体，常要**鉴空衡平**，这便是未发之中。②

"鉴空"之"空"（与"衡平"之"平"）凸显出良知本体之"无善无恶"的面向。

王阳明也充分吸纳朱子磨镜的工夫论言说方式，"千圣本无心外诀，**六经须拂镜中尘**"③，以磨镜、拂尘比拟儒学的存养工夫，王阳明一改好辩风格，而与朱子表现出惊人的相似之处：

---

① 《门人王嘉秀实夫萧琦子玉告归书此别意兼寄声辰阳诸贤》，《王阳明全集》卷二十，第733页。
② 陈荣捷：《王阳明传习录详注集评》，第141页。
③ 《夜坐》，《王阳明全集》卷二十，第787页。另参见："心性何形得有**尘**。"（《示诸生三首》，《王阳明全集》卷二十，第790页）"**吾心自有光明月**，千古团圆永无缺。"（《中秋》，《王阳明全集》卷二十，第793页）"闲来心地如**空水**，静后天机见隐微。"（《秋夜》，《王阳明全集》卷二十，第787页）"**始信心非明镜台，须知明镜亦尘埃**。"（《书汪进之太极岩二首》，《王阳明全集》卷二十，第772页）

>圣人之心如明镜，纤翳自无所容。自不消磨刮。若常人之心，如斑垢驳蚀之镜，须痛磨刮一番，尽去驳蚀，然后纤尘即见。才拂便去，亦不消费力。到此已是识得仁体矣。若驳蚀未去，其间固自有一点明处。尘埃之落，固亦见得。才拂便去。至于堆积于驳蚀之上，终弗之能见也。此学利困勉之所由异。幸勿以为难而疑之也。凡人情好易而恶难，其间亦自有私意。气习缠蔽。在识破后，自然不见其难矣。古之人至有出万死而乐为之者，亦见得耳。向时未见得里面意思，此功夫自无可讲处。今已见此一层，却恐好易恶难，便流入禅释去也。①

此处借明镜之喻而分判生安、学利、困勉之异，以及由此倡导人一己百的精神，与朱子的磨镜论说相互发明。

与朱子着重下手功夫，严辨纯熟后气象与工夫源头之别一样，王阳明亦以水静之喻突出功夫之勿助勿长的性质：

>问："近来用功，亦颇觉妄念不生。但腔子里黑窣窣的。不知如何打得光明？"先生曰："初下手用功，如何腔子里便得光明？譬如奔流浊水，才贮在缸里。初然虽定，也只是昏浊的。须俟澄定既久，自然渣滓尽去，复得清来。汝只要在良知上用功。良知存久，黑窣窣自能光明矣。今便要责效，却是助长，不成功夫。"②

不过，即便在镜喻的使用上，王阳明亦不墨守程序，而仍要推陈出新。朱子用镜喻解释"格物"、"明明德"，想必王阳明的门人亦耳熟能详。故当王阳明力倡格物新义，其弟子闻而骇，疑惑窦生之际，

---

① 陈荣捷：《王阳明传习录详注集评》，第413页。标点较原文有较大改动。
② 陈荣捷：《王阳明传习录详注集评》，第310页。

面对诸如"至善亦须有从事物上求者","名物度数,亦须先讲求否","温清定省之类有许多节目,不亦须讲求否"之类基于朱子立场的质问,王阳明毫不犹豫同样诉诸明镜之喻为自家"格心"立场辩护。

> 问,"圣人应变不穷,莫亦是预先讲求否?"先生曰,"如何讲求得许多?圣人心如明镜。只是一个明,则随感而应,无物不照。未有已往之形尚在,未照之形先具者。若后世所讲,却是如此。是以与圣人之学大背。周公制礼作乐,以示天下,皆圣人所能为。尧、舜何不尽为之,而待于周公?孔子删述六经,以诏万世,亦圣所能为。周公何不先为之,而有待于孔子?是知圣人遇此时,方有此事。**只怕镜不明。不怕物来不能照**。讲求事变,亦是照时事。然学者却须先有个明的工夫。学者惟患此心之未能明,不患事变之不能尽"。①

"若后世所讲,却是如此"云云,显系针对朱子。其实这一指责并非公允,朱子何尝不知"未有已往之形尚在,未照之形先具者"之道理。

> 人心如一个镜,先未有一个影像,有事物来,方始照见妍丑。若先有一个影像在里,如何照得?人心本是湛然虚明,事物之来,随感而应,自然见得高下轻重。事过便当依前恁地虚,方得。②

朱子可谓有先见之明,此言仿佛就是针对王阳明之指责而发一般。只不过朱熹之喻旨是"不将不迎",而王阳明的喻义是严辨明照工夫之本末与先后。照王阳明此辨,**心上用功或日后的致良知是真正的磨镜功**

---

① 陈荣捷:《王阳明传习录详注集评》,第60页。
② 《朱子语类》卷十六,《朱子全书》第14册,第538页。

夫，是明的功夫，而朱子格物说则实是在"照上用功"了：

> 曰仁云："心犹镜也。圣人心如明镜。常人心如昏镜。近世格物之说，如以镜照物，照上用功。不知镜尚昏在，何能照？先生之格物，如磨镜而使之明。磨上用功。明了后亦未尝废照。"①

《传习录》所收语录均为王阳明语，弟子们的话语均是向老师请益的话。弟子的话头收录入书中，仅徐爱此一句话，想必是深得王阳明本人首肯之缘故。照上用功是本末倒置，没有"头脑"。②"与其为数顷无源之塘水，不若为数尺有源之井水，生意不穷。"时阳明在水塘边坐，旁有一水井，王阳明遂以之喻学。此喻看似因时因地而偶发，然若联想到朱熹那首著名的"源头活水"之有感诗篇（半亩方塘一鉴开，天光云影共徘徊。问渠哪得清如许？为有源头活水来），阳明话锋所指，昭然矣。

应该指出的是，以"照上用功"与"磨上用功"分判朱子学与阳明学进路并不妥当，实际上，即便在阳明学内部，这种用法也很容易招致歧义。如将"照"拟"格物"，"明"拟"心体"（"良知"），"磨"拟"致"，则与《大学》进学次第不免抵牾，"以不得及阳明之门为憾"的岭南儒者卢宁忠（冠岩）曾尖锐指出：

> 至以镜譬之，谓知如镜之明，致则磨镜，格则镜之照物。夫镜必磨而后照，今格以照之，而后致以磨之，是先用之照而后磨也，《大学》曷不言致知而后格物耶？③

---

① 陈荣捷：《王阳明传习录详注集评》，第94页。
② 王阳明对朱子格物说的批评，一个最重要的内容就是认为朱子格物说没有"头脑"："先认圣人气象，昔人尝有是言矣。然亦**欠有头脑**。圣人气象自是圣人的。我从何处识认？若不就自己良知上真切体认，如以无星之称而权轻重，未开之镜而照妍媸，真所谓以小人之腹而度君子之心矣。圣人气象，何由认得？"（陈荣捷：《王阳明传习录详注集评》，第205页）
③ 《明儒学案》卷五十四，《黄宗羲全集》第8册，第625—626页。标点有改动。

更成问题的是，一旦将"磨"与"照"分裂为二，则极易走向聂双江（1487—1563）与罗念庵（1504—1564）的收摄归寂一系之进路。聂双江在《答戴伯常》中就提到"虚灵者，镜之明；见闻者，镜之照。磨镜者，亦惟于本体之明，去其尘垢斑蚀，而于照则随物应之，已（"已"或为"己"之误——引者）无所与也"①。其言外之意是所有功夫都必收摄到磨炼本心这一向度上，通过一种直接磨镜的功夫（收摄归寂）让心体如明镜一般敞亮，至于"格物"那不过是用镜子照物而已，已无功夫可用了。聂双江这里所发实是由徐爱（曰仁）所说的"磨上用功"引申而出，江右王门聂双江、罗念庵之收摄归寂路数皆可以说是先在"磨上用功"。而不赞成归寂说的钱德洪（1496—1575）与王龙溪（1498—1583）均意识到王阳明心之"镜喻"中所牵涉的"磨"与"照"之问题，故二人在对归寂说进行批评时均不约而同指出以镜喻心之限制。钱德洪说：

> 夫镜，物也，故斑垢驳杂得积于上，而可以先加磨去之功。吾心良知，虚灵也，虚灵非物也，非物则斑垢驳杂停于吾心何所？则磨之之功又于何所乎！今所指吾心之斑垢驳杂者，非以气拘物蔽而言乎？既曰气拘，曰物蔽，则吾心之斑垢驳杂，由人情事物之感而后有也。既由人情事物之感而后有，而今之致知也，则将于未涉人情事物之感之前，而先加致知之功，则夫所谓致知之功者，又将何所施耶？②

钱德洪此言系发挥阳明"事上磨炼"与"必有事焉"的精神，避免沉

---

① （明）聂豹撰，吴可为编校整理：《聂豹集》卷十，凤凰出版社2007年版，第317页。
② 《明儒学案》卷十一，《黄宗羲全集》第7册，第264页。《徐爱、钱德洪、董澐集》，第153页。两处个别字眼有出入。

空守寂之弊。镜子作为物,斑垢杂驳得以积累在上,故可以事先刮磨一番,良知作为"虚灵",与斑垢杂驳完全是"异质"的,所谓气拘物蔽完全是因与"人情事物"接触之后表现出来的,所以只能在人情事物上致良知。舍人情事物之格物功夫,而认定有一针对心之本体的专门、直接乃至唯一的收摄归寂的功夫,是误将活泛的"虚灵"当作死寂的"镜子"所致。

王龙溪亦对镜"物"在喻心时所造成的限制颇为自觉,故常常将在匣在台的镜物与无时不照的镜子之明加以区别,同样突出其中"必有事焉"之意蕴以批评江右归寂一系:

> 良知如镜之明,格物如镜之照。镜之夫镜,物也,故在匣在台,可以言动静;镜体之明,无时不照,无分于在匣在台也。吾儒格物之功,无间于动静,故曰"必有事焉",是动静皆有事。①

深谙心镜之喻的聂双江自然不为所动:

> 心镜之譬,甚善,但只于照上用功,而不知磨上欠精察也。先师云:"心犹镜也。圣人之心如明镜,常人之心如昏镜。"近时格物之说,如以镜照物,照上用功,不知镜上昏在。先生格物如磨镜,使之明,明了后,未尝废照。来谕矻矻说格物,亦只是说得照,未尝一语及磨。在匣在台,又只说得明了后镜子也。②

其实在阳明心学中,"心"完全是一"意向性"的存在而必与事、物联系在一起,就此而言,我们不能说离开天地万物还有一个悬空的

---

① (明)王畿撰,吴震编校整理:《致知议辩》,《王畿集》卷六,第140页。
② (明)聂豹撰,吴可为编校整理:《聂豹集》,第398页,标点有改动。

心存在；而"镜子"是现成之物，离开它所照的具体对象，镜子依然还是一个现成的镜子，例如装在镜匣之中的镜子。龙溪以明镜之明无分于在匣在台正是要避免吾人不善会心之明镜喻而误将心执定为一物体、实体，而双江则用其师的磨镜说将"在匣在台"一并归于磨镜后之事，更顺势将格物功夫讥为"照上用功"。

四、磨镜与体知

心如明镜、止水，物来顺应，而不与物迁。尽管理学家们借明镜、止水比拟圣人心之"虚"、"静"、"定"、"清"、"明"等廓然大公的性状，然而他们真正标举的实是"物来顺应"之能力。镜子之为镜子正在其能应物而不藏，心之虚明清净亦正在其能不为怒迁、随感而应、应而中节、应后不留。磨镜实际上就是保养镜子的应物不藏的性能。磨镜即是一种"做事情"，故与一般的技能学习拥有共同之处。邹守益说得好：

> 世俗说一"学"字，未有徒腾口说而不措诸行者。如学诗则必哦句咏字，学文则必操觚染翰。至于曲艺，学木工则必操斧持矩，学缝匠则必执剪裁衣。至于学圣人之道，乃坐谈口耳，以孝弟忠信敷为辞说，以饵科第，而事父从兄判若不相关，可为善学乎？[①]

把修身功夫比拟为一种技能学习这是中西修身学的共法，在论及基督教的独居生活时，埃克哈特就说靠离群独居、逃避现实是无法真正学会独居的，应该不管在哪里也不管与谁相处都要学会一种"内在的独居"，即无论在何处都要将上帝引入自己内心深处，这就像学书法的人，一开始他必须把自己的思想集中到每一个单独的字母上，铭记

---

① （明）邹守益撰，董平编校整理：《邹守益集》卷十五，凤凰出版社2007年版，第723页。

在心，慢慢熟练了，就不必左思右想，就可以奋笔疾书。① 技能学习均是扣紧在实践上，学习就是学习如何做；学圣人之道亦是扣紧在实践上，学习就是学习如何做人。

这种能力的保养牵涉到变化气质、牵涉到整个人格的培育问题，是一项"综合工程"。"磨镜"前过程中有时候需要将镜子重新铸造一番：

> 或问："观书时此心当如悬明镜以照之。此心如何得如明镜？"先生曰："心体本明，或为物欲遮蔽，如镜被尘垢掩也。可用药物擦摩。若原体或杂以铅、锡，虽药物擦之不明，**须从新铸过一番，故曰'学要变化气质'。**"②

我们或可借助塞尔（John Searle）**"背景"**论（the thesis of the background）进一步阐发"磨镜"功夫的性质。通常人们认为人的行动是由其意向状态（intentional states）决定的，但塞尔认为意向状态（诸如意义、理解、信念、欲望、经验）只有基于一套背景能力（a set of Background capacities）才能发挥作用，而这套背景能力则是非意向的或前意向的。学界有**"规则描述的行为"**（rule-described behavior）与**"规则指导的行为"**（rule-governed behavior）之争，前者认为诸如语法之类的规则，它在实际的说话行为过程中并不起任何作用，它不过是语言学家描述语言现象时的一种工具，是语言现象的"一种理论描述"。后者如乔姆斯基（Chomsky）的普遍语法理论则认为这些规则不只是描述性的，而且也是指导性的，它在话语行为中发挥因果作用，例如我在说一句话时，这些规则在无意识的内化（unconscious internalization）过程之中实际影响着这句话的具体的句法结构。**塞尔**

---

① 埃克哈特著，荣震华译：《埃克哈特大师文集》，商务印书馆2003年版，第12页。
② （明）吕柟撰，赵瑞民点校：《鹫峰东所语》，《泾野子内篇》卷十九，中华书局1992年版，第185页。

对这两种观点均持保留态度,因为两种观点均未看到"背景能力"既敏于某些**特定的构成性规则形式**(*the specific forms of the constitutive rules*),而实际上又并未包含任何对这些规则的意识与信念。例如,一个篮球运动的初学者,开头可能会刻意记住一些规则与策略,但当他成为技术娴熟的运动员后,他就具备了一套背景能力,运球、突破、上篮,皆灵活自如,而不需要思考任何规则与策略。说这个运动员已经学会了篮球规则与策略是错误的,因为他根本就不是在运用这套规则与策略。相反,他发展出一套背景能力,这套能力完全是即感即应的,以至于它反应的每一步都符合规则,而在实际心理状态之中又对这套规则毫无意向。① 背景能力实际上是嵌在身体里面的能力,它是通过长期的意志与行动的训练而最终"积淀"在身体之中的。这种实践亦被人类学家称为**"体化实践"**(*incorporating practice*),体化实践的一个主要特点就是"无心"而为,不留痕迹。礼仪、体育、舞蹈、打字等等活动的操练过程皆是由刻意而为到无心而为。② 显然,任何技能的训练实际上都不只是单一的意向方面的训练,而必然牵涉整个背景能力的培养。以练习书法为例,从心态、身姿、抓笔姿势、运笔方式、下笔力道,一一习练,反复临摹,体贴八法要诀,直至烂熟于心,乃至成为习性而忘之。所谓"心忘其手手忘笔,笔自落纸非我使"。这个由"生"到"熟"乃至"忘"的过程,实际上就是整个背景能力的培养过程。

纯熟功夫实际上就是学习的功夫、练习的功夫。磨镜过程(修身

---

① 塞尔"背景"理论参见 J. R. Searle, *The Rediscovery of the Mind*, Cambridge: M. I. T. Press, 1992; *The Construction of Social Reality*, New York: The Free Press, 1995, 尤其见 pp.127-147。对塞尔背景理论与儒家意志论之关联的有趣讨论,请参见方克涛、王启义著,马永康译:《意志不坚:中西哲学进路比较及塞尔的"背景"论》,《现代哲学》,2006 年第 5 期。

② 康纳顿区分出两种根本不同类型的社会实践,一种是体化实践,一种是刻写实践(*inscribing practice*),并指出人类的礼仪、艺术等等活动在根本上是一种体化实践。参见康纳顿著、纳日碧力戈译:《社会如何记忆》,第 90—127 页。

过程）即是一"体化实践"的过程、一背景能力培养的过程，如书法家之挥笔、如大匠之运斤，皆由生疏到纯熟，由刻意到无心，清儒张履祥（1611—1674）善发此意：

> 功夫纯熟后，自有不知不觉从容和节之妙。正如写字一般，其初写，仿却恁用意，到得熟后，自然动合法度也。御者得心应手，大匠运斤成风，可谓善于形容矣。①

这个过程因人而异、因时而异，毕竟"镜质"（气质）不同，磨法（修身之法）自然不同。不可躐等，不可助长：

> 德盛者，物不能扰而形不能病。形不能病，以物不能扰也。故善学者，临死生而色不变，疾痛惨切而心不动，**由养之有素也，非一朝一夕之力也。**②
>
> 先生问在坐之友，"比来工夫何似？"一友举虚明意思。先生曰，"此是说光景。"一友叙今昔异同。先生曰，"此是说效验。"二友惘然，请是。先生曰，"吾辈今日用功，只是要为善之心真切。此心真切，见善即迁，有过即改，方是真切工夫。如此则人欲日消，天理日明。若只管求光景，说效验，却是助长外驰病痛，不是工夫。"③

朱熹慎言纯熟后气象，反复告诫弟子"到那田地，自理会得"，亦是出于同样之考虑。王阳明固然有"身上如何用功"之问，并张扬"心上用功"，然而，心、事不二，故王阳明虽明言心上用功，但其实着重的

---

① （清）张履祥撰，陈祖武点校：《杨园先生全集》卷三十九，第1074页。
② 《二程集》，第321页。
③ 陈荣捷：《王阳明传习录详注集评》，第117—118页。

却是"事上磨练",在人情事物上磨练,在遭遇大故时磨练。① 上达工夫皆在下学里。欲学颜子之不迁怒,只能从"四勿"工夫入手,"到得天理纯全,便是何思何虑矣"②。

不过,磨镜功夫毕竟不是一般的技能训练:在理学家的信念中,"明"是镜子所自有,无论镜质如何千差万别,但均原本自明。磨镜功夫实际上是"复明"功夫。更为重要的是,磨镜所磨实际上是整个习性、整个人格。镜子由斑垢驳蚀到光亮如新,乃是整个人格的"重生":

> 澄问:"喜怒哀乐之中和。其全体常人固不能有。如一件小事当喜怒者,平时无有喜怒之心。至其临时,亦能中节,亦可谓之中和乎?"先生曰:"在一时之事,固亦可谓之中和。然未可谓之大本达道。人性皆善。中和是人人原有的。岂可谓无?但常人之心既有所昏蔽,则其本体虽亦时时发见,终是暂明暂灭,非其全体大用矣。无所不中,然后谓之大本。无所不和,然后谓之达道。惟天下之至诚,然后能立天下之大本。"曰:"澄于中字之义尚未明。"曰:"此须自心体认出来,非言语所能喻。中只是天理。"曰:"何者为天理?"曰:"去得人欲,便识天理。"曰:"天理何以谓之中?"曰:"无所偏倚。"曰:"无所偏倚是何等气象?"曰:"**如明镜然**,全体莹彻,略无纤尘染着。"曰:"偏倚是有所染着。如着在好色好利好名等项上,方见得偏倚。若未发时,美色名利皆未相着。何以便知其有所偏倚?"曰:"**虽未相着,然平日**

---

① 陆澄接家书获知爱子病危时,忧闷不能堪,阳明嘱以"此时正宜用功。"(《王阳明传习录详注集评》,第82页)又,九川卧病虔州,觉格"病物"功夫甚难,阳明指示曰,"常快活便是功夫"。(《王阳明传习录详注集评》,第296页)理学家格病物之极点便是格"死物",仅举数例以示。伊川先生病革,门人郭忠孝往视之,子瞑目而卧。忠孝曰:"夫子平生所学,正要此时用。"子曰:"道着用便不是。"忠孝未出门而子卒。(《二程集》,第276页)当临终被问及此时功夫如何,朱熹答曰:"**艰苦**。"([清]王懋竑撰、何忠礼点校:《朱熹年谱》,中华书局1998年版,第266页)王阳明临终之际,门人问曰有何嘱托,阳明曰:"吾心光明,夫复何言?"

② 陈荣捷:《王阳明传习录详注集评》,第76页。

> 好色好利好名之心，原未尝无。既未尝无，即谓之有。既谓之有，则亦不可谓无偏倚。譬之病疟之人，虽有时不发，而病根原不曾除，则亦不得谓之无病之人矣。须是平日好色好利好名等项一应私心扫除荡涤，无复纤毫留滞。而此心全体廓然，纯是天理。方可谓之喜怒哀乐未发之中，方是天下之大本。"①

"扫除荡尽，无复纤毫留滞"，实质上已是沉潜于人之无意识的深处，是人之整体人格的转变。杜维明先生将儒家体知中的这种变化气质的一面称为"即知即转化的行为"（knowing as a transforming act）②，这种转化不仅仅是意识状态的转化，而是整个人深层生命力的根本动向的改变。而这一点恰恰是一般的技能之知所不具备的。这种转化确非一朝一夕之力可至，亦不要奢望一劳永逸，毕其功于一役。高行如明道者尚有"见猎心喜"之慨叹，即是明证。③

五、镜喻之利与弊

任何隐喻都有限制，镜喻也不例外。罗近溪云："穷天极地，万万

---

① 陈荣捷：《王阳明传习录详注集评》，第104页。标点略有改动。
② 郭齐勇、郑文龙编：《杜维明文集》第五卷，第371页。
③ 程明道力倡万物一体之仁，"猎，自谓今无此好。周茂叔曰：'何言之易也！但此心**潜隐未发**，一日萌动，复如前矣。'后十二年，因见，果如未"。（一本注云：明道十六七岁时，好田猎，十二年暮归，在田野间见田猎者，不觉有喜心。《二程集》，第96页）转化之彻底即是要转化此心"**潜隐未发**"的深层。另参王阳明之种种说法，如："中间许多病痛，只是**潜伏**在。终不能绝去，**遇事依旧滋长**。"（陈荣捷：《王阳明传习录详注集评》，第66—67页），又，孟源有自是好名之病。先生屡责之。一日，警责方已。一友自陈日来工夫请正。源从傍曰："此方是寻着源旧时家当。"先生曰："尔病又发。"源色变。议拟欲有所辨。先生曰："尔病又发。"因喻之曰："此是汝一生**大病根**。譬如方丈地内，种此一大树。雨露之滋，土脉之力，只滋养得这个大根。四傍纵要种些嘉谷，上面被此树叶遮覆，下面被此树根盘结，如何生长得成？须用伐去此树，**纤根勿留**，力可种植嘉种。不然，任汝耕耘培壅，只是滋养得此根。"（陈荣捷：《王阳明传习录详注集评》，第58—59页）

其物，而**毕竟无一物可以象吾此心**。"① 诚哉斯言！然囿于一喻，难免以指为月。一意数喻，或可相互纠偏，相互补充。

镜喻之弊大致有四。

其一，镜子是一用具，本身不会活动，故与心体之流动无滞仍有所隔。刘宗周对此颇为明察：

> 佛氏以镜喻心，只说常照常寂。镜是死物，此为佛氏之偏。若是吾儒，以日喻心，光明常照，内中自有生生不已之机。如日行，南至北至，具有阴阳不息之妙。如心之体本虚，惟虚故灵。其往而伸者，为仁与义，诚通也；返而屈者，为礼与智，诚复也。②

其二，镜子为无情之物，其喻义固然对"情顺万物而无情"之无情的一面颇切近，然而儒家之情毕竟发自恻隐之心，所谓"满腔子皆恻隐之心"，儒家感通万物之仁心实是一腔热心，儒家救世之情怀实亦出自热心肠，而镜喻实与人性之不忍扞格不入。黄宗羲（1610—1695）针对前儒以镜喻心、喻性曾批评说：

> 先儒之言性者，大略以镜为喻，百色妖露，镜体澄然，其澄然不动者为性，此为空寂言性。而吾人应物处事，如此则安，不如此则不安，若是乎有物于中，此安不安之处，乃是性也。镜是无情之物，不可为喻。③

其三，以镜喻心，镜之明是道心、圣人之心、本心，镜面之垢是人欲、习染，磨镜工夫（去垢复明）即去人欲、存天理工夫。问题是

---

① 《罗汝芳集》，第106页。
② 《刘宗周全集》第2册，第541页。
③ 《马雪航诗序》，《黄宗羲全集》第10册，第96页。

镜子与尘垢毕竟是两物，道心与人心却很难说是二心，换言之，心镜之喻于儒学心之究竟义尚有一间未达之憾。有儒者以冰水不二喻补此镜喻之不足：

> 但吾心觉悟的光明，与镜面光明，却有不同，何则？镜面光明，与尘垢原是两个，吾心先迷后觉，却是一个，当其觉时，即迷心为觉，则当其迷时，亦即觉心为迷也。夫除觉之外，更无所谓迷，而除迷之外，亦更无所谓觉也。**故浮云、天日、尘埃、镜光，俱不足为喻。若必欲寻个譬喻，莫如即个冰之与水**，犹为相近也。若吾人闲居放肆，一切利欲愁苦，即是心迷，譬则水之遇寒，冻而凝结成冰，固滞蒙昧，势所必至。有时共师友讲论，胸次潇洒，即是心开朗，譬则冰之遇暖气，消融而解释成水，清莹活动，亦势所必至也。况冰虽凝，而水体无殊；觉虽迷，而心体具在。①

此冰水之喻亦出自佛家，以之喻心体恒在实恰到好处。吾心之迷、觉恰如水凝、冰释，虽样态不同，但其性则一。

其四，习心如尘垢，道心如明镜，"制欲莫若体仁"，道心自觉，则习心即为道心，尘垢即去，镜面即明，如此，则磨镜者与镜子乃不可分：镜子自身要求磨自己，镜子自己能够磨自己。显然，这是一种十分别扭的说法。在这里，镜子之喻的局限亦昭然若揭：**镜子毕竟是一个"死物"，镜之虚明固然可以体现心体之公、虚、静之一面，然而儒家之良知、性体终究不是空空如也的镜照之心，其内禀之性所含藏的生理、生机、生意与活趣恰恰是明镜所无法指喻的**。种子之喻可以克服明镜之"冷性"之蔽：

---

① 《罗汝芳集》，第138页。

先儒以物之有生意者状心，可谓识心者矣。**夫心无形也，不可以物状也**，自人之有所生生而不息者，因而名之曰心。则心之在人，惟此生生之机而已。**故物不足以状心，而物之有生意者则足以状心**。谷种者，物之有生意者也。程子以之状心，其取义至精矣。①

程子以谷种喻性，便是，谷种里面是有的。释氏以镜喻性，便非，明镜里面是无的。谷种是热的，明镜是冷的。以善言性，便尽天下人物，皆视为一体，痛痒相关，公其所有而己不劳，一团和乐之象。以知觉言性，便以己为明，视人为暗，自智而愚人，尊己而卑人，私其所有而欲分以度人，必有隔阂之象。……总之，圣贤仁爱是热的，佛家慈悲是冷的。如告子之"不动心"是死的，孟子之"不动心"是活的。**活的便是热的，死的便是冷的**。②

佛书最善譬喻，然以明镜譬心性便不是。镜能物来毕照，又能随物成形，然其中**空空一无所有，其质冷冰冰，全无生意。心之体岂如此？**惟程子心如种之谷喻最妙，盖穀种内根荄枝叶花实无所不全，而其中一点**生理**则仁也。**心属火，仁属木，是滚热发生**，与金之寒冷，迥乎不同，佛家以镜喻心性，宜其断绝身累，齐向空灭矣。③

当代大儒钱穆先生亦曾明确批评王阳明心如明镜说之弊：

明镜只能无所住，却不能生，心则能生。须说到心之能生处，始是心之体，此体则便是性。阳明以良知为心体，以好恶为良知，

---

① （明）杨起元：《心如谷种》，《证学论》，收入《续修四库全书》第1129册，第481页。
② （清）李光地撰，陈祖武点校：《榕村语录》卷二十五，第445—446页。
③ 梁章钜：《退庵随笔》卷十八，收入《续修四库全书》第1197册，第404页。

此义却可说。只缘阳明认性不真切，故又时时以明镜喻心。由此一错，便入歧途。故阳明以无善无恶为主体，仅得为遮拨义，非究竟义也。心体自有一片好恶之诚，孟子所谓根于心，眸于面，盎于背，自有天机，自有生趣。岂得如明镜。今日心如明镜，曰无善无恶，则此心至多有当于《中庸》之所谓明，而无当于《中庸》之所谓诚。至多有合于佛氏之所谓无所住，而不能合于佛氏之所谓生。若由此而谓以有为为应迹，以明觉为自然，则恐不仅无当于中土圣人之所谓至善之性，亦且无当于彼佛菩萨之所谓佛性。当知佛性亦自有种子，亦自具生理，亦不全如明镜也。①

确实，说圣人之心如明镜、止水与道家、禅家之心境实无区别。孔、孟从未将镜喻心，以谷种喻心，既可以接续孟子的四端说，又可以凸现孔孟"仁"学的"生生"底蕴。

综上，"镜子"之喻适合摹状心体之"虚明"、"静定"、"廓然大公"、"应物无累"；"种子"之喻则适合摹状性体之"生机"、"生意"、"自发"。② 前者之工夫即"拂拭"，后者之工夫即"栽培"。前者活画出心体之超拔与洒脱，后者则凸显性体之生趣与活力。儒家之性体与心体恰如"种子"与"镜子"，游弋于"有"与"无"之间。

---

① 钱穆：《说良知四句教与三教合一》，收入《中国学术思想史论丛》卷七，安徽教育出版社2004年版，第137页。钱先生又批评阳明镜喻说：阳明谓良知只是一片好恶之诚，人性之至善即在此。"阳明又喜以明镜之照说之，镜止于照，非有好恶。若曰心能知是非，一如明镜之照物，则成为是非在物而不在心。则不能谓是非本于我心之好恶，而好恶即是天理矣。否则好恶与天理，不能一如明镜之照，又断断然矣。"（钱穆：《说良知四句教与三教合一》，第139页）

② 我个人认为理学家关于"心体"与"性体"的论说有三个最重要的隐喻，曰**身子**、**种子**与**镜子**。"身子"隐喻的是仁心之感通、流通；"种子"隐喻的是仁性之生发、生机；"镜子"隐喻的是心体之虚明、静定。关乎"身子"隐喻，参见拙文《王阳明思想中的身体隐喻》，《孔子研究》2004年第1期；关乎"种子"隐喻，参见拙文《"良知"与"种子"：王阳明思想之中的植物隐喻》，《江苏行政学院学报》2005年第5期。

[下编]

诠释之维

第七章　朱子读书法：诠释与诠释之外

"读书"与"诠释"是相互有别而又有着紧密联系的两个概念。就两者各自的承担主体而言，读者和释经者是两种不同的角色。读者可以仅止于阅读而已，而不必将读书之所得形诸文字，而释经者则要把阅读所获得的意义予以文字的表达。读者阅读过程中所牵涉的诠释因素，对于读者本人而言，完全是非课题化的、不自觉的，而诠释者之为诠释者，理应把对文本的解读作为自己的课题。在学理上，阅读现象学与文本诠释学亦有各自不同的关注焦点与领域。但是，对两者进行截然的分隔亦是行不通的，毕竟任何经典的诠释首先建立在相应的阅读环节上面。阅读是诠释过程中的基础性的要素，而任何阅读如果没有诠释性的先见的"引导"，便无法进行，在这种意义上，任何阅读都已经是诠释。在这里，两者确实存在着一种"辩证的关联"或"循环"。在理学家中，朱子（1130—1200）以重视读书而闻名，有门人问："先生教人，有何宗旨？"朱子答曰："**某无宗旨，寻常只是教学者随分读书。**"[①] 朱子本人好读书、善读书，他教弟子格物致知的一个重要门径也是读书。言传身教中，留下了丰富的读书经验，这是研究中国诠释传统的一笔宝贵财富。最早的朱子门人辅广（字汉卿，号潜庵，称传贻先生）即将朱子论读书之法编辑、刊刻成专书（今似不传），后

---

① 《朱子语类》卷一百二十一，《朱子全书》第18册，第3811页。

宋人张洪与齐熙在辅广刻本的基础上加以增益（辅广原本为上卷，续增者为下卷，上下卷又各分两卷，共四卷），更易次第更补以纲领（曰循序渐进，曰熟读精思，曰虚心涵泳，曰切己体察，曰着紧用力，曰居敬持志），以"朱子读书法"为题刊行于世。本章旨在通过对朱子读书法的文本考察，揭示传统读书法的独特品格，由此或可对弄清时下讨论的中国思想中的诠释传统之个性有所裨益。

一、圣经意识

圣经是什么？对这一问题的认识也相应决定着对圣经的态度以及阅读的目的与方法。圣经乃载道之书，在这一点上，朱子与其他宋明儒者的看法是一致的。

> 圣人千言万语，只是说个当然之理。恐人不晓，又笔之于书。自书契以来，《二典》、《三谟》、伊尹、武王、箕子、周公、孔、孟都只是如此，可谓尽矣。①
> 圣人之言，即圣人之心；圣人之心，即天下之理。②

言（圣人之言）—心（圣人之心）—理（天理/圣人之意）构成了朱子圣经意识之基本结构。此结构亦决定了读者之阅读模式：由圣人之言，通圣人之心，达圣人之意（天理）。"读书以观圣贤之意；因圣贤之意，以观自然之理。"③所以，最理想的读者是虚心、诚意以求与作者（圣人）心心相印的读者。在此意义上，读者在根本上只能是"敬虔的"、"被动的"、"倾听性的"与"接受性"的。

---

① 《朱子语类》卷十一，《朱子全书》第14册，第345页。
② 《朱子语类》卷一百二十，《朱子全书》第18册，第3805页。
③ 《朱子语类》卷十，《朱子全书》第14册，第314页。

应该指出的是，朱子非常强调圣经、圣言与天理之完全对应性：

> 圣人言语，皆天理自然，本坦易明白在那里。只被人不虚心去看，只管外面捉摸。及看不得，便将自己身上一般意思说出，把做圣人意思。①

圣人所论，即便是如"无极而太极"之类所谓"形上学"，也只是"眼前道理"：

> 若有个高妙底道理而圣人隐之，便是圣人大无状！不忠不信，圣人首先犯着！②

圣人之言既然"坦易明白"，"圣贤言语本自分晓"，那么，每一个虚心的读者就都可以读懂，而毋需某个特殊的释经阶层做中介；既然圣人无隐，那么，就不存在什么"教外别传"、"传心密法"。

二、为何读书

既然书乃载道之书，读书当然是为了求道。然而，求道并不只是纯粹识见方面的事情，在根本上，读书是为己之学，切己工夫，须以身心做根底，在此意义上，朱子反复讲读书乃"**第二义**"、"**第二事**"：

> 学问，就自家身己上切要处理会方是，那**读书底已是第二义**。自家身上道理都具，不曾外面添得来。然圣人教人，须要读这书

---

① 《朱子语类》卷十一，《朱子全书》第14册，第335页。
② 《朱子语类》卷一百一十五，《朱子全书》第18册，第3647页。

时，盖为自家虽有这道理，须是经历过方得。圣人说底，是他曾经历过来。①

如此，解经、晓义皆不是读书之最终目的，如读书活动仅止于文本之解读，而不以身体之、心验之，则属"俗学"而非"道学"：

> 今人读书，多不就切己上体察，但于纸上看，文义上说得去便了。如此，济得甚事！"何必读书，然后为学？"子曰："是故恶夫佞者。"古人亦须读书始得。但古人读书，将以求道。不然，读作何用？今人不去这上理会道理，皆以涉猎该博为能，所以有道学、俗学之别。②

道、俗之别在于阅读意识与态度之别："只管就外边文字上走"，支离杂扰，即是俗；切己体察，即是道。圣人之言不过是一个前引，真正的读者是顺着这个前引而亲自去践履：

> 大凡为学，最切要处在吾身心，其次便是做事，此是的实紧切处。学者须是把圣人之言来穷究，见得身心要如此，做事要如此。天下自有一个道理在，若大路然。圣人之言，便是一个引路底。③
> 许多道理，孔子恁地说一番，孟子恁地说一番，子思又恁地说一番，都恁地悬空挂在那里。自家须自去体认，始得。④

所以真正的读书不是增加知识，不是消遣光阴，不是遮眼，而是切己、

---

① 《朱子语类》卷十，《朱子全书》第14册，第313—314页。
② 《朱子语类》卷十，《朱子全书》第14册，第337页。
③ 《朱子语类》卷一百一十四，《朱子全书》第18册，第3611页。
④ 《朱子语类》卷十一，《朱子全书》第14册，第345页。

行己，甚至是要改变气质：

> 读六经时，只如未有六经，**只就自家身上讨道理**，其理便易晓。①

> 今读书紧要，是要看**圣人教人做工夫处是如何**。如用药治病，须看这病是如何发，合用何方治之；方中使何药材，何者几两，何者几分，如何炮，如何炙，如何制，如何切，如何煎，如何吃，只如此而已。②

> 贺孙问："先生向令敬之看《孟子》。若读此书透，须自变得气质否？"曰："只是道理明，自然会变。今且说读《孟子》，**读了只依旧是这个人，便是不曾读**，便是不曾得他里面意思；《孟子》自是《孟子》，自家身己自是自家身己。读书看道理，也须着些气力，打扑精神，看教分明透彻，方于身上有功。"③

显而易见，读书在根本上是一种生存论意义上活动，读书"之后"与"之前"相比，读者本人会发生某种"转化"，圣经之阅读过程乃是读者个体人格、气质发生转变的过程，就此而言，读书类似于宗教信念的"改宗"（conversion），读书之切己工夫如此！诚如钱穆先生所说，朱子之读书法，同时即是一种"涵养"、一种"践履"的方法。④

---

① 《朱子语类》卷十一，《朱子全书》第 14 册，第 345 页。
② 《朱子语类》卷十，《朱子全书》第 14 册，第 314 页。
③ 《朱子语类》卷一百二十，《朱子全书》第 18 册，第 3776—3777 页。朱子这番话实是源自二程子："如读论语，旧时未读是这个人，读了后又只是这个人，便是不曾读也。"
④ 钱穆：《朱子学提纲》，台北东大图书公司 1991 年版，第 166 页。

三、读书心态

（一）姿态

如前所述，在朱子看来，最理想的读者是敬虔的、被动的读者，他对于圣经的态度是顺服的、尊重的态度。在圣经面前，读者必须表现出相应与相宜的姿态："学者读书，须要敛身正坐，缓视微吟，虚心涵咏，切己体察。"① 这种读书举止牵涉到身体之姿势（敛身正坐）、视觉之样式（缓视）、声音之情态（微吟）以及心之状况（虚心）等诸种要件，读书成了一种特殊的身心投入之"行为"，这种行为已远远超出了普通意义上的读书之含义，而成了一种读者和作者（圣贤）直接沟通的行为：

> 大抵所读经史，切要反复精详，方能渐见旨趣。诵之宜舒缓不迫，令字字分明。更须端庄正坐，如对圣贤，则心定而义理易究。②

为了进入这种读书状态，必须事先有所准备，有门人问读何书，朱子并未直接作答，而是回以："公心放已久，精神收拾未定，无非走作之时。可且**收敛精神**，方好商量读书。"继谓之曰："《玉藻》九容处，且去子细体认。待有意思，却好读书。"③ 对于身心走放之人，朱子通常的建议是先静坐，再读书：

> 大抵人要读书，须是先收拾身心，令稍安静，然后开卷，方有所益。若只如此驰鹜纷扰，则方寸之间，自与道理全不相近，如何看得文字？今亦不必多言，但且**闭门端坐半月十日**，却来观

---

① 《朱子语类》卷十一，《朱子全书》第 14 册，第 334 页。
② 《与魏应仲》，《晦庵先生朱文公文集》卷三十九，《朱子全书》第 22 册，第 1767 页。
③ 《朱子语类》卷一百二十，《朱子全书》第 18 册，第 3792 页。

书，自当信此言之不妄也。①

如此，读书行为与收拾身心联系在了一起，为了进入读书这一复杂过程，有时还必须经历"闭门端坐"这样一个严格的预备阶段。

（二）专心

专心强调的是投入精神，朱子对此有"葬身"之喻：

> 读书者当**将此身葬在此书中**，行住坐卧，念念在此，誓以必晓彻为期。看外面有甚事，我也不管，只恁一心在书上，方谓之善读书。②

又说：

> 读书，须是要身心都入在这一段里面，更不问外面有何事，方见得一段道理出。③

"将身葬在此书中"、"一心在书上"、"身心都入在这一段里面"都说明读书要有专心，要有完全投入之精神，朱子曾形象地把这种专心精神比喻成"踏翻了船，通身都在那水中"④。

（三）虚心

虚心读书，是朱子反复强调的一个主题。有门人问读经之法，朱

---

① 《答周深父》，《晦庵先生朱文公文集》卷六十三，《朱子全书》第 23 册，第 3086 页。
② 《朱子语类》卷一百一十六，《朱子全书》第 18 册，第 3672 页。
③ 《朱子语类》卷十一，《朱子全书》第 14 册，第 333 页。
④ 《朱子语类》卷一百一十四，《朱子全书》第 18 册，第 3610—3611 页。

子曰:"亦无法,只是虚心平读去。"① "虚心"即是要克服"浮论"、"先入之见",克服"六经注我"式的主观随意性。在朱子看来,读书不虚心,就无法真正领会圣贤话语,就会认己意、私意为圣贤之意:

> 大凡人读书,且当**虚心一意**,将正文熟读,不可便立见解。②
> 看文字须是虚心。莫先立己意,少刻都错了。③
> 读书,**第一莫要先立个意去看它底**。④
> 今学者不会看文字,多是**先立私意**,自主张己说,只借圣人言语做起头,便自把己意接说将去。病痛专在这上,不可不戒。⑤
> 看书,不可将自己见硬参入去。**须是除了自己所见**,看他册子上古人意思如何。⑥
> 初看时便**先断以己意**,前圣之说皆不可入。此正当今学者之病,不可不知。⑦

在读书过程之中,个人当然会产生一些初步的见解,对于这些初步见解,朱子认为必须予以警惕:"读书若有所见,未必便是,不可便执着。且放在一边,益更读书,以来新见。若执着一见,则此心便被此见遮蔽了。"⑧

虚心是为了防止"用己意迁就圣贤之言",只有心"虚"了,圣贤之话语才能得到"落实"的空间,才能让圣书之"原意"如其所是地

---

① 《朱子语类》卷十一,《朱子全书》第14册,第344页。
② 《朱子语类》卷十一,《朱子全书》第14册,第348页。
③ 《朱子语类》卷十一,《朱子全书》第14册,第335页。
④ 《朱子语类》卷十一,《朱子全书》第14册,第349页。
⑤ 《朱子语类》卷一百一十七,《朱子全书》第18册,第3681页。
⑥ 《朱子语类》卷十一,《朱子全书》第14册,第341页。
⑦ 《朱子语类》卷十一,《朱子全书》第14册,第347页。
⑧ 《朱子语类》卷十一,《朱子全书》第14册,第341页。

展现出来。这颇有点类似于现象学中的"悬搁",只有"悬搁"了,才能"面向实事本身"。不过在现象学悬搁那里,更多强调的是"直观"(视觉)的旨趣,而在朱子这里,则表现出"倾听"(听觉)的取向:

凡看书,须虚心看,不要先立说。看一段有下落了,然后又看一段。须如人受词讼,**听其说尽**,然后方可决断。①

做好将圣人书读,见得他意思**如当面说话相似**。②

读书,**如问人事一般**。如知彼事,须问彼人。今却不问其人,只以己意料度,谓必是如此。③

在这三个读书的比喻中,读者的身份首先是一个**倾听者**,读书的艺术乃是倾听的艺术。"听"和"看"有着非常重要的区别:听者的心态是期待的、接受的、投入的,听者不可能同视者将目光任意浏览周遭的对象那样,任意听取周遭的声响,倾听总是期待着的,总是沉浸于所听的对象之中的。换言之,听觉不像视觉那样可以游离于所关注的对象之外。④ 倾听式的读书法一方面揭示了读者在文本面前的"被动性",用朱子的术语是"义理自出",另一方面也突显了读者与文本(以及文本背后的圣贤)之间的亲切与亲和的关系。这与出于一己之趣的走马观花式的看书法有着本质的差别。

时下对"合法成见"的辩护、对"原意说"的讨伐成了随意解读乃至歪读经典者的"护身符"。殊不知真正的阅读倘没有自觉克服自家成见的努力(朱子所谓虚心的工夫),倘没有对经典原意的尊重,则其读

---

① 《朱子语类》卷十一,《朱子全书》第 14 册,第 335 页。
② 《朱子语类》卷十,《朱子全书》第 14 册,第 314 页。
③ 《朱子语类》卷十一,《朱子全书》第 14 册,第 342 页。
④ 对"看"与"听"的现象学区分,可参见 Hans Jonas, *The Phenomenon of Life: Toward a Philosophical Biology*, pp. 145-149。

书之所得绝不会是什么"视界的融合"（fusion of horizons），而只能是自封于一己的"旧见"。实际上，朱子对克服成见之困难，深有所感：

> 某尝见人云："大凡心不公底人，读书不得。"今看来，是如此。如解说**圣经**，一向都不有自家身己，全然虚心，只把他道理自看其是非。**恁地看文字，犹更自有牵于旧习，失点检处**。全然把一己私意去看圣贤之书，如何看得出。①

这段话充分体现出朱子取其上仅得其中之忧虑，即便"全然虚心"，把自家身己搁置，犹难以彻底克服"旧习"，仍难免有"失检点处"，今却以"成见"、"旧习"为合法，并辩称无此成见与旧习，则任何理解皆不可能，于是，"作者死了"，"原意说"陷入泥沼，这究竟是读者的"解放"与"解脱"还是作茧自缚而不自知呢？

（四）退一步

朱子还用"退一步"来进一步阐释"虚心"之读书法：

> 学者观书，病在只要向前，**不肯退步看**。愈向前，愈看得不分晓。**不若退步，却看得审**。大概病在执着，不肯放下。正如听讼：心先有主张乙底意思，便只寻甲底不是；先有主张甲底意思，便只见乙底不是。不若姑置甲乙之说，徐徐观之，方能辨其曲直。横渠云："濯去旧见，以来新意。"此说甚当。**若不濯去旧见，何处得新意来**。今学者有二种病，一是主私意，一是旧有先入之说，虽欲摆脱，亦被他自来相寻。②

---

① 《朱子语类》卷十一，《朱子全书》第14册，第336页。
② 《朱子语类》卷十一，《朱子全书》第14册，第342—343页。

又：

> 再问："所说'寻求义理，仍须虚心观之'，不知如何是虚心？"曰："须**退一步思量**。"次日，又问退一步思量之旨。曰："从来不曾如此做工夫，后亦自难说。**今人观书，先自立了意后方观，尽率古人语言入做自家意思中来。如此，只是推广得自家意思，如何见得古人意思。须得退步者，不要自作意思，只虚此心将古人语言放前面，看他意思倒杀向何处去。**如此玩心，方可得古人意，有长进处。且如孟子说《诗》，要'以意逆志，是为得之'。逆者，等待之谓也。如前途等待一人，未来时且须耐心等待，将来自有来时候。他未来，其心急切，又要进前寻求，却不是'以意逆志'，是以意捉志也。如此，只是牵率古人言语，入做自家意中来，终无进益。"①

"退一步"既指从私人的先入之见中退出来，也指从"急迫"、"急切"的心态中退出来，于是，在朱子这里，"以意逆志"便成了"耐心等待"圣贤原意的方法。如果说"虚心"重在对先入之见的悬搁，那么，"耐心"则重在对急迫情绪的悬搁：

> 今人读书，看未到这里，心已在后面；才看到这里，便欲舍去了。②
> 凡看圣贤言语，**不可迫得太紧**。③
> 读书，**放宽**着心，道理自会出来。若忧愁**迫切**，道理终无缘

---

① 《朱子语类》卷十一，《朱子全书》第 14 册，第 335—336 页。
② 《朱子语类》卷十，《朱子全书》第 14 册，第 319 页。
③ 《朱子语类》卷十一，《朱子全书》第 14 册，第 342 页。

得出来。①

> 读书要须**耐烦**，努力翻了巢穴。譬如**煎药**，初煎时，须猛着火；待衮了，却退着，以慢火养之。读书亦须如此。②

朱子将读书喻为慢火煎药，可见读书需要一种从容不迫、气闲神定的心态，三心二意、六神不定是读不好书的。所以心"虚"之外，尚须"定"：

> 学者观书多走作者，亦恐是根本上功夫未齐整，只是以纷扰杂乱心去看，不曾以**湛然凝定心**去看。不若先涵养本原，且将已熟底义理玩味，待其浃洽，然后去看书，便自知。③

有时，朱子又把湛然凝定心拟为"止水"、"明镜"：

> 心不定，故见理不得。今且要读书，须先定其心，使之如止水，如明镜。暗镜如何照物！④

虚心也好，耐心也好，实质上都是要**尊重文本、尊重作者**的一种要求，朱子曾把这种读书的方法称为"**以书观书**"、"**以他说看他说**"⑤。这种读书法与六经注我式的读书法迥异其趣，甚至它也不应简单地被归为"我注六经"法。在朱子这里，读书的大忌是"以己观物"，"我"在阅读过程中必须是隐退的、悬搁的，既不是我注六经，更不是六经注我，

---

① 《朱子语类》卷十，《朱子全书》第 14 册，第 317 页。
② 《朱子语类》卷一百一十五，《朱子全书》第 18 册，第 3638—3639 页。
③ 《朱子语类》卷十一，《朱子全书》第 14 册，第 333 页。
④ 《朱子语类》卷十一，《朱子全书》第 14 册，第 333 页。
⑤ 《朱子语类》卷十一，《朱子全书》第 14 册，第 337 页。

而是六经注六经。

对文本的尊重,在朱子的读书法中还进一步体现为"**不添字**"、"**不强断**"、"**不强解**"、"**不强说**"的要求:

> 看文字,且依本句,不要添字。那里元有缝罅,如合子相似。自家只去抉开,不是浑沦底物,硬去凿;亦不可先立说,牵古人意来凑。①
>
> 问:"看理多有疑处。如百氏之言,或疑其为非,又疑其为是,当如何断之?"曰:"不可强断,姑置之可也。"②
>
> 经书有不可解处,只得阙。若一向去解,便有不通而谬处。③

对文本的尊重实质上也是对文义(义理系统)、对圣经原意的尊重。朱子反复强调圣贤话语有其本己的"语脉","安顿得各有所在",不容人臆测与胡说:

> 今之谈经者,往往有四者之病:本卑也,而抗之使高;本浅也,而凿之使深;本近也,而推之使远;本明也,而必使至于晦。此今日谈经之大患也。④

为了避免不必要的误解,应该指出,上面所说的对文本的尊重也好,对读者敬虔性、被动性、虚心、平心之要求也好,绝不意味着读者只是一个毫无主见的接受机器:

---

① 《朱子语类》卷十一,《朱子全书》第 14 册,第 340 页。
② 《朱子语类》卷十一,《朱子全书》第 14 册,第 343 页。
③ 《朱子语类》卷十一,《朱子全书》第 14 册,第 351 页。
④ 《朱子语类》卷十一,《朱子全书》第 14 册,第 351 页。

> 看人文字，不可随声迁就。我见得是处，方可信。须沉潜玩绎，方有见处。不然，人说沙可做饭，我也说沙可做饭，如何可吃！①

强调虚心、平心，只是为了读者更好地面向义理本身，这一点在《答陆子静》一书中说得很清楚，陆象山曾以"甲与乙辨，方各自是其说，甲则曰愿乙平心也，乙亦曰愿甲平心也。平心之说恐难明白"质疑朱子，朱子应以：

> 所谓平心者，非直使甲操乙之见，乙守甲之说也，亦非谓都不论事之是非也，但欲两家姑暂置其是己非彼之意，然后可以据事论理，而终得是非之实。②

显然，这是一种直面实事，将说理进行到底的精神。

另外，朱子虽然也强调读书要有怀疑精神、要善于思索，但他更着意指出，怀疑与思索是建立在尊重文本的基础上面的：

> 某向时与朋友说读书，也教他去思索，求所疑。近方见得，读书只是且恁地虚心就上面熟读，久之自有所得，亦自有疑处。盖熟读后，自有窒碍，不通处是自然有疑，方好较量。今若先去寻个疑，便不得。③

（五）少读、徐读、熟读与玩味

读书最忌囫囵吞枣，不求甚解，朱子反复强调读书不要贪多、图快，要少读、慢读、熟读：

---

① 《朱子语类》卷十一，《朱子全书》第14册，第342页。
② 《答陆子静》，《晦庵先生朱文公文集》卷三十六，《朱子全书》第21册，第1575页。
③ 《朱子语类》卷十一，《朱子全书》第14册，第343页。

少看熟读，反复体验，不必想象计获。只此三事，守之有常。①

大凡看文字：**少看熟读**，一也；不要钻研立说，但要**反复体验**，二也；埋头理会，不要求效，三也。三者，学者当守此。②

《论语》一章不过数句，易以成诵，成诵之后，**反复玩味**于燕间静一之中，以须其浃洽可也。《孟子》每章或千百言，反复论辩，虽若不可涯者，然其条理疏通，语意明洁，徐读而以意随之，出入往来以十百数，则其不可涯者，将可有以得之于指掌之间矣。③

读书之法，**先要熟读**。须是正看背看，左看右看。看得是了，未可便说道是，更须**反复玩味**。④

书须熟读。所谓书，只是一般。然读十遍时，与读一遍时终别；读百遍时，与读十遍又自不同也。⑤

读书无甚巧妙，**只是熟读**，字字句句，对注解子细辨认语意。解得一遍是一遍工夫，解得两遍是两遍工夫。工夫熟时，义理自然通贯，不用问人。⑥

为人自是为人，读书自是读书。凡人若读十遍不会，则读二十遍；又不会，则读三十遍至五十遍；必有见到处。五十遍瞑然不晓，便是气质不好。今人未尝读得十遍，便道不可晓。⑦

少读、慢读、熟读，然后才可以玩味：

---

① 《朱子语类》卷十，《朱子全书》第14册，第318页。
② 《朱子语类》卷十，《朱子全书》第14册，第318页。
③ 《读书之要》，《晦庵先生朱文公文集》卷七十四，《朱子全书》第24册，第3583页。
④ 《朱子语类》卷十，《朱子全书》第14册，第317—318页。
⑤ 《朱子语类》卷十，《朱子全书》第14册，第321—322页。
⑥ 《朱子语类》卷一百二十，《朱子全书》第18册，第3784页。
⑦ 《朱子语类》卷十，《朱子全书》第14册，第322页。

> 大凡读书，须是熟读，熟读了，自精熟；精熟后，理自见得。如吃果子一般，劈头方咬开，未见滋味，便吃了。须是细嚼教烂，则滋味自出，方始识得这个是甜是苦，是甘是辛，始为知味。①

"玩味"乃是圣经的言说方式本身所要求的，因为在朱子看来，《论语》、《孟子》等经典之言多若"慎言"和"切言"，即不尽其所有余，若有所引而不发，其目的无非是让学者自己去玩味，以求深思自得。而只有熟读，才能玩味。②

（六）读书如鏖战

朱子讲读书要专心、平心、虚心、耐心、"放宽着心"，要"退一步"，要比慢、比熟，要玩味，如果说这一切都是凸显读书之"从容"、"淡定"的一面，那么读书如鏖战的说法，则说明读书活动又是注意力、意志力高度集中的活动。

> 看文字须是如猛将用兵，直是**鏖战**一阵；如酷吏治狱，直是推勘到底；决是不恕他，方得。③
>
> 人言读书当从容玩味，此乃**自怠**之一说。若是读此书未晓道理，虽不可急迫，亦不放下，犹可也。若徜徉终日，谓之从容，却无做工夫处。譬之煎药，须是以**大火煮衮**，然后以慢火养之，

---

① 《朱子语类》卷十，《朱子全书》第 14 册，第 320 页。
② 又如："读来读去，少间晓不得底，自然晓得；已晓得者，越有滋味。**若是读不熟，都没有这般滋味**。"（《朱子语类》卷十，《朱子全书》第 14 册，第 323 页）应该指出的是，朱子尽管说过"书只贵熟读，别无方法"，"书只贵读，读多自然晓"，但朱子亦反复强调"思量"之重要，"读了又思，思了又读，自然有意。若读而不思，又不知其意味"，又说"读之法：读了一遍，又思量一遍；思量一遍，又读一遍。"（《朱子语类》卷十，《朱子全书》第 14 册，第 323—324 页）
③ 《朱子语类》卷十，《朱子全书》第 14 册，第 316 页。读书、为学"如用兵相杀，争得些儿小可一二十里地，也不济事。须大杀一番，方是善胜。"（《朱子语类》卷十，《朱子全书》第 14 册，第 315 页）

却不妨。

　　须是**一棒一条痕，一掴一掌血**，看人文字，要当如此，岂可忽略。

　　看文字须大段着精彩看，**耸起精神，树起筋骨**，不要困，**如有刀剑在后一般**。就一段中，须要透。击其首则尾应，击其尾则首应，方始是。不可按册子便在，掩了册子便忘却；看注时便忘了正文，看正文又忘了注。①

显然，专心、平心、虚心、宽心、"退一步"旨在强调读书首先要搁置自家的先入之见以及"欲速"、"期必"心态，而读书如"鏖战"、"酷吏用法"、"有刀剑在后"等诸喻则旨在强调读书活动是聚精会神的活动。前者之弊在懈怠，后者之弊在躐等、责效、欲速，故两者须相互为用。如果说前者的工夫是"勿助长"，后者无疑是"勿忘"②，此种"勿助长"、"勿忘"的读书工夫本身就是修身的工夫，毕竟读书也是"格物"之一事。

四、读书次第

　　解经、读书既然成了工夫问题，因而亦有次第可言，这里次第有两个含义，一是读何书之次第，一是如何读之次第。

（一）读何书之次第

　　四书六经皆属圣经，由哪一本读起，此即所谓"读何书之次第"：

---

① 《朱子语类》卷十，《朱子全书》第14册，第315页。
② 朱子讲读书须是"紧着工夫""不可悠悠"，但又要"不须忙"。显然，前者即是"勿忘"工夫，后者即是"勿助长"工夫。（参见《朱子语类》卷十，《朱子全书》第14册，第319页）

> 今人只为不曾读书,只是读得粗书。凡读书,先读《语》、《孟》,然后观史,则如明鉴在此,而妍丑不可逃。若未读彻《语》、《孟》、《中庸》、《大学》,便去看史,胸中无一个权衡,多为所惑。又有一般人都不曾读书,便言我已悟得道理,如此便是恻隐之心,如此便是羞恶之心,如此便是是非之心,浑是一个私意。①

读何书之次第问题,在普通的读者那里根本不成一问题,或者说至少是什么大问题。但在儒学系统内部,却是一个极其重要的问题,它不仅牵涉入手的门路问题,甚至也关系到义理系统的诠释与阐发问题、关系到修行之步骤问题。圣经因载有圣贤之意、形上之道而得以保证读者通过阅读建立起圣传系统的价值度规,亦同时明了"道心"(天理)与"人心"(私意)之本质区别。这也是朱子说的"大本",有了这个"大本",也就具备了圣传系统的权衡的标准与鉴别能力,于是读史乃至读诸子百家不过是这一标准的进一步运用、验证而已:

> 为学须是先立大本。其初甚约,中间一节甚广大,到末梢又约。孟子曰:"博学而详说之,将以反说约也。"故必先观《论》、《孟》、《大学》、《中庸》,以考圣贤之意;读史,以考存亡治乱之迹;读诸子百家,以见其驳杂之病。其节目自有次序,不可逾越。②

---

① 《朱子语类》卷十一,《朱子全书》第 14 册,第 353—354 页。需要指出的是,在宋学中对读书次第的强调并非始于朱子,伊川已有"入德之门,无如《大学》。今之学者,赖有此一篇书存。其他莫如《论》、《孟》"(《河南程氏遗书》卷二十二,《二程集》,第 277 页)之语。

② 《朱子语类》卷十一,《朱子全书》第 14 册,第 345 页。"今人读书未多,义理未至融会处,若便去看史书,考古今治乱,理会制度典章,譬如做陂塘以溉田,须是陂塘中水已满,然后决之,则可以流注滋殖田中禾稼。若是陂塘中水方有一勺之多,遽决之以溉田,则非徒无益于田,而一勺之水亦复无有矣。读书既多,义理已融会,胸中尺度一一已分明,而不看史书,考治乱,理会制度典章,则是犹陂塘之水已满,而不决以溉田。若是读书未多,义理未有融会处,而汲汲焉以看史为先务,是犹决陂塘一勺之水以溉田也,其涸也可立而待也。"(《朱子语类》卷十一,《朱子全书》第 14 册,第 353 页)

需要指出的是，朱子在读何书次第上曾有不同的说法，他还给出过《大学》—《论》—《孟》—《中庸》—《诗》—《书》—《礼》—《乐》—《易》这一更加详细的序列。① 而今人对他的评价亦因人而异。好评者如马一浮先生云：

> 朱注字字称量而出，深得圣人之用心。故谓治群经必先求之四书，治四书必先求之朱注。②

而牟宗三先生则对此颇多微词。他说朱子阅读次第若只一般看，亦并不错，但若涉及《大学》内容之解释问题以及与《论》、《孟》、《中庸》乃至《易传》之关系问题，则立见朱子将阅读次序问题（先读《大学》）与立教方向问题或圣功本质问题（以《大学》为定本）混而为一为不妥者。③

（二）如何读之次第

不仅读何书有一个次第的问题，就是读同一本书，亦存在一个次第的问题，这一点朱子也是反复强调的。这里的"次第"有以下几层含义。

1. 文字阅读上面的次第

> 知读书有渐，甚善甚善。但亦须且读一书，先其近而易知者，字字考验，句句推详，上句了然后及下句，前段了然后及后段，乃能真实该徧，无所不通。使自家意思便与古圣贤意思泯然无间，

---

① 《答黎季忱》，《晦庵先生朱文公文集》卷六十二，《朱子全书》第 23 册，第 3006 页。
② 马一浮著，滕复编：《马一浮新儒学论著辑要：默然不说声如雷》，中国广播电视出版社 1995 年版，第 149 页。
③ 牟宗三对朱子胶着于《大学》，顺《大学》之现象学地凭说而胶着下去之做法亦有系统之批评。（参见牟宗三：《心体与性体》[下]，第 47—52 页）

不见古今彼此之隔，乃为真读书耳。①

以一书言之，则其篇章文句、首尾次第，亦各有序而不可乱也。量力所至，约其程课而谨守之。字求其训，句索其旨，未得乎前，则不敢求其后；未通乎此，则不敢志乎彼。如是循序而渐进焉，则意定理明，而无疏易凌躐之患矣。②

这种由**字**—**句**—**段**逐渐递进的阅读方式，亦即朱子所谓的"渐"，充分体现出朱子对文本本身的尊重精神，但朱子的本意并非让读者执守个中字句细节而忽视整体文义的"字句主义"（letterism），相反字句主义恰恰是朱子极力排斥的：

凡读书，须看上下文意是如何，不可泥着一字。③
读书，须看他文势语脉。④

尊重文本也不是要溺于文字、而食古不化，而是通过此阅读方式达致"通透"乃至"纯熟"。

将大段分作小段，字字句句不可容易放过，常时暗诵默思，反复研究，未上口时须教上口，未通透时须教通透，已通透后便要纯熟，直得不思索时此意常在心胸之间，驱遣不去，方是此一段了。又换一段看，令如此，数段之后，心安理熟，觉得工夫省力时，便渐得力也。⑤

---

① 《答林退思补》，《晦庵先生朱文公文集》卷六十二，《朱子全书》第 23 册，第 2992 页。
② 《读书之要》，《晦庵先生朱文公文集》卷七十四，《朱子全书》第 24 册，第 3583 页。
③ 《朱子语类》卷十一，《朱子全书》第 14 册，第 350 页。
④ 《朱子语类》卷十，《朱子全书》第 14 册，第 327 页。
⑤ 《答黄子耕》，《晦庵先生朱文公文集》卷五十一，《朱子全书》第 22 册，第 2377 页。

而纯熟当然也不只是文字意义上背诵如流，而是将圣贤之言"烂熟于心"，圣贤之言化为己言，圣贤之意化为己意：

> 大抵观书先须熟读，使其言皆若出于吾之口；继以精思，使其意皆若出于吾之心，然后可以有得尔。然熟读精思既晓得后，又须疑不止如此，庶几有进。若以为止如此矣，则终不复有进也。①

2. 由易及难、由近及远的次第

> 学者理会文义，只是要先理会难底，遂至于易者亦不能晓。《学记》曰："善问者如攻坚木，先其易者，后其节目。"所谓"攻瑕，则坚者瑕；攻坚，则瑕者坚"，不知道理好处又却多在平易处。②

> 盖所谓道之全体虽高且大，而其实未尝不贯乎日用细微切近之间。苟悦其高而忽于近，慕于大而略于细，则无渐次经由之实，而徒有悬想跂望之劳，亦终不能以自达矣。③

由易及难、由近及远不只是阅读圣经的一种读书方法，而且这是儒家道理本身之要求，儒家道理大多在"平易处"，在"日用细微切近之间"。

3. 由外及里的次第

由外及里的阅读次第乃是文本意义的多重性本身所要求的：

> 圣人言语，一重又一重，须入深去看。若只要皮肤，便有差

---

① 《朱子语类》卷十，《朱子全书》第 14 册，第 321 页。
② 《朱子语类》卷十一，《朱子全书》第 14 册，第 340 页。
③ 《答林退思》，《晦庵先生朱文公文集》卷六十二，《朱子全书》第 23 册，第 2995 页。

错。须深沉，方有得。①

把文字来平看，不要得高。第一番，且平看那一重文意是如何？第二番，又揭起第一重，看那第二重是如何？第三番，又揭起第二重，看那第三重是如何？看来看去，二十番、三十番，便自见得道理有稳处。②

所以，如何读之次第，不只是接受者、解经者之主观参与过程，而且也是经文本身的客观要求，如此，任何助长与躐等都是应该避免的。正因为文本结构以及义理系统有如此种种之次第，所以读者读书就必须具备耐心：

观书须宽心平易看，先见得大纲道理了，然后详究节目。公今如人入大屋，方在一重门外，里面更有数重门未入未见，便要说他房里事，如何得！③

为学读书，须是**耐烦**细意去理会，切不可粗心……未见道理时，恰如数重物色包裹在里许，无缘可以便见得。须是今日去了一重，又见得一重；明日又去了一重，又见得一重。去尽皮，方见肉；去尽肉，方见骨；去尽骨，方见髓。使粗心大气不得。④

4. 局部与整体循环阅读的次第

朱子这里的读书次第并不是那种不顾"大局"的局部阅读法，因为在阅读的次第中，朱子还特别指出一种类似局部与整体循环的阅读方式：

---

① 《朱子语类》卷十，《朱子全书》第14册，第315页。《朱子语类》卷一百一十四，《朱子全书》第18册，第3624页。
② 《朱子语类》卷一百一十七，《朱子全书》第18册，第3699—3700页。
③ 《朱子语类》卷一百一十八，《朱子全书》第18册，第3711页。
④ 《朱子语类》卷十，《朱子全书》第14册，第326页。

> 若看《大学》，则当且专看《大学》，如都不知有它书相似。逐字逐句一一推穷，逐章反复，通看本章血脉；全篇反复，通看一篇次第；终而复始，莫论遍数，令其通贯浃洽，颠倒烂熟，无可得看，方可别看一书。①

这种局部与整体的循环，不仅仅只限于一本书的阅读，亦存在于整个读书的过程之中：

> 读书若有所见，未必便是，不可便执着。且放在一边，益更读书，以来新见。若执着一见，则此心便被此见遮蔽了。譬如一片净洁田地，若上面才安一物，便须有遮蔽了处。圣人七通八达，事事说到极致处。学者须是多读书，使互相发明，事事穷到极致处。②

如此，因局部阅读而形成的成见会由全篇的阅读的识见所纠正，因一书阅读而形成的成见，会由众书的阅读的识见所纠正，如此而新见迭出，正相互发明。

五、两个"吊诡"

（一）"虚心"与"切己"

在"读书心态"一节，我们可以看到朱子读书法中的两个关键词："虚心"、"切己"，乍看起来，这里存在一个明显的冲突：虚心即是指将自家身己搁置起来，以便以书观书；而切己则恰恰要突显出自家身己。其实虚心所悬搁的自家身己与切己突显的自家身己意义完全不同，

---

① 《答吴伯丰》，《晦庵先生朱文公文集》卷五十二，《朱子全书》第 22 册，第 2421 页。
② 《朱子语类》卷十一，《朱子全书》第 14 册，第 341 页。

前者不过是私意、一己之见（偏见、旧见），所以需要搁置、清除，以便让圣书之本意（本文正意）、圣贤之见展现出来；而后者则是从行为的角度，强调读书与践履密不可分。朱子本人有一句话可以简单明了地概括两者之间的关系：

> 读书须是虚心切己。虚心，方能得圣贤意；切己，则圣贤之言不为虚说。①

实际上，我们通观朱子读书法之种种隐喻，诸如用听觉（**听**圣人之言）、味觉（**味**圣书之意）这一类非视觉行为来比拟读书之方法与态度，无非是要强调读者之虚心倾听、体味圣经这一面向；而用服药、吃饭②这一类身体性活动，来比拟读书之切身面向，则是要标明读书要有"受用"，读书的完整过程早已远远超出了狭隘的视觉活动这一环节，"读"和"做"是紧密相连的，用朱子的话说："读书，且去钻研求索。及反复认得时，且蒙头去做，久久须有功效。"③一言以蔽之，读书，是要**眼头过，口头转，心头运，身体行**。显然，这远远超出了一般意义上的读书行为。

（二）"存心"与"读书"

余英时先生指出，无论是"六经注我"的陆子静，抑或是"泛观博览"的朱元晦都一样没有教人"为读书而读书"的意思，朱陆之间，智识主义与反智识主义的壁垒尚不十分森严。④唐君毅先生亦曾有"凡

---

① 《朱子语类》卷十一，《朱子全书》第 14 册，第 335 页。
② "读书，须是穷究道理彻底。如人之食，嚼得烂，方可咽下，然后有补。"（《朱子语类》卷十，《朱子全书》第 14 册，第 315 页）
③ 《朱子语类》卷一百一十七，《朱子全书》第 18 册，第 3665 页。
④ 余英时：《论戴震与章学诚》，生活·读书·新知三联书店 2000 年版，第 290 页及以下。

第七章　朱子读书法：诠释与诠释之外　　205

象山所言读书之道，朱子皆无不屡屡言及"①之断语。确实，在读书为"第二义"、在"虚心切己"之方法论方面，朱陆确实并无多大的区别。陆王一系之"六经皆我注脚"、文辞皆秕糠之观念，在朱子这里亦有类似登楼撤梯、得意忘言之精神："经之有解，所以通经。既通经，自无事于解，借经以通乎理耳。理得，则无俟乎经。"②

如果说在读书方面朱陆有什么差异，那么，它也不在于圣经意识方面（没有哪个儒者会否认此），不在于读书心态方面（也没有哪个儒者会反对虚心、平心读书），不在于读书次第方面③，甚至亦不在于读不读书、读不读注方面④，而是在"登楼"与"撤梯"、"得意"与"忘言"的次第上面。如果说倡导发明本心之陆王一系有无须阶梯而一步登堂入室之倾向，那么朱子学则突出阶梯之必要性。换言之，在登楼、在得意这一目标上，朱陆并不存在什么异议。差异在于，朱子坚决主张在未登楼之前、在未得意之前，梯阶与言语（圣言）是不能撤掉、不能忘掉的：

　　须思量所以看者何为。非只是空就言语上理会得多而已也。譬如拭桌子，只拭中心，亦不可；但拭四弦，亦不可。须是切己用功，使将来自得之于心，则视言语诚如糟粕。然今不可便视为

---

① 唐君毅：《中国哲学原论·原教篇》，台湾学生书局1990年版，第264页。
② 《朱子语类》卷十一，《朱子全书》第14册，第350页。又林恭甫问："《论语》记门人问答之辞，而《尧曰》一篇乃记尧、舜、汤、武许多事，何也？"曰："不消恁地理会文字，只消理会那道理。譬如吃饭，碗中盛得饭，自家只去吃，看那滋味如何，莫要问他从那处来。《尧曰》一篇，某也尝见人说来，是夫子尝诵述前圣之言，弟子类记于此。先儒亦只是如此说。然道理紧要却不在这里，**这只是外面一重，读书须去里面理会**。譬如看屋，须看那房屋间架，莫要只去看那外面墙壁粉饰。如吃荔枝，须吃那肉，不吃那皮。公而今却是剥了那肉，却吃那皮核！读书须是以自家之心体验圣人之心。少间体验得熟，自家之心便是圣人之心……"（《朱子语类》卷一百二十，《朱子全书》第18册，第3774页）
③ 陆子静亦有"学者读书，先于易晓处，沉涵熟复，切己致思，则他难晓者，涣然冰释矣"（《陆象山全集》，第261页）之观念。
④ 当被问及读六经当看何人之解注问题时，陆子静有"须先精看古注"（《陆象山全集》，第262页）云云之答语。

糟粕也，但当自期向到彼田地尔。①

语言固然是糟粕，但那必须在得意之后。说到底，朱陆差异的根子在于对"心"的理解上面。陆王一系重在发明"道心"之微，而朱子则对"人心"之危颇为警惕，朱子对"以心察心"之取向更是大肆鞭挞：

> 以心察心，烦扰益甚，且又不见事物未至时用力之要。此熹所以不能亡疑也。儒者之学，大要以穷理为先。盖凡一物有一理，须先明此，然后心之所发，轻重长短，各有准则……若不于此先致其知，但见其所以为心者如此，识其所以为心者如此，泛然而无所准则，则其所存所发，亦何自而中于理乎？且如释氏擎拳竖拂、运水般柴之说，岂不见此心？岂不识此心？而卒不可以与入尧舜之道者，正为不见天理，而专认此心以为主宰，故不免流于自私耳。前辈有言，圣人本天，释氏本心，盖谓此也。来示又谓心无时不虚，熹以为心之本体固无时不虚，然而人欲己私汩没久矣，安得一旦遽见此境界乎？故圣人必曰正其心，而正心必先诚意，诚意必先致知，其用力次第如此，然后可以得心之正而复其本体之虚，亦非一日之力矣。②

---

① 《朱子语类》卷十一，《朱子全书》第 14 册，第 339 页。
② 《答张钦夫》，《晦庵先生朱文公文集》卷三十，《朱子全书》第 21 册，第 1313—1314 页。在《答许生》中，朱子又说："夫道之体用盈于天地之间，古先圣人既深得之，而虑后世之不能以达此，于是立言垂教，自本至末，所以提撕诲饬于后人者无所不备。学者正当熟读其书，精求其义，考之吾心，以求其实，参之事物，以验其归，则日用之间讽诵思存、应务接物无一事之不切于己矣。来喻乃谓读书逐于文义，玩索堕于意见，而非所以为切己之实，则愚有所不知其说也。世衰道微，异论蜂起，近年以来，乃有假佛释之似以乱孔孟之实者。其法首以读书穷理为大禁，常欲学者注其心于茫昧不可知之地，以侥幸一旦恍然独见，然后为得。盖亦有自谓得之者矣，而察其容貌辞气之间，修己治人之际，乃与圣贤之学有大不相似者……夫读书不求文义，玩索都无意见，此正近年释氏所谓看话头者……"（《晦庵先生朱文公文集》卷六十，《朱子全书》第 23 册，第 2875—2876 页）

这也是他和陆象山争论的焦点所在:

> 前书诲谕之悉,敢不承教。所谓古之圣贤惟理是视,言当于理,虽妇人孺子有所不弃;或乖理致,虽出古书,不敢尽信,此论甚当,非世儒浅见所及也。但熹窃谓言不难择而理未易明。若于理实有所见,则于人言之是非,不翅黑白之易辨,固不待讯其人之贤否而为去取。不幸而吾之所谓理者或但出于一己之私见,则恐其所取舍未足以为群言之折衷也。况理既未明,则于人之言恐亦未免有未尽其意者,又安可以遽绌古书为不足信,而直任胸臆之所裁乎?①

朱子对"不历阶梯为快"之世风的批评实际上亦是针对象山而发的:

> 大抵近世言道学者,失于太高,读书讲义,率常以径易超绝、不历阶梯为快,而于其间曲折精微正好玩索处,例皆忽略厌弃,以为卑近琐屑,不足留情。以故虽或多闻博识之士,其于天下之义理,亦不能无所未尽。理既未尽,而胸中不能无疑,乃不复反求诸近,顾惑于异端之说,益推而置诸冥漠不可测知之域,兀然终日,味无义之语,以俟其廓然而一悟。殊不知物必格而后明,伦必察而后尽。彼既自谓廓然而一悟者,其于此犹懵然也,则亦何以悟为哉?②

所以,在朱子看来,首要的事情并不在于急于发明本心,因为没有圣书义理系统之参照,人心往往会认私意为公理,认一己之是非为天下之是非。他讥讽陆子"要偷然自在","才读书,便要求个乐处",在他看来,"读书寻到那苦涩处","方解有醒悟"。③ 为防止"直任胸

---

① 《答陆子静》,《晦庵先生朱文公文集》卷三十六,《朱子全书》第21册,第1566页。
② 《答汪尚书》,《晦庵先生朱文公文集》卷三十,《朱子全书》第21册,第1297—1298页。
③ 《朱子语类》卷一百一十九,《朱子全书》第18册,第3751页。

臆之所裁"而陷入主观性之窠臼,就必须借助于读书这一活动。人心颇僻,圣远道晦,读书便成了管摄身心之不可或缺的手段:

> 人常读书,庶几可以管摄此心,使之常存。横渠有言:"书所以维持此心。一时放下,则一时德性有懈。其何可废。"①
>
> 某要得人只就书上体认义理。日间常读书,则此心不走作;或只去事物中衮,则此心易得汩没。知得如此,便就读书上体认义理,便可唤转来。②
>
> 学固不在乎读书,然不读书则义理无由明。③
>
> 本心陷溺之久,义理浸灌未透,且宜读书穷理,常不间断,则物欲之心自不能胜,而本心之义理自安且固矣。④

况且,圣书中尚有"制度名物、行事本末"之物件,此必诉诸经传之认真解读方能体认。⑤

总之,读书实乃"吾事之不可已者"⑥。这里确实存在着一种吊诡式的局面:一方面,人之为学固是要得之于心,体之于身。但不读书,则

---

① 《朱子语类》卷十一,《朱子全书》第14册,第331页。
② 《朱子语类》卷十一,《朱子全书》第14册,第331—332页。
③ 《朱子语类》卷一百二十,《朱子全书》第18册,第3779页。另参见《朱子语类》卷一百二十,《朱子全书》第18册,第3736页。
④ 《朱子语类》卷十一,《朱子全书》第14册,第332页。
⑤ 朱子《学校贡举私议》云:"其治经必专家法者,天下之理,固不外于人之一心。然圣贤之言,则有渊奥尔雅而不可以臆断者。其制度名物、行事本末,又非今日之见闻所能及也。故治经者必因先儒已成之说而推之。借曰未必尽是,亦当究其所以得失之故,而后可以反求诸心而正其缪。此汉之诸儒所以专门名家、各守师说而不敢轻有变焉者也。但其守之太拘,而不能精思明辨以求真是,则为病耳。然以此之故,当时风俗终是淳厚。近年以来,习俗苟偷,学无宗主,治经者不复读其经之本文与夫先儒之传注,但取近时科举中选之文,讽诵摹仿,择取经中可为题目之句,以意扭捏,妄作主张,明知不是经意,但取便于行文,不暇恤也。"(《晦庵先生朱文公文集》卷六十九,《朱子全书》第23册,第3360页)
⑥ 《答曾景建》,《晦庵先生朱文公文集》卷六十一,《朱子全书》第23册,第2974页。

不知心之所得者何事;① 而另一方面,朱子又清楚地认识到,不收摄住身心,就根本无法读书,所谓"如果人心不在躯里,如何读得圣人之书。只是杜撰凿空说,元与他不相似"是也,所谓"立志不定,如何读书"是也,所谓"读书有个法,只是刷刮净了那心后去看"是也。② 况且尚有圣人之前,更有何书可读之诘难。简言之,**只有刮刷净了心才能读书,只有读书才能知道如何刮刷净了心**。如何化解这一貌似的吊诡呢?朱子的"应答"很精辟:读书和存心不是两事,而是同一过程中之两面:

> 须是存心与读书为一事,方得。③
>
> 问:"而今看道理不出,只是心不虚静否?"曰:"也是不曾去看。会看底,就看处自虚静,这个**互相发**。"④

余英时先生将朱陆之异同比拟为基督教神学传统之理性与信仰之异同,但就**读书与收摄身心关系**这一角度看,将之比拟为当代后自由主义神学家林贝克(George A. Lindbeck)所谓的文化—语言进路与体验—表达进路之异同更贴切一些。林贝克的后自由主义神学提出一种文化—语言(cultural-linguistic)进路取代现代性的体验—表达(experiential-expressive)进路,体验—表达模式强调内心体验(宗教体验)是第一位的,它先于一切语言,也先于一切反思,是宗教人内在的情感、意识与体验,宗教义理不过是这种内心体验的表达而已。而文化—语言进路则完全颠倒了内在与外在的关系,它认为"内在体验"恰恰是派生性的,人类的宗教体验在很大程度上是由文化与语言的形式塑造、建构的,没有文化与语言的建构与中介,任何所谓深层的宗教体

---

① 《朱子语类》卷十一,《朱子全书》第 14 册,第 331 页。
② 《朱子语类》卷十一,《朱子全书》第 14 册,第 332—333 页。
③ 《朱子语类》卷十一,《朱子全书》第 14 册,第 332 页。
④ 《朱子语类》卷一百一十六,《朱子全书》第 18 册,第 3660 页。

验都只能是模糊的、无法识别的。① 在某种意义上我们可以说，陆象山是典型的体验—表达进路，因为一切"经典"本身也是"心"之表达，圣人之前有何书可读，这一质问本身就暗示出"体验"—"心"之首要地位，而朱子则坚持个体之心倘若没有经典的"浸灌"、"印证"，则只能陷入主观性的茫然无知与师心自用。陆象山在乃兄规劝下最终没有掷出圣人之前有何书可读这一看似尖锐的问题，但倘站在朱子立场，这个问题实际上并非是什么致人死穴的问题。圣人之前虽无成文的经典可读，但仍有口口相传的教义、不成文的文化传统等一系列由语言符号编织而成的不是书籍的书籍，圣人本身就浸润在语言与文化传统之中，并在其中汲取精神资源，滋养、成就自家的心体。应该指出的是，体验—表达进路与文化—语言进路并非水火不容的两条进路，亦非互不相干的两条进路，两者之间当保持一种微妙的张力与平衡。就当下个体的宗教信仰生活而言，个体的宗教体验是与个体所禀受的观念与传统相互纠缠在一起的，两者之间是一种互动的关系，个体体验和经典世界是相互关联的。后者有助于个体理解当下生活中的体验，而个体的体验又塑造着他对经典的理解。就宗教发生的历史而言，宗教的创立者或先知无疑是有其独特的、源始的信仰体验，这种体验无论是通过口传抑或是文字记载，毕竟是被历史与传统所继承了的，因此，对源始宗教的"再体验"就不可避免地牵涉到"教义的向度"、"语言的向度"。②

---

① 林贝克（George A. Lindbeck）著，王志成译：《教义的本质》，香港道风山基督教文化研究所 1997 年版，第 31—50 页。

② Ninian Smart, *The Religious Experience of Mankind*, New York: Charles Scribner's Sons, 1984, pp. 11-13. 应该指出的，以林贝克的文化—语言进路诠释朱子与陆九渊的分歧只是就读书与收摄身心关系这一角度而论的，外于此，这一进路是无效的。毕竟朱子本人并不否认"本心"在存在论上的优先地位，他只是说在生存论上，本心之如如呈现乃是在长期艰难的修身（包括读书）过程之后。就读书而论，"**盖人生道理合下完具**，所以要读书者，盖是未曾经历见许多。圣人是经历见得许多，所以写在册上与人看。而今读书，只是要见得许多道理。及理会得了，**又皆是自家合下元有底，不是外面旋添得来。**"（《朱子语类》卷十，《朱子全书》第 14 册，第 313 页）

六、结论

朱子意义上的读者既不是猎奇或消遣的现代读者，也不是以解构与批评为业的批评家，而是求道者、修行者，是尊道、尊经、尊圣的儒家信仰共同体中的一员。读者不仅没有宣判"作者死了"，而且反而"见得他意思如当面说话相似"；读者不仅没有否定文本的原意，反而必须"使自家意思"与古圣贤意思"泯然无间"。

朱子这里论及的读书活动也远远超出了现代意义上的单纯阅读这一环节。它牵涉到阅读行为之前的心态调整（闭门端坐、涵养本原、平心）、阅读过程中的身体姿态（敛身正坐、缓视微吟）以及阅读之后的体证、体行（蒙头去做）。这阅读过程的前、中、后三个环节一起构成了朱子所谓的读书活动。如此，读书活动不只是理解活动，亦同时牵涉到"实践之志"，是一种"存养之功"。

而读书的次第问题、心态问题更是清楚地表明朱子的读书活动，在根本意义上是和读者本身的个体修行、个体成长紧密联系在一起的。读书是悟道的一个不可或缺的阶梯，而每一个人的气质、悟性乃至年龄均有差异[①]，所以在朱子那里，读书活动具有强烈的个体性色彩。

与此相关，朱子读书法中所强调的"虚心涵泳"、"退一步"、"以意逆志"、"以书观书"等方法，亦不仅仅是对一己的先入之见的悬搁，更是个人主体修行、变化气质的一种方式。

如果用一个字来概括朱子读书法之精髓，则非"敬"字莫属："盖

[①] 朱子有"为学老少不同"之说："年少精力有余，须用无书不读，无不究竟其义。若年齿向晚，却须择要用功，读一书，便觉后来难得工夫再去理会，须沉潜玩索，究极至处，可也。"（《朱子语类》卷十，《朱子全书》第14册，第323页）周敦颐在郴州时，郡守李初平与之语而叹曰："吾欲读书，何如？"周子曰："公老，无及矣。某也请得为公言之。"于是，初平日听先生语，二年，果有得。事见朱熹撰：《伊洛渊源录》卷一，《朱子全书》第12册，第924页。

圣贤之学，彻头彻尾只是一敬字。"① "尊经"、"贵精熟"、"虚心涵泳"、"平心徐看"、"耐心"、"静心"、"专心"、"退一步"云云皆与"敬"字有关。它不仅是对圣经、圣人、道的一种"敬意"，而且更重要的是这种种的读书要求本身就是一种"敬"的功夫。用今人徐复观先生的话说：

> 敬是一个人的精神的凝敛与集中。精神的凝敛与集中，可以把因发酵而涨大了的自我，回复到原有的分量；于是先前由涨大了的自我而来的主观成见所结成的薄雾，也自然会随涨大部分的收缩而烟消云散，以浮出自己所研究的客观对象；使自己清明的智性，直接投射于客观对象之上；随工夫的积累，而深入到客观对象之中；即不言科学方法，也常能暗合于科学方法。②

要之，"敬"字既有对文本的尊重，对圣书作者的虔敬，对一己私见的悬搁，对圣人之意的期待、认同与敞开；也有读者自家身己的姿态、践履与修行，"敬"字将读书与存心、智性与德行统贯为一个过程。可以说在"敬"字身上，凝结着诠释与诠释之外的种种因素，这可以说是朱子读书与释经的一个重要特色。

这个"敬"字折射出阅读共同体乃是一信仰共同体，在此信仰共同体所隶属的生活世界中，经典乃是神圣的文本（圣经），其神圣性正是读者（信仰者、修行者）在其相应的信仰生活、阅读过程中得到接受的。朱子的读书法实际上揭示了儒学信仰共同体在阅读圣经的过程中所具有的种种性格，这与时下盛行的"合法成见"、"作者死了"、否定原意之类的当代西方诠释学确实存在着扞格不入的地方。在我看

---

① 《答程正思》，《晦庵先生朱文公文集》卷五十，《朱子全书》第22册，第2323页。
② 徐复观：《研究中国史的方法与态度问题》，收入李维武编：《徐复观新儒学论著辑要：中国人文精神之阐扬》，中国广播大学出版社1996年版，第57—58页。

来，后者的真实情形，**与其说是"作者死了"，还不如说是作为信仰共同体的读者死了**，"敬"之阅读氛围不复存在了，信仰成了纯粹个人兴趣而失去了交互主体性的向度，经典（圣经）亦相应地沦为世俗的文本。对合法成见的辩护、作者死了的断言、否定原意的主张均与此信仰—阅读共同体的解散紧密相关。

第八章　王阳明"四句教"的三次辩难及其诠释学义蕴

一、引言

王阳明"四句教"有"悬题"之称，乃明朝思想史上之一大公案，四句之中，尤以首句"无善无恶是心之体"，而致释者聚讼纷纭。由此而起种种学术辩难竟长达数世纪之久。有积极的张扬者如王龙溪（1498—1583），有谨慎的存疑者如泰州传人方学渐（1540—1615）、清儒李绂（1673—1750）[①]，有"曲为回护"者如冯少墟（1556—1627）、刘宗周（1578—1645）、黄宗羲（1610—1695）[②]，有激烈的

[①] 方学渐在《心学宗》中指出："王龙溪《天泉证道记》，以'无善无恶心之体'为阳明晚年之密传。阳明，大贤也，其于心体之善，见之真，论之确，盖已素矣，何乃晚年临别之顷，顿易其素，不显示而密传，**倘亦有所附会而失真欤！**"（《明儒学案·泰州学案四》，《黄宗羲全集》第8册，第99页）李绂《心体无善恶说》一文有"'无善无恶心之体'本龙溪所记《天泉会语》，果否出于阳明先生尚未可知"之语。（参见杨向奎：《穆堂学案》，《清儒学案新编》第三卷，齐鲁书社1994年版，第598页）

[②] 刘蕺山对王龙溪所传的《天泉问答》颇为不满，见其《良知说》一文（《刘宗周全集》第2册，第317页）。刘蕺山在其《钱绪山先生要语序》中对王龙溪的四无说更是极尽挖苦之能事："四无说本于乾竺氏。"（《刘宗周全集》第4册，第5页）又说："王门倡无善无恶之说，终于至善二字有碍。解者曰：'无善无恶，斯为至善。'无乃多此一重之绕乎？善一也，而有有善之善、有无善之善，古人未之及也。即阳明先生亦偶一言之，而后人奉以为圣书，无乃过与？"（《刘宗周全集》第2册，第439页）在《阳明传信录》中，刘蕺山更是径直断言，王阳明有时说无善无恶理之静，但从未说无善无恶心之体。（《刘宗周全集》第5册，第91页）黄宗羲在述及邹东廓《青原赠处》有关四句教记载与王龙溪所传不同时，亦明确指出王龙溪与钱德洪的四句教记载是有问

批判者如唐伯元（1535—1592）、王夫之（1619—1692）、吕留良（1629—1683）、张烈（1662—1685）、颜元（1635—1704）、罗泽南（1808—1856）之流。① 本章拟处理的围绕四句教所发生的三次辩难，皆发生在十六世纪。依时间先后分别为：（1）钱德洪与王龙溪"四有"与"四无"之辩（1527年），此属同门之争，二人皆为浙中王门。（2）许孚远（1535—1604）与周汝登（1547—1629）"九谛"与"九解"之文字官司（1592年前后），此属异门之争，许是湛门（甘泉）弟子，

（接上页）题的。（《明儒学案》卷十六，《黄宗羲全集》第 7 册，第 381—382 页）在《答董吴仲论学书》中，黄宗羲则径陈王阳明之四句教"自相出入"："夫此四句，无论与《大学》文本不合，而先与致良知宗旨不合。"（《黄宗羲全集》第 10 册，第 147 页）在《尚宝周海门先生汝登》一文中，黄宗羲为阳明辩白说："顾泾阳、冯少墟皆以无善无恶一言排捕阳明，岂知与阳明绝无干乎！故学阳明者，与议阳明者，均失阳明立言之旨，可谓之茧丝牛毛乎？"（《明儒学案》卷三十六，《黄宗羲全集》第 8 册，第 113 页）而在《端文顾泾阳先生宪成》一文中，黄宗羲在指出当时学人议阳明者以攻击无善无恶为"大节目"之后，更是情不自禁地为阳明本人大声声援叫屈：无善无恶之说与阳明"绝无干涉"，"呜呼！《天泉证道》龙溪之累阳明多矣！"（《明儒学案》卷五十八，《黄宗羲全集》第 8 册，第 733 页）湛门后学冯从吾在《少墟集》中，先是赞阳明"揭良知之学，新天下耳目，其论甚正"，后斥其徒"浸淫窜入于禅"，并花大量篇幅力斥无善无恶说之非。（参见[明]冯从吾：《少墟集》卷一，收入《文渊阁四库全书》1293 册，第 4、11—12 页）

① 唐伯元甚至对王阳明"心学"的称呼都颇不以为然："心学"二字，《六经》、孔孟所不道……危哉，心乎！判吉凶，别人禽，虽大圣犹必防其防，而敢言心学乎？（[清]顾炎武撰，黄汝成集释、秦克诚点校：《日知录集释》卷十八，岳麓书社 1994 年版，第 656—657 页）张烈称："阳明一出而尽废天下之学术，坏天下之人心。"（《读史质疑》卷四）颜元曰："以无善无恶为心体是告子无善不善之说也，明与《易传》言继善、孟子言性善相反矣。"（《颜氏学记》卷四）王夫之对无善无恶更是口诛笔伐："姚江王氏阳儒阴释诬圣之邪说"，"为刑戮之民、为阉贼之党皆争附焉，而以充其无善无恶、圆融理事之狂妄，流害以相激而相成……"（《张子正蒙注·序论》，《船山全书》第十二册，岳麓书社 1992 年版，第 10 页）吕留良则严辨无善无恶说之逾越圣学界限："若以本体为无善无恶，必将并去其善而后可以复本体也，则凡所谓择善固执、乐善不倦者，不几皆本体之障乎？此正圣学与异端分界之处。此处一差，以下都无是处，不可以不辨也。"又径斥无善无恶说是"圣学之贼也"。（参见其《四书讲义》卷一、卷十二，收入《续修四库全书》第 165 册）罗泽南对刘蕺山、黄宗羲的"善意"否认颇不以为然："或谓天泉一证非阳明之言，不知无善无恶见于《传习录》者不一而足，其所以教人者实不出此四字之窠臼，知此则阳明之书可以一览而知矣。"他还大揭阳明阳儒阴释的"老底"："昔人谓佛经三藏十二部五千四百八十卷一言以蔽之曰无善无恶，吾谓阳明《传习录》、《大学问》、论学诸书亦可以一言蔽之曰无善无恶。无善无恶阳明所不常言也，其说本之告子，出之佛氏。常言之则显入于异端，而不得托于吾儒也。然而千言万语阐明致良知之旨，究皆发明无善无恶之旨，阴实尊崇夫外氏，阳欲篡位于儒宗也。"又说："'无崇无善无恶之教以大张其宗风，扫除学问，捐弃实修，使天下之士尽不知荡检踰闲之为非，其为世道人心之忧可胜言哉！"（[清]罗泽南撰：《姚江学辨》卷一，收入《续修四库全书》第 952 册，第 449—450 页）

周系泰州学派罗汝芳之弟子。①（3）顾泾阳（1550—1612）与管东溟（1537—1608）之辩（1598年），此属有朱子学倾向的东林学派与泰州后学之争。直到清初仍对此问题争讼不已。

辩难与一般的对话不同，辩难是通过论辩而折服对方。它既需要有适合自己的措辞②，同时还要给出让对方信服的理由与证明。因此，辩难的双方都希望以对方可以接受的原则去驳斥对方的观点，换言之，双方都将一些比辩论的论点更基本的原则视为共同的前提。这些被预设的前提是不需要给出理由的，因为，给出的任何理由都不比这些前提更基本、更具合法性。用维特根斯坦的话说，任何证明都是有尽头的，"在有充分根据的信念的根基处，存在着的是无根基的信念"③。这些作为共同前提的信念是理解对方、说服对方的基线，也是双方可以共同诉诸的合法性之源。维特根斯坦曾把这些信念比作是相对固定的"河床"，一切冲刷它们的河水（具体的观点）之流动都受到这一河床的制约。当然，河床也有改道的时候，这相当于信念的"改宗"或范式的转换。依此，我们可以尝试在上述的三次辩难中，寻找出每一次论辩的措辞与双方共同持有的基本信念项，在此基础上寻获三次辩难所共同持有的基本信念项，并进而看清楚先前的哪些基本信念项失效了，而又出现了哪些新的信念项。通过对三次辩难的论辩措辞与河床信念的共时态与历时态的考察，可以使我们从侧面认识新儒学传统（尤其是陆王传统）演化过程中的权威（圣经、圣人、圣传）与个体的体验（心）之间、经典与诠释之间、正统与创新之间存在的种种互动与张力，检讨这种关联亦有助于我们把握儒学传统的诠释性品格及其相关问题。

---

① 周汝登为罗近溪弟子，此袭《明儒学案》之说法。匿名审稿人指出，中国社会科学院彭国翔博士提出"无可置疑的坚强证据"，证明周实乃王龙溪弟子，而与罗汝芳关系较疏远。

② "措辞"一词在此取说服论述之手法诸如譬喻、诉诸权威等义，参见麦克洛斯基等著，许宝强译：《社会科学的措辞》，生活·读书·新知三联书店2000年版，第7—29页。

③ Wittgenstein, *On Certainty*, p. 33.

二、钱德洪对王龙溪:"四有"对"四无"(1527年)

"四句教"文本常见的有三种,以刊行时间先后计:(1)《传习录》(下)。(2)《阳明年谱·三》。(3)《王龙溪全集》卷一《天泉证道纪》。前两种系钱德洪整理,通常认为亦得到了王龙溪的认可,后一种为王龙溪弟子所编。其他相关文献基本上没有超出上述三种文本的内容。①《传习录》的记载如下:

> 丁亥年九月,先生起复征思、田。将命行时,德洪与汝中论学。汝中举先生教言,曰:"无善无恶是心之体,有善有恶是意之动,知善知恶是良知,为善去恶是格物。"德洪曰:"此意如何?"汝中曰:"此恐未是究竟话头。若说心体是无善无恶,意亦是无善无恶的意,知亦是无善无恶的知,物亦是无善无恶的物矣。若说意有善恶,毕竟心体还有善恶在。"德洪曰:"心体是天命之性,原是无善无恶的。但人有习心,意念上见有善恶在。格致诚正修,此正是复那性体功夫。若原无善恶,功夫亦不消说矣。"是夕侍坐天泉桥,各举请正。先生曰:"我今将行,正要你们来讲破此意。二君之见正好相资为用,不可各执一边。我这里接人原有此二种。利根之人直从本源上悟入。人心本体原是明莹无滞的,原是个未发之中。利根之人一悟本体,即是功夫,人己内外,一齐俱透了。其次不免有习心在,本体受蔽,故且教在意念上实落为善去恶。

---

① 四句教文本之考订,可参见陈来:《有无之境:王阳明哲学的精神》,人民出版社1991年版,第193—203页;彭国翔:《明刊〈龙溪会语〉及王龙溪文集佚文——王龙溪文集明刊本考略》,《中国哲学》第十九辑,岳麓书社1998年版,第330—376页;吴震:《天泉证道小考——以〈龙溪会语〉本为中心》,收入吴光主编:《阳明学研究》,上海古籍出版社2000年版,第168—181页。

功夫熟后，渣滓去得尽时，本体亦明尽了。汝中之见，是我这里接利根人的；德洪之见，是我这里为其次立法的。二君相取为用，则中人上下皆可引入于道。若各执一边，眼前便有失人，便于道体各有未尽。"既而曰："已后与朋友讲学，切不可失了我的宗旨：无善无恶是心之体，有善有恶是意之动，知善知恶是良知，为善去恶是格物，只依我这话头随人指点，自没病痛。此原是彻上彻下功夫。利根之人，世亦难遇，本体功夫，一悟尽透。此颜子、明道所不敢承当，岂可轻易望人！人有习心，不教他在良知上实用为善去恶功夫，只去悬空想个本体，一切事为俱不着实，不过养成一个虚寂。此个病痛不是小小，不可不早说破。"是日德洪、汝中俱有省。①

《天泉证道纪》除了多了一层神秘色彩，诸如，四句教乃"传心密藏"，"今既已说破，亦是天机该发泄时，岂容复秘"云云之外，还多了"四无"、"四有"之字眼："四无之说为上根人立教，四有之说为中根以下人立教。""四无"说乃龙溪所主，内容无非是《传习录》所记的"若说心体是无善无恶，意亦是无善无恶的意，知亦是无善无恶的知，物亦是无善无恶的物"，以及《天泉证道纪》所添补的"盖无心之心则藏密，无意之意则应圆，无知之知则体寂，无物之物则用神"。"四有"说乃德洪所持，但令人不解的是无论是《传习录》、《阳明年谱·三》还是《天泉证道纪》都没有"四有"说的具体记载。今四句教文本明确是"一无"（首句）、"三有"（后三句）。那么，"四有"说文本应是什么呢？依陈来先生的看法，《阳明年谱》文本实已有所透露。《阳明年谱》与《传习录》有一处有较大的出入，即多了一段钱德洪请问的内容：

---

① 《王阳明全集》卷三，第117—118页。

德洪请问。先生曰:"有只是你自有,良知本体原来无有,本体只是太虚。太虚之中,日月星辰,风雨露雷,阴霾饐气,何物不有?而又何一物得为太虚之障?人心本体亦复如是。太虚无形,一过而化,亦何费纤毫气力?德洪功夫须要如此,便是合得本体功夫。"①

这一段专门解释本体之无的文字,在陈来先生看来,说明钱德洪对四句教中的本体问题是有疑问的,这也意味着钱德洪的"四有"说与王阳明"四句教"是有所不同的(四句教毕竟只是"三有")。那么,钱德洪的四有说究竟是什么呢?陈来先生认为答案就在江右王门的另一重镇邹东廓的《青原赠处》一文中,邹东廓的文字记载道:王阳明赴两广,钱、王二人依师命各言所学,钱德洪曰:"至善无恶者心,有善有恶者意,知善知恶是良知,为善去恶是格物。"龙溪曰:"心无善而无恶,意无善而无恶,知无善而无恶,物无善而无恶。"阳明笑曰:"洪甫须识汝中本体,汝中须识洪甫工夫。"②由此陈来先生断定,东廓此处所记述的就是钱德洪的"四有"说。

这样,如果我们认可陈来先生的断定,那么,实际上围绕王阳明的四句教,在阳明器重的两个高足③——钱德洪与王龙溪——那里,便有两种不同的理解:"四有"对"四无"。两人分歧的焦点看来并不在本体上,尽管《阳明年谱》德洪"请问"与阳明本体之解答这一段文字暗示出钱德洪对四句教首句本来心存疑虑,然而双方辩论的中心

---

① 《年谱三》,《王阳明全集》卷三十五,第1306页。
② (明)邹守益撰,董平编校整理:《邹守益集》,第103页。
③ 《明儒学案》记载,王阳明平濠归越后,四方之士来学于越者甚众,钱德洪与王龙溪负责"疏通其大旨,而后卒业于文成,一时称为教授师"。(《明儒学案·浙中王门学案一》,《黄宗羲全集》第7册,第253页)

却是"定本"与"权法"问题，亦即工夫问题。这确实有点不可思议，明明钱德洪"四有"之首句"**至善无恶者心**"与四句教之首句"**无善无恶是心之体**"在文字上差异甚大，而且钱德洪对本体问题存有疑虑，为什么四句教首句却不成为两人争论的焦点呢？是不是将邹东廓的记载视为"四有"是有问题的，所谓的钱德洪"四有"说实际上就是阳明的"四句教"呢？抑或钱德洪的疑虑只是发生在天泉证道之前，而天泉证道时，德洪早已接受了阳明的四句教了呢？① 钱德洪学有"数变"，这一点黄宗羲在《明儒学案》之中专门点过。《传习录》下卷更有"洪于是时（阳明起行征思、田，德洪、汝中追送严滩——引者）尚未了达，数年用功，始信本体工夫合一"之记载。但无论如何，四句教的首句没有成为钱德洪与王龙溪辩论的对象，这只能说明钱德洪认为以"无"描述心之本体虽符合心之本然体段，但会导致工夫上的弊端。这才是钱德洪的问题意识之所在。

在复杨斛山（杨爵，1493—1549）的信中，钱德洪明确指出：

> 人之心体一也，指名**曰善可也，曰至善无恶亦可也，曰无善无恶亦可也**。曰善、曰至善，人皆信而无疑矣，又为无善无恶之说者，何也？至善之体，恶固非其所有，善亦不得而有也。至善之体，虚灵也，犹目之明、耳之聪也。虚灵之体不可先有乎善，犹明之不可先有乎色，聪之不可先有乎声也。目无一色，故能尽万物之色；耳无一声，故能尽万物之声；心无一善，故能尽天下万事之善。今之论至善者，乃索之于事事物物之中，先求其所谓定理者，以为应事宰物之则，是虚灵之内先有乎善也。虚灵之内先有乎善，是耳未听而先有乎声，目未视而先有乎色也……虚灵

---

① 方祖猷先生力主所谓的"四有"就是阳明的"四句教"本身，并给出了学理上的解释。参见方祖猷：《天泉证道的"四句教"与"四无说"》，吴光主编：《阳明学研究》，第158—159页。

之蔽,不但邪思恶念,虽至美之念先横于中,积而不化,已落将迎意必之私,而非时止时行之用矣。故先师曰:"无善无恶者心之体",是对后世格物穷理之学,先有乎善者立言也。因时设法,不得已之辞焉耳。①

《语录》亦有"为善不居其有"的说法:

> 去恶必穷其根,为善不居其有,格物之则也。然非究极本体、止于至善之学也。善恶之机,纵其生灭相寻于无穷,是藏其根而恶其萌蘖之生,浊其源而辨其末流之清也。是以知善知恶为知之极,而不知**良知之体本无善恶**也;有为有去之为功,而不知究极本体,施功于无为,乃真功也。正念无念,正念之念,本体常寂,才涉私邪,憧憧纷扰矣。②

这些文字清楚地表明,此时的钱德洪对本体的理解与王阳明、王龙溪毫无二致。因此钱德洪对王龙溪"四无"说的不满不在于首句,而在于后三无。究其缘由无非基于以下几点。

其一,"四无"说容易导致认意见作真体现象:

> 真性流形。莫非自然,稍一起意,即如太虚中忽作云翳。此不起意之教,不为不尽。但质美者,习累未深,一与指示,全体廓然;习累既深之人,不指(致)诚意实功,而一切禁其起意,是又使人以意见承也。久假不归,即认意见作本体,欲根窃发,复以意见盖之,终日兀兀,守此虚见,而与人情物理,常若有二,

---

① (明)钱德洪:《复杨斛山》,《徐爱、钱德洪、董澐集》,第155—156页。
② 《钱德洪语录诗文辑佚》,收入《徐爱、钱德洪、董澐集》,第121页。

将流行活泼之真机，反养成一种不伶不俐之心也。①

应该指出，钱德洪的这一看法并非仅仅是针对王龙溪所发的一番"议论"，而是自家修证过程遭遇的实际问题，这在《与赵大洲书》中有清楚地表白：

> 洪赋质鲁钝，向来习陋未除，误认意见为本体。意见习累，相为起灭，虽百倍惩克，而于此体终隔程途，无有洒然了彻之期。耽搁岁月，浑不自知。上天为我悯念，设此危机，示我生死真境，始于此体豁然若有脱悟，乃知真性本来自足，不涉安排。②

在钱德洪看来，王阳明的四句教是百难千死之中得来的慧见，倘世人"领悟太易"，自不免"认虚见为真得"，"无复向里着己之功矣"。因此他非常强调真实自得与"虚狂之见"的区别，屡屡指明一个"真"字，良知是"**真机**"、"**真性**"、"**真面目**"、"**真意**"、"**真头目**"、"**真体**"，致良知是"**真功**"、"**真信真悟**"、"**真得**"、"**真觉**"。③ 而要见真性、真体，必须有真工夫，必须诉诸诚意实功：

> 盖心无体，心之上不可以言功也。应感起物而好恶形焉，于是乎有精察克治之功。诚意之功极，则体自寂而应自顺，初学以至成德，彻始彻终无二功也。是故不事诚意而求寂与悟，是不入门而思见宗庙百官也；知寂与悟而不示人以诚意之功，是欲人见宗庙百官而闭之门也。④

---

① 《钱德洪语录诗文辑佚》，收入《徐爱、钱德洪、董澐集》，第121页。
② 《钱德洪语录诗文辑佚》，收入《徐爱、钱德洪、董澐集》，第159页。
③ 参见《钱德洪语录诗文辑佚》，收入《徐爱、钱德洪、董澐集》，第119—133页。
④ 《钱德洪语录诗文辑佚》，收入《徐爱、钱德洪、董澐集》，123页。

其二，依钱德洪之见，若像王龙溪那样认为意、知、物亦无善恶言，那么，修复本体的功夫便无从谈起，实功无从保任。他在复王龙溪的信中曾直言相陈：

> 日来论本体处，说得十分清脱，及征之行事，疏略处甚多。此便是学问落空处。①

在他看来，"四无"说尽管有其直趋本体、易简自然之一面，但不免有空疏枯寂、略于实事之弊：

> 吾心本与民物同体，此是位育之根，除却应酬更无本体，失却本体却非应酬。苟于应酬之中，随事随地不失此体，眼前大地何处非黄金。若厌却应酬，必欲去觅山中，养成一个枯寂，恐以黄金反混作顽铁矣。②

在与同学季本（彭山，1485—1563）的信中，他亦直接指出王龙溪之弊：

> 龙溪之见，伶俐直截，泥功夫于生灭者，闻其言自当省发。但渠于见上觉有着处，开口论说，千转百折不出己意，便觉于人言尚有漏落耳。③

在钱德洪看来，无论是倡导收摄归寂的聂双江（1487—1563）、罗念庵（1504—1564）辈，抑或是强调当下承当的王龙溪皆不免脱离

---

① （明）钱德洪：《复王龙溪》，《徐爱、钱德洪、董澐集》，第150页。
② （明）钱德洪：《复王龙溪》，《徐爱、钱德洪、董澐集》，第151页。
③ （明）钱德洪：《与季彭山》，《徐爱、钱德洪、董澐集》，第152页。

人伦事物之嫌：

> 问："致知存乎心悟"。曰："灵通妙觉，不离于人伦事物之中，在人实体而得之耳，是之为心悟。世之学者，谓斯道神奇秘密，藏机隐窍，使人渺茫恍惚，无入头处，固非真性之悟。若一闻良知，遂影响承受，不思极深研机，以究透**真体**，是又得为心悟乎？"①

"致知存乎心悟"本出自王阳明改定的《大学古本序》之结论部分，将致知功夫最终落实于"心悟"上面，极易导向将功夫全然收摄到内心这一思路，龙溪将先天正心功夫与后天诚意功夫对举很可能即受此说影响。钱德洪则坚持将"心悟"落实于"人伦事物之中"，因此，尽管随着德洪为学之变，他与王龙溪的识见日趋接近，如其在与张浮峰的信中所言：

> 龙溪学日平实，每于毁誉纷冗中，益见奋惕。弟向与意见不同，虽承老师遗命，相取为益，**终与入处异路**，未见能浑接一体。归来屡经多故，不肖始能纯信本心，**龙溪亦于事上肯自磨涤**，自此正相当。②

但"龙溪亦于事上肯自磨涤"的说法，说明这种趋近实是双向的。也就是说钱德洪对龙溪的"入处"之弊一直持一种不妥协的态度，这一点在被吕本（1503—1587）称为"无一字不可信而传者"的钱德洪行状中也得到佐证：王龙溪深悟他与钱德洪"所志虽同，资性稍异，各

---

① 《徐爱、钱德洪、董沄集》，第 121—122 页。
② 《徐爱、钱德洪、董沄集》，第 153 页。

有所得力处,亦各有受病处",他对钱德洪说:"君所造大概已坚恳凝定,中间形迹,未尽脱化,未可全道功行未修,或者彻底透露处,尚有可商量在"。钱德洪回应说:"彻底未尽透露,此正向来功行之未修耳。功行若修,更无可商量矣。先师云'眼前利根之人不易得'。学者未肯实用克己功夫,未免在意见上转,遂谓本体可以径造而得,乃于随时实用功处,往往疏略而不精,流入于禅寂而不自觉,甚者恣行无忌,犹自信以为本体自然。此吾党立言之过,不可以不察也。"显然钱德洪关于工夫的看法依然未变,而王龙溪亦坚持:"君指点学者之病,大概了了,未可执以为定见……吾人所学,贵在得悟,若悟门不开,无以证学,一切修行,只益虚妄耳。此非言思所能及。姑默识之,以俟日后之证可也。"①

总之,钱德洪"四有"说重在"后天诚意"、重在修的功夫,而与重"悟"的王龙溪形成鲜明对照。与强调"入处"的钱德洪不同,王龙溪更重视"当下":"当下本体,如空中鸟迹,水中月影,若有若无,若沉若浮,拟议即乖,趋向转背,神机妙应。当体本空,从何处识他?"②与德洪主"修"不同,龙溪更注重"悟":"良知在人,不学不虑,爽然由于固有,神感神应,盎然出于天成。本来真头目,固不待修证而后全。"③与德洪倡"后天诚意"不同,龙溪扬"先天正心",天则流行、触机即发:"良知是天然之灵机,时时从天机运转。变化云为,自见天则,不须防检,不须穷索,何尝照管得?又何尝不照管得!"④

---

① 该行状出自王龙溪之手,参见《徐爱、钱德洪、董澐集》,第411页。
② 《明儒学案·浙中王门学案二》,《黄宗羲全集》第7册,第278页。
③ 《明儒学案·浙中王门学案二》,《黄宗羲全集》第7册,第281页。
④ 《明儒学案·浙中王门学案二》,《黄宗羲全集》第7册,第276页。

三、许孚远对周汝登:"九谛"对"九解"(1592年前后)

周汝登是无善无恶说的积极鼓吹者,"四无"说在明末广为流传,他是功不可没的。① 许孚远属湛门派,但亦颇亲近王学,《明史》说他"笃信良知,而恶夫援良知以入佛者",因而与王门后学发生过激烈的争辩。先是与同郡人罗近溪"讲学不合",后又与罗的弟子杨起元、周汝登南都并主讲席而彼此"论益龃龉"。② 周汝登在讲席上拈出天泉证道发明,许孚远作"九谛"难之,周汝登则以"九解"相辩。《明儒学案》给我们记载了这一辩难的全过程。③

> 谛一云:《易》言元者,善之长也。又言继之者善,成之者性。《书》言德无常师,主善为师。《大学》首提三纲,而归于止至善。夫子告哀公以不明乎善,不诚乎身。颜子得一善,则拳拳服膺而弗失。《孟子》七篇,大旨道性善而已。性无善无不善,则告子之说,孟子深辟之。圣学源流历历可考而知也。今皆舍置不论,而一以无善无恶为宗,则经传皆非。

许孚远援引经传,说明宗善乃深有所本,因而欲以无善无恶为宗则必然意味着与圣学传统的对立。这样,从一开头,许孚远就将周汝登置

---

① 冈田武彦认为"四无"说在明末广泛流行,"实际上是多亏了海门之力"。参见冈田武彦著,吴光等译:《王阳明与明末儒学》,上海古籍出版社2000年版,第189页。
② 《明史》,中华书局1997年版,第1870页。
③ 以下相关引文均出自《明儒学案·泰州学案五》,不再一一注明出处。因本文之旨趣重在对辩难措辞方面的考察,故有意撇开义理方面之诠释。对于"九谛"、"九解"文本义理得失之详细疏解,参见蔡仁厚:《王门天泉"四无"宗旨之论辩》,收入氏著:《新儒家的精神方向》,台湾学生书局1988年版,第239—276页。感谢杨祖汉先生对此的指点及赠寄相关资料。对于"无善无恶"在阳明学及其后学之中的展开之系统考察参见吴震:《阳明后学研究》,上海人民出版社2003年版,第45—116页。另参见荒木见悟著,杜勤、舒志田等译:《佛教与儒教》,中州古籍出版社2005年版,第296—308页;林月惠:《诠释与工夫:宋明理学的超越蕲向与内在辩证》,台北"中央研究院"中国文哲研究所2008年版,等等。

于一二难困境中：或者以善为宗，而弃无善无恶，或者以无善无恶为宗，弃圣学源流于不顾而自绝于经传。

周汝登的应对很巧妙，他指出为善去恶与无善无恶乃两个不同层面："维世范俗，以为善去恶为堤防，而尽性知天，必无善无恶为究竟。"这两个层面不仅不相矛盾，而且应是相贯相通："无善无恶，即为善去恶而无迹，而为善去恶，悟无善无恶而始真。"而宗善一说所宗之善实是有对待的善，因而难明无善无恶之"至善"乃是超对待的：

> 今必以无善无恶为非然者，见为无善，岂虑入于恶乎。不知善且无，而恶更从何容？无病不须疑病。见为无恶，岂疑少却善乎？不知恶既无，而善不必再立。头上难以安头，故一物难加者，本来之体，而两头不立者，妙密之言。

至于经传中言"善"，固然多是善恶相对待，但于发明心性处，则善不与恶对待，《大学》善上加一"至"字曰"至善"，即为表明其无对待义，如荡荡难名为至治，无得而称至德，以及至仁、至礼等一样，"皆因不可名言拟议，而以至名之"，因此，无善无恶与"经传之旨"不违而相通。

> **谛二云**：宇宙之内，中正者为善，偏颇者为恶，如冰炭黑白，非可以私意增损其间。故天地有贞观，日月有贞明，星辰有常度，岳峙川流有常体，人有真心，物有正理，家有孝子，国有忠臣。反是者，为悖逆，为妖怪，为不祥。故圣人教人以为善而去恶，其治天下也，必赏善而罚恶。天之道亦福善而祸淫。积善之家，必有余庆；积不善之家，必有余殃，自古及今，未有能违者也。而今日无善无恶，则人将安所趋舍者欤？

许孚远以善恶为独立于主观私意之外的客观存在的价值，言外之意，无善无恶将善恶囫囵搅在一起，属私意增损。周汝登的回应策略是以其治人之道还治其人之身：中正云云、偏颇云云，不正是私意增损吗？一切有对待的价值，都是"两头语"，是"增损法"：

> 不可增损者，绝名言无对待者也。天地贞观，不可以贞观为天地之善，日月贞明，不可以贞明为日月之善……人有真心，而莫不饮食者此心，饮食岂以为善乎？物有正理，而鸢飞鱼跃者此理，飞跃岂以为善乎？有不孝而后有孝子之名，孝子无孝；有不忠而后有忠臣之名，忠臣无忠。若有忠有孝，便非忠非孝矣……

如此，善恶皆只具有"负面的意义"，皆属私意增损。

> 谛三云：人心如太虚，元无一物可着，而实有所以为天下之大本者在。故圣人名之曰中，曰极，曰善，曰诚，以至曰仁，曰义，曰礼，曰智，曰信，皆此物也。善也者，中正纯粹而无疵之名，不杂气质，不落知见，所谓人心之同然者也，故圣贤欲其止之。而今日无善，则将以何者为天下之大本？其为物不贰，则其生物不测，天地且不能无主，而况于人乎？

心如太虚、无一物可着、不杂气质、不落知见，此种种之说法完全与无善无恶之本体性状无别，这无疑授周汝登以把柄，周的辩解自然借机发力：

> 心如太虚云云，已是斯旨矣，而卒不放舍一善字，则又不虚矣，又着一物矣，又杂气质，又落知见矣，岂不悖乎？太虚之心，无一物可著者，正是天下之大本。

于此之外，另立一大本，则"皆以为更有一物，而不与太虚同体，无惑乎？"周汝登的辩解可谓深契王阳明之"原意"，王阳明曾将恶念既去而又存个善念之做法讥为"日光之中添燃一灯"，实亦是申明此义。

谛四云：人性本善，自蔽于气质，陷于物欲，而后有不善。然而本善者，原未尝泯灭，故圣人多方诲迪，使反其性之初而已。祛蔽为明，归根为止，心无邪为正，意无伪为诚，知不迷为致，物不障为格，此彻上彻下之语，何等明白简易。而今日心是无善无恶之心，意是无善无恶之意，知是无善无恶之知，物是无善无恶之物，则格致诚正工夫，俱无可下手处矣。岂《大学》之教，专为中人以下者设，而近世学者，皆上智之资，不待学而能者欤？

此是下手功夫的质疑，此处许孚远的疑惑与钱德洪对王龙溪"四无"说的疑惑相似，而周汝登的回应亦颇类似王龙溪的回应：

心意之（"之"当为"知"——引者）物，只是一个，分别言之者，方便语耳。下手工夫，只是明善，明则诚，而格致诚正之功更无法……舍是而言正诚格致，头脑一差，则正亦是邪，诚亦是伪，致亦是迷，格亦是障。

许孚远质疑无善无恶之"四无"说终致工夫无从下手，而周汝登则力陈舍"四无"精神，任何工夫都成问题。

谛五云：古之圣贤，秉持世教，提撕人心，全靠这些子秉彝之良在。故曰："民之所好好之，民之所恶恶之"，"斯民也，三代之所以直道而行也"。惟有此秉彝之良不可残灭，故虽昏愚而可喻，虽强暴而可驯，移风易俗，反薄还淳，其操柄端在于此。奈何以为无善无恶，举所谓秉彝者而抹杀之？是说倡和流传，恐有病于世道非细。

谛六云：登高者不辞步履之难，涉川者必假舟楫之利，志道者必竭修为之力。以孔子之圣，自谓下学而上达，好古敏求，忘食忘寝，有终其身而不能已者焉。其所谓克己复礼，闲邪存诚，洗心藏密，以至于惩忿窒欲，改过迁善之训，昭昭洋洋，不一而足也。而今皆以为未足取法，直欲顿悟无善之宗，立跻圣神之地，岂退之所谓务胜孔子者邪？在高明醇谨之士，着此一见，犹恐其涉于疏略而不情，而况天资鲁钝，根器浅薄者，随声附和，则吾不知其可也。

以上两谛皆是从后果、功效方面质疑无善无恶，周汝登的回应要点有四。其一，无善无恶之心之体实是"无作好作恶之心"，此心是"秉彝之良"，是"直道而行"，相反，着于善恶，则无法直道而行。其二，有关"世道"问题，则当分别两种人，一种是"学问不力之人"，其病在"有恶而闭藏"，教之为善去恶可矣；另一种是"学问有力之人"，其病在"有善而执着"，对于这种贤人君子，因不知本自无善，而"妄作善见"，象山已有警告："恶能害心，善亦能害心"，因此"无善无恶"正是对症之药："去缚解粘，归根识止，不以善为善，而以无善为善，不以去恶为究竟，而以无恶证本来，夫然后可言诚正实功，而收治平至效。"其三，着在善恶上，难有真修为，而"无善无恶"不仅不会导致"疏略而不情"，相反"真修为"端赖于此："文成何尝不教人修为？即无恶二字，亦足竭力一生，可嫌少乎？既无恶而又无善，修为无迹，斯真修为也。"

谛七云：《书》曰："有其善，丧厥善。"言善不可矜而有也。先儒亦曰："有意为善，虽善亦粗。"言善不可有意而为也。以善自足则不弘，而天下之善，种种固在。有意为善则不纯，而吉人为善，常惟日不足。古人立言，各有攸当，岂得以此病彼，而概目之曰无善？然则善果无可为，为善亦可已乎？贤者之疑过矣。

此谛，许孚远本来亦是要从功效方面驳斥无善无恶说，然他偏偏毫无必要地援引《书》之有善丧善云云作依据，周汝登对这一"大礼"自然是照单全收："有善丧善，与有意为善，虽善亦私之言，正可证无善之旨。尧舜事业，一点浮云过太虚，谓实有种种善在天下，不可也。吉人为善，为此不有之善，无意之善而已矣。"

谛八云：王文成先生致良知宗旨，元与圣门不异。其集中有"性无不善，故知无不良。良知即是未发之中，即是廓然大公，寂然不动之本体，但不能不昏蔽于物欲，故须学以去其昏蔽。"又曰："圣人之所以为圣人者，以其心之纯乎天理，而无人欲之私也。学圣人者，期此心之纯乎天理而无人欲，则必去人欲而存天理。"又曰："善念存时，即是天理。立志者，常立此善念而已。"此其立论，至为明析。"无善无恶心之体"一语，盖指其未发廓然寂然者而言之，而不深惟（疑当为"违"字——引者）《大学》止至善之本旨，亦不觉其矛盾于平日之言。至谓"有善有恶意之动，知善知恶是良知，为善去恶是格物"，则指点下手工夫，亦自平正切实。而今以心意知物，俱无善恶可言者，窃恐非文成之正传也。

这差不多是许孚远"九谛"中的底线，表明他真正反对的对象，不是王阳明的四句教，而是王龙溪的"四无"说，指出"四无"说不是阳明正传。相应的，周汝登的反击也就从底线入手：

> 致良知之旨，与圣门不异，则无善恶之旨，岂与致良知异耶？不虑者为良，有善则虑而不良矣。"无善无恶心之体"一语，既指未发廓然寂然处言之，已发后岂有二耶？未发而廓然寂然，已发亦只是廓然寂然。知未发已发不二，则知心意知物难以分析，而四无之说，一一皆文成之秘密。非文成之秘密，吾之秘密也，何疑之有？

这里周汝登引"良知"之"良"的"不虑"义佐证"四无"之"无"，于是，"四无"说与"致良知"宗旨若合符契，确然正传，毋庸置疑。

> **谛九云**：龙溪王子所著《天泉桥会语》，以四无四有之说，判为两种法门，当时绪山钱子已自不服。《易》不云乎，"神而明之，存乎其人；默而成之，不言而信，存乎德行。"神明默成，盖不在言语授受之际而已。颜子之终日如愚，曾子之真积力久，此其气象可以想见，而奈何以玄言妙语，便谓可接上根人？……且云："汝中所见是传心秘藏，颜子、明道所不敢言，今已说破，亦是天机该发世时，岂容复秘？"嗟乎！信斯言也，文成发孔子之所未发，而龙溪子在颜子、明道之上矣。……窃恐《天泉桥会语》画蛇添足，非以尊文成，反以病文成……

在谛九中，许孚远使出了最后的撒手锏——儒家的尊古传统，如两种法门、两种根器之判成立，则王龙溪远超颜子、明道之上，王阳明远超孔子之上，今人胜古之圣人，此岂不狂妄至极！许孚远由尊古而疑今，疑以王阳明之圣不会对古圣如此不敬，因而疑四有、四无乃王龙溪所分，非王阳明所作。

周汝登的应答有三。一是法门之判并非王龙溪专利，实乃"发自孔子","知所谓神而明，默而成，则知颜子之如愚，曾子之真积，自有其入微之处"。二是以亚圣孟子为例，谓颜子、明道不敢言等语，虽自觉过高，但亦是"论学话头"，"未足深怪"："孟子未必过于颜、闵，而公孙丑问其所安，绝无逊让，直曰：'姑舍是而学孔子。'……"三是给四无说"找出"一个源远流长的"道统"谱系：

> 若夫四无之说，岂是凿空自创？究其渊源，实千圣所相传者。太上之无怀，《易》之何思何虑，舜之无为，禹之无事，文王之不识不知，孔子之无意无我，无可无不可，子思之不见不动，无声无臭，孟子之不学不虑，周子之无静无动，程子之无情无心，尽皆此旨，无有二义。天泉所证，虽阳明氏且为祖述，而况可以龙溪氏当之也耶？

如此，无善无恶不仅已为孔子所发，亦早为孔子之前的诸圣所发，而此亦遥相回应于谛一之"以无善无恶为宗，弃圣学源流于不顾而自绝于经传"之质疑。

四、顾泾阳对管东溟："太极"对"无极"（1598年）

明末儒学的一个重要议题就是无善无恶之辩，以管志道、陶望龄等人为代表的阳明后学继续张扬无善无恶说，而顾泾阳、顾泾凡、李见罗、钱一本、高攀龙、冯从吾等则极力排斥此说，用钱一本本人的话说："无善无恶之说，近时为顾叔时、顾季时、冯仲好明白排决不已，不至蔓延为害。"①

---

① 《明儒学案》，《黄宗羲全集》第 8 册，第 733 页。无善无恶说的拒斥者对该说之"害"往往以极夸张的方式形容，以顾泾凡为例，他曾引王塘南的话说："无善无恶此语殊未稳，学者依凭此语，**如服毒药，未有不杀人者也**。"他本人甚至上书宫廷，痛陈无善无恶说之"**毒害**"："无善

顾泾阳是明末反对无善无恶说当之无愧的干将，这一点黄宗羲曾有一专门的评价："先生深虑近世学者，乐趋便宜，冒认自然，故于不思不勉，当下即是，皆令究其源头，果是性命上透得来否？勘其关头，果是境界上打得过否？而于阳明无善无恶一语，辩难不遗余力，以为坏天下教法，自斯言始。"① 确实，驳斥无善无恶说贯穿于泾阳一生的著述中，如《小心斋札记》、《泾阳藏稿》、《商语》、《正性编》。甚至在他起草的《东林会约》也专门列入批驳无善无恶说的文字：

> 本体工夫原来合一。夫既无善无恶矣，且得为善去恶乎？夫既为善去恶矣，且得无善无恶乎？然则本体功夫一乎，二乎？将无自相矛盾耶？是故无善无恶之说伸，则为善去恶之说必屈，为善去恶之说屈，则其以亲义序别信为土苴，以学问思辨行为桎梏，一切蔑而不事者必伸。虽圣人复起，亦无如之何矣。②

无疑，拒斥无善无恶说也理所当然地成了东林学派的一个重要任务，有论者甚至断定，东林派在发展方向上，最初就是以克服无善无恶思想为前提的。③ 顾泾阳与管东溟就无善无恶说进行的辩论发生在 1598 年，这在当时是一个非常引人注目的话题，辩论会场挤满了苏州、常州的读书人。按照《顾端文公年谱》记载，两人辩难的起因在于，"管东溟志道

（接上页）无恶之说其圆融巧妙，若超正心诚意而上之。至其酿毒之深，贻祸之远，且在义利双行王伯并用之上。甚可惧也。朱熹又尝答门人吕祖谦曰：孟子一生费尽心力，只破得枉尺直寻四字。今日诸贤苦心劳力，只成就枉尺直寻四字。臣亦曰：孟子一生费尽心力，只破得无善无恶四字；今日讲学家苦心劳力，只成就无善无恶四字。夫学贵治本治变反经，正心诚意四字不著，则无善无恶四字不息；**无善无恶四字不息，则修齐治平未易几也。**"（[明] 顾宪成：《小辨斋偶存》卷三，收入《文渊阁四库全书》第 1292 册，第 273 页）

① 《明儒学案》，《黄宗羲全集》第 8 册，第 732 页。
② （明）顾宪成：《东林会约》，转引自张学智：《明代哲学史》，北京大学出版社 2000 年版，第 406 页。
③ 沟口雄三著，陈耀文译：《中国前近代思想之曲折与展开》，上海人民出版社 1997 年版，第 201 页。

以绝学自居,一贯三教而实专宗佛氏",顾泾阳卫道心切,遂与之"反复辩难"达两年之久,双方后来分别将辩难文字积累成帙,管东溟将其牍名为《问辨》,顾泾阳名其编曰《质疑》。其后,顾泾阳撰《证性编》,将《质疑》两卷收入其中。① 内中先列举管东溟问辨的主要内容,然后一一加以辨正。两人争论涉及诸多议题,但要害则在"无善无恶"上。因此,实际上这里不再是四句教之争,**而是"无善无恶"四字之争**。

而"无善无恶"四字,仔细究来其重点在于强调"无善",原因非常明显,因为"无恶"是从孟子到程朱性论的一个共识,是儒家人性论的一个常识。宋儒将现实人性中"恶"的一面完全归咎于气质之性,天地之性则纯粹至善。刘宗周云:"无善无恶,语虽双提,而意实寄于无善。"② 诚哉是言!"四字之争"严格究来是两字之争。两字之争在二人辩难过程之中衍为洋洋洒洒数万言,但综括双方争论的焦点不外有三。一是"**渊源**",二是"**功效**",三是三教之"**分际**"。"渊源"系就"无善无恶"四字在儒家的传统之中是否有根有据之争,"功效"则系针对"无善无恶"四字在工夫上是否会有弊端之争,而三教之"分际"则涉及如何看待儒佛之界限问题。

先看**根据之争**,二人围绕无善无恶说是否可由周敦颐《太极图说》之中的无极太极说证成、"统体之善"可否以无善无恶表述、无善无恶是否与主流儒家的性善论冲突、无善无恶可否由《中庸》"未发之中"检验、性善是否只是"强名"等诸面向展开激烈争辩,兹分别述之如下。

关于无善无恶可否由周敦颐《太极图说》证成。管东溟力陈"无善无恶心之体"并非阳明凭空臆测,而是出自周敦颐之"太极本无极"。"性,太极也。善恶,阴阳也。阴必与阳对,善必与恶对。谓性有善而无恶,则亦可谓太极有阳而无阴矣。言太极必在阴阳未判之先,

---

① 收入《顾端文公遗书》之《证性编》卷五(质疑上)、卷六(质疑下),以下管、顾两家引文凡出此两卷者不再一一标注。

② 《刘宗周全集》第 2 册,第 544 页。

言真性必在善恶未分之始。以善明性，特强名尔。故程伯淳曰：孟子所谓性善乃是继之者善也。此善即《大学》之至善，至善无善，善且难名，何况于恶？"王阳明拈出此心无善无恶之本体，不过是"重新周子之太极"而已。管东溟从周子之"太极动而生阳，静而生阴……分阳分阴，两仪立焉"，推出太极乃"无阴无阳"状态，并断定阴阳二分对应于善恶二分，进而得出善恶不过是从阴阳而分，故必最终出于阴阳未分（亦即善恶未分）的太极本体（亦即心之体）这一结论，如此，四句教之合法性早在理学宗师周子那里已经得到奠定了。这一对周子之文的颇费周折的解读可谓"创造性的误读"之典型。

顾泾阳的回应同样表现出"创造性"的诠释之一面："太极本无极"之"本"字，乃"原来如是也"之意，太极本来就是无极，而非"本于"之意，仿佛太极之上还有无极似的。这样，通过将周子原本"本于"之"本"诠释为"本来"之"本"，而打掉东溟津津乐道的无极之"无"的品格：无极与太极无别也。

顾泾阳还指出，以阴阳代善恶也是有问题的：

> 《易》之言阴阳有二，有两相为用不容偏废之阴阳，有两相贞胜不容并立之阴阳。二义各有攸当。今翁之言曰：性太极也，善恶阴阳也。谓性有善而无恶，则亦可谓太极有阳而无阴矣，是指其不容偏废者而言乎？是指其不容并立者而言乎？指其不容偏废者而言，则阴阳即太极也，原自有善无恶，安得以善恶配之？指其不容并立者而言，则阳善也，所当扶也，阴恶也，所当抑也。正欲有善无恶，安得以一有一无诘之？且阳明先生之标无善无恶也，翁以为重新周子之太极矣，今《太极图说》具在，试于所言阴阳处，各代以善恶二字，可解乎？不可解乎？

顾泾阳之质疑不可谓不有力，如依照管东溟，将"善"等同于"阳"，

"恶"等同于"阴",而"无极"等同于"无阳无阴",则"无善无恶"等同于"无极"似是顺理成章之结论,问题在于果真如此相配,则整篇《太极图说》不免是一篇糊涂文章了。

善辩的管东溟当然不会跳进顾泾阳设下的圈套,而是反戈一击,指责顾泾阳是"执词",死抠字眼,不懂《易》之阴阳二字都是"活"字,不能"死"看:

> 《易》言阴阳甚活,盖即健顺而为健顺,即淑慝而为淑慝。取义则在在皆通,执词则在在皆碍。天下岂有阴阳外之物哉?《太极图说》曰五性感动而善恶分,善恶不属阴阳而谁属也?

顾泾阳的反驳策略是退一步,进两步,姑且承认管东溟"活"看说,但他顺势推出两大质问:

> 若就阴阳言,其义甚活,孰谓不得以善恶配也?虽然,谓太极生阳生阴,有阳无阴不足以为太极,信矣;谓太极生善生恶,有善无恶不足以为太极也,可乎?如曰有善无恶不足以为太极,则舍恶趋善亦不足以合(太)极乎?……窃惟人禀阴阳以生,阙一不得。至以善恶论,又当活看,若谓天下未有有阳而无阴者,遂谓天下未有有善而无恶者,将无太执?且曰无恶则亦无善,有善则亦有恶,夫是善恶两者亦若一阴一阳之互根,循环而不已也,然乎否?

他进一步指出,"无极而太极"历来是喜谈三教合一者之话语源头。为了正本清源,顾泾阳就《太极图说》的阴阳太极理论一一阐发,而对误用该理论为无善无恶说张目的做法提出六大质疑,概言之,周子无极而太极,体用一源,显微无间。两仪未立、阴阳未分固然为周子太极一词所涵盖,但"阴阳未分"并不就是"无阴无阳",不然,周子文本中"动而静"、"静而动"又是指何物呢？因此，太极并非就是无阴无阳，即便可以将无善无恶与无阴无阳挂钩，也不能因此而将太极等同于无善无恶。一个回合下来，顾泾阳差不多把以"太极无极"论证"无善无恶"的管东溟逼进了死胡同。

关于"统体之善"是否就是"无善无恶"。管东溟将"统体之善"与"散殊之善"二分，统体之善乃善之一般、善之本体，是至善；而散殊之善则系具体的仁义礼智等道德名目。统体之善超越于散殊之善，故可以说是"无善无恶"。顾泾阳则主"统体之善"与"散殊之善"不二，"统体之善即散殊之善"：

> 翁谓性善之善不与恶对，即无善无恶之善与恶对矣。一指其统体而言，所谓大德敦化也；一指其散殊而言，所谓小德川流也。仁义礼智既列四名，便属散殊，故翁亦指为有对之善。要之，此只就散殊之中互相为对，如成己成物之说，则仁与智对；如人心人路之说，则仁与义对……不应曰仁与不仁对，义与不义对……且统体之善即散殊之善也，何曾余却一毫？散殊之善即统体之善也，何曾欠缺一毫？今以其为散殊也，不得等于统体（原为体统），因别而名之，孰为无对？孰为有对？颇已过于分析矣。

这样顾泾阳实际上运用朱子理一分殊说而把管东溟超绝于"多"的"一"重新置于"多"之中，从而表明本体（"一"）并非是超绝于"多"的"虚无"。如此，阳明学之最高境界（化境）也被顾泾阳视为"只是一善"，"不能以之消融一切善，则当说善为主"。①

---

① 此乃唐君毅先生之评断，唐先生还指出，阳明、龙溪、海门之无善无恶说皆就"化境"上立论，人未至化境之先，只当有好善恶恶、为善去恶之事。"然阳明之徒，谓无善无恶即至善之语，仍有以'以善为主'或以'无善无恶为主'之问题。"由此，唐君毅对顾泾阳之路数颇予首肯，称其为"由高明而道中庸，由混化而分辨"，乃"儒学当有一发展者"。参见唐君毅：《中国哲学原论·原教篇》，第 450—452 页。

关于无善无恶是否有悖于先儒性善论传统。顾泾阳指责管东溟无善无恶说势必将"气质之性"、"嗜欲之性"与性混同,而明显有悖于孟子"君子不谓之性"以及张载"君子有弗性矣"的定论。确实主流的儒家一直遵循孟子的性善传统,无善无恶说在传统儒学中很难找到文字上的有力支持。管东溟再次展现出辩才无碍的一面:

> 君子见性之后而言性,直下拈出本体,本不必尽合于前人之言,而意自不相悖。如孔子言相近已精矣,孟子复从相近之中拈出善字来,不为悖孔子也。谓之发孔子之未发可也。孟子道性善益精矣,阳明复从善处拈出无善无恶之体来,不为悖孟子也,谓之发孟子之未发可也。要之,论性体者,亦必合此三言而后尽,言相近者兼气质而言也;言善与无善无恶皆不逐于气质而言也。

接着,管东溟还指出,程伯子人生而静以上不容说,"最为精到",孔子讲性相近是讲"人生而静",孟子讲性善是"人生而静以上",王阳明讲无善无恶则是"人生而静以上说出未发之中本色"。言外之意,无善无恶说是发前圣所未发,不仅不与圣传违背,反而精义迭出,青出于蓝而胜于蓝。

应该指出,在一个尊古的传统里面,任何具有挑战性的"创新"都必须注重表达的"措辞"与"策略"。"不必尽合于前人之言,而意自不相悖"这种"发先儒未发"的说辞是心学一系突破程朱理学、标新立异的一个重要修辞策略。王世贞(1526—1590)曾对这种"措辞"痛加针砭:"今之学者偶有所窥,则欲尽发先儒之说而出其上",杨宁(简在)一针见血在王氏文下注曰:"尽发先儒之'发'字当是'**废**'字。"①

---

① (清)顾炎武撰,黄汝成集释、秦克诚点校:《日知录集释》卷十八,"朱子晚年定论"条,第666页。

顾泾阳当然不会被管东溟的"措辞"迷惑，而力辩说："朱子曰不容说者，未有性之可言，不是性者，已不能无气质之杂矣。由此观之，所谓不是性者，正以其有善有恶，而所谓不容说者，非以其无善无恶也。"

关于无善无恶是否可从"未发之中"得到验证。管东溟从体验进路上为无善无恶说辩护，他说无善无恶应该从"未发之中"得到验证。不过，顾泾阳对此依然不依不饶，揭出这种验证的老底不过是苏子由"六祖所云不思善不思恶即喜怒哀乐之未发"这一说法。而这种说法是经不住推敲的：

> 自吾性而观，善所有也，不能无也；恶所无也，不容有也。非若喜怒哀乐以寂感为有无也。自喜怒哀乐而观，顺性而动，善所由名也；拂性而动，恶所由名也，非可遂以喜怒哀乐为善恶也。是故《中庸》曰喜怒哀乐之未发谓之中，不得曰善恶之未发谓之中也；《中庸》曰喜怒哀乐之中节谓之和，不得曰善恶之中节谓之和也。

顾泾阳的质疑显然不能让熟谙王阳明未发之中精义的管东溟折服：

> 阳明亦有圆悟于善恶有无之际，既曰：无善无恶者心之体，又曰：无善无恶者理之静；既曰：有善有恶者意之动，又曰：有善有恶者气之动。向非见性亲切，岂能七通八透如此。理之静处即是心，指未发之时言也，故曰无善无恶，非专以善而属之无也；气之动处即是意，指已发之时言也，故曰有善有恶，非专以恶而属之有也。

这里管东溟除了申明无善无恶说与未发之中之间的内在关联之外，还强调王阳明无善无恶说的圆融通透，是"见性亲切"所证得的。言外之意，质疑者只能暴露自己义理尚未通透、见性尚不亲切。顾泾阳对管东溟的辩解的再驳斥除了重复前说，似再无还手之力："牍中引《中庸》未发之中证无善无恶似矣，第不知喜怒哀乐与善恶同否？如以为同，试曰善恶之未发谓之中，善恶之发而中节谓之和，其亦可通否？"

最后关于传统所说"性善"是否只是一种"强名"。管东溟强调心体、性体超善恶的一面，"无善无恶"四字不过是对此超越性的一种表达而已，而以往传统儒学以善明性不过是一种"强名"。

> 性，太极也。善恶，阴阳也。阴必与阳对，善必与恶对。谓性有善而无恶，则亦可谓太极有阳而无阴矣。言太极必在阴阳未判之先，言真性必在善恶未分之始。以善明性，特强名尔。故程伯淳曰：孟子所谓性善乃是继之者善也。此善即《大学》之至善，至善无善，善且难名，何况于恶？

以善明性既是"强名"，则不当执之怀疑无善无恶，不然难免有死于句下之嫌疑。顾泾阳根本不接受"强名"的说法，坚持"只无善无恶四字毕竟欠稳在"。一方面，他指出"强名"说不合圣传：

> 胡五峰先生曰："性者，天地鬼神之奥，善不足以名之，况恶乎哉？孟子道性善云者，叹美之辞，不与恶对。"阳明先生所云"无善无恶谓之至善"，盖本于此。然而，孟子尝自言之矣曰："乃若其情，则可以为善矣。乃所谓善也，若夫为不善，非才之罪也。"是孟子之所谓善正对不善而言，何得谓叹美之辞也？朱子曰：既是叹美，便是个好物事了。然则就如五峰所言何得谓无善也？

"无善"这一"强名"与孟子、朱子的"定说"不符合。另一方面，顾泾阳又指出若以善明性为"强名"，在义理上经不住推敲，在践履上导致百病丛生：

> 若谓以善言性犹是强名，则自善而上，更有何物？将无视性太高？又谓善与恶对，一齐抹投（"投"疑为"杀"，形近而误——引者），则自善而下，更有何物？将无视善太卑？视性太高，便未免有矜扬播弄之意，少间会生出种种奇特，奇特不已，必为诡诞；视善太卑，便未免有厌薄简忽之意，少间会引出种种虚浮，虚浮不已，必为放纵。是故始也本欲极意形容以张吾性，卒也反使人茫然入于杳冥恍惚之中，而周章四顾无所凭依；始也本欲扫尽世法以成就第一等圣人，卒也反使人公然逸于规矩准绳之外，而纵横百出无所底止。

双方论辩的第二个焦点是**功效**问题。顾泾阳对无善无恶说可能导致的实践恶果颇为警醒，而管志道则一再强调所谓的"恶果"只是"人病"而不是"法病"，换言之，无善无恶说本身没有任何问题，所谓"斯语彻上彻下，本自无弊"，如有问题，也是"用者"本身的问题。

对于"人病"，管东溟是非常清醒的，在《跋王文成世家》中他甚至说："近有一种浮根出儒入释，托无善无恶一语以资狂荡，其瞽世特甚。"而究其因，与倡导斯说的人不择人而授，轻于语上不无瓜葛。现实生活中，狂荡之人于四句教，执上一语，而忽下二语：

> 此匪独风会使然，亦由倡道者知微知彰之哲不无逊于古人也。稽其弊端有四焉：孔子不纳乡愿，亦不与中人以下语上，今不虑伪夫之败道，而滥于授徒，轻于语上，此殆以神器授匪人也。孔子述而不作，未尝自有其道，而今张皇千古之绝学，引入心高气浮，辄拟与作者争衡，此殆以虚标掩道本也。应世者机欲圆，师世者矩欲方，虽周孔犹难兼……孔门自颜子而下，赐也达，可与

经世，点也狂，可与出世，俱有契于一贯之学，夫子不使子思师之，而所师在参之鲁，岂非以其战兢持一贯可维道脉于永久欤？今勇于矫宋儒之拘，而疏于防后学之荡，尚融通、尚洒脱，而掩战兢之脉，将使之为赐、为点而不为参矣。此殆以狂风拂圣规也。而犹有一大障焉，不知天命而以迁就之中庸，移孔的也。

顾泾阳决然不接受管东溟"人病"而非"法病"的辩护，坚持"无善无恶"本身就是"险语"，本身就有病。四句教在现实修身过程之中所引起种种弊端均必然肇始于首句"无善无恶心之体"：

> 愚窃以为惟其执上一语为心体，虽欲不忽下二语不可得也。何也？学者学以尽乎其心也，心本有善无恶，故圣贤之教人也，惟曰：为善去恶。为善因其有而有之也，去恶因其无而无之也。本体如是，功夫如是，其致一而已矣。今以无善无恶语心，以为善去恶语格物，似已不免判而两歧……故曰惟其执上一语虽欲不忽下二语不可得也。而犹未也，心之体无善无恶，则凡所谓善与恶皆非吾之所固有矣。皆非吾之所固有，则皆情识之用事矣。皆情识之用事，则皆不免为本体之障矣，将择何者而为之？犹未也，心之体无善无恶，则凡所谓善与恶皆非吾之所得有矣。皆非吾之所得有，则皆感遇之应迹矣。皆感遇之应迹，则皆不足为本体之障矣，将择何者而去之？犹未也，心之体无善无恶，吾亦无善无恶已耳，若择何者而为之，便未免有善在，若择何者而去之，便未免有恶在。若有善有恶，便非所谓无善无恶矣，将以何者而为心之体。①

---

① 另参见《论学书》："夫自古圣人教人为善去恶而已，为善为其固有也，去恶去其本无也，本体如是，工夫如是，其致一而已矣。阳明岂不教人为善去恶？然既曰'无善无恶'，而又曰'为善去恶'，学者执其上一语，不得不忽其下一语也。何者？心之体无善无恶，则凡所谓善与恶，皆非我之所得有矣。皆非我之所得有，则皆感遇之应迹矣。皆感遇之应迹，则皆不足为本体之障矣。

在顾泾阳那里，传统儒学因倡导性善之本体，所以为善去恶的修行工夫才有着落，若依无善无恶说，则必致工夫无从着手，择善则遗恶，择恶则遗善，哪里还有什么无善无恶？要之，"无善无恶"必然让"为善去恶"没有着落。

接着顾泾阳又对王阳明的两种接人法门进行了抨击：

> 即阳明亦曰："四无之说，为上根人立教，四有之说，为中根以下人立教。"……是阳明且自以"无善无恶"扫却"为善去恶"矣，既已扫之，犹欲留之，纵曰（为善去恶之功）自初学至圣人，究竟无尽，彼直见以为是权教，非实教也。其谁肯听？既已拈出一个虚寂，又恐人养成一个虚寂，纵重重教戒，重重嘱咐，彼直见以为是为众人设，非为吾辈说也。又谁肯听？夫何故欣上而厌下，乐易而苦难？人情大抵然也。投之以所欣，而复困之以所厌，畀之以所乐，而复撄之以所苦，必不行矣。故曰，惟其执上一语，虽欲不忽下二语而不可得；至于忽下二语，其上一语虽欲不弊而不可得也。

顾泾阳在说这话的时候，仿佛忘记了阳明后学中不乏以中下根人欣然自居的人，钱德洪即是典型的例证。不过，对于明末圣人满街飞之语境，顾泾阳之指责亦并非无的放矢。"两种接人法门"的批判直接针对的就是管东溟"人病"而非"法病"式的辩护，依顾泾阳看，无善无恶说虽考虑到两种不同根器的人，然而却没有照顾"人情"之欣上厌下、乐易苦难这一面向，故必然造成种种弊端。尽管人之后天的气质

（接上页）将择何者而去之？犹未也。心之体无善无恶，吾亦无善无恶已耳。若择何者而为之，便不免有善在；若择何者而去之，便不免有恶在，若有善有恶，便非所谓无善无恶矣。"（《明儒学案》，《黄宗羲全集》第 8 册，第 752 页）

千差万别，但不同类型气质的人如信奉无善无恶说均会深受其害：

> 性善之说只是破个恶字，无善无恶之说并要破个善字。却曰无善无恶谓之至善，到底这善字又破不得也。只觉多了这一转，却落在意见议论中。于是**有俊根者**就此翻出无限奇持，张皇门户。**有滑根者**就此讨出无限方便，决破藩篱。始见以无善无恶为极透语，今乃知其为极险语也。①

需要指出的是，顾泾阳对于无善无恶说的不满，是与他对"心"的警醒、对心学一系一味任心而行的路数的厌恶紧密相关：

> 心是个极活的东西，不由人把捉得。《虞书》所谓惟危惟微，《南华经》所谓其热焦火、其寒凝冰，庶几足以形容之。这里须大入理会在。试看孔子岂不是古今第一等大圣，还用了七十年磨炼工夫，方才敢道个从心；试看孟子岂不是古今第一等大贤，还用了四十年磨炼工夫，方才敢道个不动心。盖事心之难如此，只有告子最来得易，却又差。②

师心自用，任心太过，此朱子对陆子心学路数之弊之忧虑所在，今顾泾阳对王学路数的担忧亦不外此。

既然无善无恶四字于经传无根无据，于工夫弊端丛生，顾泾阳遂呼吁学人应正本清源：

---

① （明）顾宪成：《顾端文公遗书·证性编》卷三，收入《续修四库丛书》第943册，第307页。这一点乃弟顾泾凡亦有发明："世道人心，愈趋愈下，只被无善无恶四字作祟。君子有所浡励，却以无字埋藏；小人有所贪求，却以无字出脱。"（［明］顾泾凡：《与邹大泽铨部》，《小辨斋偶存》卷六，收入《文渊阁四库全书》第1292册，第301页）

② （明）顾宪成：《小心斋札记》，《顾端文公遗书》卷一，收入《续修四库全书》第943册，第135—136页。

或问：“人以无善无恶四字为易简之宗，子以无善无恶四字为支离之祖。何也？”曰："夷善为恶，销有为无，大费力在。善还他善，恶还他恶，有还他有，无还他无，乃所谓易简也。"①

"易简"、"支离"一直为心学判别陆王一系与朱子一系之习语，发明本心、致良知被视为"易简"之径，无善无恶说更被称为"人己内外，一齐俱透"之圆教。顾泾阳独出心裁，将此判词颠倒，可谓以其人之道还治其人之身。他更奉劝管东溟说：

白沙先生有一言说得好："色色信他本来。"愚谓善还他善，恶还他恶，有还他有，无还他无。性善还孟子，无善无恶还告子，有善有恶还荀杨诸子，一切因其固然，是曰易简。若乃彼此调停，左右采掇，通融和会，搅异为同，尽翻千百年成案，中间费多少安排在，是曰劳攘。

最后，顾泾阳借管东溟之语痛斥无善无恶说之毒害：

管东溟曰："凡说之不正，而久流于世者，必其投小人之私心，而又可以附于君子之大道者也。"愚窃谓惟无善无恶四字当之。何者？见以为心之本体，原是无善无恶也，合下便成一个空。见以为无善无恶，只是心不着于有也，究竟且成一个混。空则一切解脱，无复挂碍，高明者入而悦之，于是将有如所云：以仁义为桎梏，以礼法为土苴，以日用为缘尘，以操持为把捉，以

---

① （明）顾宪成：《小心斋札记》，《顾端文公遗书》卷十一，收入《续修四库全书》第943册，第187页。

随事省察为逐境，以讼悔迁改为轮回，以下学上达为落阶级，以砥节厉行，独立不惧，为意气用事者矣。混则一切含糊，无复拣择，圆融者便而趋之，于是将有如所云：以任情为率性，以随俗袭非为中庸，以阉然媚世为万物一体，以枉寻直尺为舍其身济天下，以委曲迁就为无可无不可，以猖狂无忌为不好名，以临难苟安为圣人无死地，以顽钝无耻为不动心者矣。由前之说，何善非恶？由后之说，何恶非善？是故欲就而诘之，彼其所占之地步甚高，上之可以附君子之大道；欲置而不问，彼其所握之机缄甚活，下之可以投小人之私心，即孔孟复作，其亦奈之何哉！①

这段话把无善无恶说的危害看得很严重，取消善恶之别，既导致价值模糊，使传统美德美行贬值，又使乡愿、猖狂、自私之行泛滥，进而败坏人心世教，最终使世风日下，道德沦丧。可谓本体空混，功夫全失。这一番话不能不说是点中无善无恶说轻功夫任本体之流弊。有感于此流弊之深，顾泾阳甚至称"**无善无恶谓之至恶**"：

> 谓之无善则恶矣，却又曰无恶；谓之无恶，则善矣，却又曰无善。只此两转，多少曲折，多少含蓄，一切笼罩包裹，假借弥缝，逃匿周罗，推移迁就，回护闪烁，那件不从这里播弄出来？阳明先生曰：无善无恶谓之至善。苟究极流弊，虽曰**无善无恶谓之至恶**亦宜。

二人之辩难在围绕无善无恶说在儒家传统中是否可以证成、在工夫上是否存在流弊之外，尚涉及**无善无恶是否泯灭了儒佛之界限问题**，

---

① （明）顾宪成：《小心斋札记》，《顾端文公遗书》卷十八，收入《续修四库全书》第943册，第313页。

这是二人论辩的**第三个焦点**。三教并举的管东溟自然对所谓的界限问题不以为然,他甚至援引朱元璋的三教政策,以"政治上正确"来折服对手:

> 自有载籍以来,中更斯文两大变局,而万世之极乃定。何者?上古君师道合,自天子之不能兼有师道也而衰,周之季天生仲尼以匹夫为世师,而斯文之统移于下,此一变局也;秦汉以后,三教迭为盛衰,自程朱辈之以道统专属儒宗也,而元之季天生我圣祖,以天子持三教之衡而斯文之统合于上,此又一变局也。盖君师之道分,三教随之而分,君师之道合,三教亦随之而合,实有天命行乎其间,而非乘龙御天之至圣,孰与总持而立其极!是故尧文之后于斯为盛矣,世儒类孔子集群圣之大成,而不知**圣祖尤集孔子与佛老之大成**,其妙在乎以圆宗出方矩,使三教各循其派,因以方矩入圆宗,使三宗同返其源,至矣,万世不可易矣。故今日之教体在于祖述仲尼,宪章圣祖,而孟子距杨墨之功非所施于佛老也,王子独能拈出无善无恶之性体以证儒佛之无二心,岂不卓然道眼?

这段中国文化"两大变局说",极尽吹捧之能事。明代开国皇帝(圣祖)被捧为"集孔子与佛老之大成",开创了中国有文字记载以来的第二大变局,即君道与师道合一的变局。三教分际只是君师道分之第一变局的征候,三教合一则是君师道合之第二变局的现象,这是中国文化的"天命"(实有天命行乎其间)。

针对这种以势压人、以政治压学术的做法,顾泾阳毫不示弱,一方面,他以其人之道还治其人之身,援引圣祖语录,说明圣祖尊事孔子甚殷,并不自认是君师道合一,相反屡屡"以孔为师";另一方面,则一再指出,无善无恶说堕入宗门:

窃于阳明之论善恶有异焉，盖圣贤之所谓善指天理之公而言也，其所谓恶指人欲之私而言也。乃阳明之论，则曰：无善无恶者理之静，有善有恶者气之动。循理便是善，动气便是恶。又曰：无善无恶谓之至善。是知阳明之所谓善指无而言，其所谓恶指有而言，而特以理气二字牵缀于其间。至其吃紧提宗亦曰：**无善无恶心之体，居然与宗门之指不异矣**。奢谈玄虚而学者竞崇悬解，即欲不厌有而趋无不可得也。既已厌有而趋无，即欲不尚洒落尚圆通不可得也。即已尚洒落尚圆通，即欲不掩战兢之脉不可得也。既已掩战兢之脉，即欲不成无忌惮之中庸不可得也。

无善无恶四字，就上面做将去，便是耽虚守寂的学问，弄成一个**空局**，释氏以之；从下面做将去，便是同流合污的学问，弄成一个**顽局**，乡愿以之。释氏高，乡愿低；释氏圆，乡愿巧；释氏真，乡愿伪。其为无善无恶，一也。

顾泾阳的底线非常明确："吾儒曰性善，释氏曰性无善无恶，两者各自为一宗，其究竟也亦各自成一局。不须较量，不须牵合。""语本体，只是**性善**二字；语工夫，只是小心二字"，坚持性善本体，即守住了儒家的本色，注重小心工夫，则防止了实行上的流弊。

五、比较与辨析

钱德洪与王龙溪的论辩的主题是所谓的工夫问题，本体是双方心照不宣的前提。在整个论辩过程中，双方没有援引任何经典作为立论之依据，双方分歧的焦点在于修或悟的"入头处"，而双方上诉的最终权威是王阳明本人。换言之，他们对王阳明四句教文本的诠释，因文本作者的在场而得以评判。在这里作者的"原意"具有双重权威，作者本身不是一般的作者，而是具有权威人格的精神领袖，是千年圣传的"化身"。"原意"也不是一般文本作者之原意，而是传心的密法、密藏。而作为诠释者的双方，亦不是一般的读者，而是在一个信仰共同体中交往的"同志"。他们分享太多的核心信念，以致他们根本没有必要去寻找更宽泛的信念以作为双方共同认同的标准。对他们来说，文本的诠释与身心的体验是一而二、二而一的事情。可谓诠释即体验，体验即诠释。这是一种新的信仰共同体（心学）创建时期，同门弟子心得交流所具有的特征。因此与其说双方是论辩还不如说是寻求以心印心的"证道"。不争本体并不是说本体不容说、不能说，而是对二人来说本体如此自明、如此心照不宣而不须说。因而顾泾阳对阳明两种接人法门的批评，至少在德洪与龙溪这里是失效的。以中根以下人欣然自居的钱德洪，在践履体行的过程中，渐能接近王龙溪的心路历程。这无疑反映出两次辩难的语境变化。

　　许孚远与周汝登论辩的主题是重在功夫而兼及本体。在论辩本体时，双方都引经据典，以圣经、圣书（《易》、《书》、《孟子》、《大学》）为共同认可之标准，双方都诉诸圣人权威（舜、禹、文王、孔子、颜子、曾子、大程子、阳明子）。"无善无恶心之体"，不再是双方可以共同体证的本体，相反它成了争论的焦点。所以他们必须在此之外寻找二人可以共同认同的基线以便说服对方。因为许孚远是出于与王学非常接近的湛门，因而他可以很容易找到共同接受的"心体"底线如"谛三"、"谛四"、"谛七"、"谛八"，而这些底线亦是阳明心学的本有之义，所以很容易被周汝登引至无善无恶上去。可以说，就无善无恶乃德行工夫成就之化境而言，两人并无真正之分歧。实际上让许孚远真正不满的是四句教（尤其是四无说）中所蕴含的对传统圣人地位的不尊，如"谛六"、"谛九"，以孔子、颜子、曾子之圣而皆须下学而上达，而主四无说之上根人却皆以为未足取法，这岂不意味着今之上根人远胜于古之圣人？至于"天机该发"之语，更是置孔圣于大不敬。许孚远以儒学尊古传统这一双方可以接受的另一底线来说明四无说之不妥,而周汝登亦通过将四无说置于圣传的历史系统中以响应。这也说明二人有着同样的心学道统之预设。因此,尽管四句教的作者已经无法在场,作者的"原意"已无法通过诉诸作者本身而得到,但因为有此共同的道统意识,二人对四句教的诠释,在根本上亦是心学系统内部的诠释,这种系统内部的诠释本身亦构成着系统本身,成为这个系统演化谱系的一部分。

顾泾阳与管东溟论辩的主题是本体与工夫并举。二人皆从一些非常抽象化的义理(儒学的教义)出发以求在本体问题上说服对方,这多少折射出异门论辩背后信念语境的差异。诉诸宽泛的理性原则(无极—太极原理、理一分殊原理)成了双方说服对方的底线措辞。而在工夫问题上,顾泾阳则重在揭示无善无恶说在道德践履上的危害。这说明争论的双方共同认可的底线原则已经无法在严格意义上的心学(阳明学)或理学(朱子学)独有的范式中找到,因而只能退而求其次,即在儒学所注重的世道人心的社会效应这一更宽泛范围中求得。

由当面诉诸权威本身(第一次辩难)到诉诸千年圣传(第二次辩难)再到诉诸儒学的义理系统(第三次辩难),由工夫之争(第一次辩难)到以工夫之争为主兼及本体(第二次辩难)到本体、工夫并争(第三次辩难),既反映出明末思想演进的走向,也透露出各自相关语境的变迁。三次辩难的共同之处是工夫问题,亦即道德践履问题,这也说明三次辩难有着儒家共同的道德取向的价值默认。在这一价值默认中,求真与求善是完全合一的,任何一种思想如在践履上引发道德价值的沦丧或贬抑,那么这种思想就不是真实的。[①] 就此而言,三次辩难所牵涉的诠释皆是儒学传统内部的诠释,因而也同时成为儒学传统的一部分。

---

① 参见郝大维、安乐哲著,施忠连译:《汉哲学思维的文化探源》,江苏人民出版社 1999 年版,第 132—134 页。

通过以上简单的比较,我们可以看到在四句教辩难与诠释过程中,牵涉到的几个不同的向度:(1)**圣人权威向度**(2)**经传向度**(3)**工夫践履向度**(4)**心(体验)向度**,这四个向度可以说是儒学系统内部的经典诠释所内含的。众所周知,通过经典诠释来建立自己的思想,是儒学传统延续、创新的一个重要机制。用希尔斯(Edward Shils)的话说"即使人们认为传统神圣不可侵犯,即使创新者问心无愧地说,他遵循的是保持原貌的传统,对继承物进行修改仍然是不可避免的"①。在儒学的发展史中,诠释与创造是紧密联系在一起的。**儒学不仅有一个源远流长的诠释传统,儒学本身就是一个诠释的传统。**张君劢先生曾云:

> 宋学的经典,除了四书五经之外,还包括朱熹、二程子和他人的注解,当然,这些注解既不能离开儒家原先的思想太远,又不能离开其他先儒的注解太远。同时,还要维护新儒学的原理。②

在这种意义上,新儒学之标榜的道统、正统、正学、正解,亦是对经典诠释中"无限衍义"、"过度诠释"的一种防卫。一般认为儒学之道统有两个基本标准,一是以尧舜为理想君王之表征(此外王之标准),二是人性本善(此内圣之依据)。如超出这两个标准(如超出前者之陈亮、超出后者之荀子),则往往被斥为"异端"而不得入祀孔庙。③ 在文本与诠释之间、在历史传统与个体境况之间,必然存在着一种辩证的互动关系,可谓**体验无经传则盲,经传无体验则空**。诚如黄俊杰先生所指出的:

---

① 希尔斯著,傅铿、吕乐译:《论传统》,上海人民出版社1991年版,第60页。
② 张君劢:《新儒家思想史》,刘梦溪主编:"中国现代学术经典"《张君劢卷》,河北教育出版社1996年版,第48页。
③ 张君劢:《新儒家思想史》,刘梦溪主编:"中国现代学术经典"《张君劢卷》,第44页。

第八章 王阳明"四句教"的三次辩难及其诠释学义蕴

儒家经典的诠释工作是一种解释者与经典相互渗透、互为主体的一种解释活动,使经典诠释学成为一种身心体验之学,尤其宋明儒者之解经尤然。①

这种解释者与经典的互动的具体展开是一个非常复杂的过程,在不同的历史时期,在不同的诠释者身上,在不同的门派中,可能会牵涉不同的向度、不同的释经策略以及不同的张力类型与形态,因而儒家经典之诠释学亦表现出丰富多彩之面貌。

在这种互动的关系中,新儒学的进路偏重于诠释的主动性,无论是程朱理学之"体贴"、"自得"抑或是陆王心学之六经注我,皆突显出新儒学个体在体验诠释经典微言大义时的主动性品格。因而"心"、"体验"的向度在新儒学的释经实践中成了一个非常突出的向度,以致往往导致与之保持张力的经传向度地位的贬黜,而使两者之间的平衡被打破。为无善无恶说张目与辩护的人,往往以发前圣所未发、圣经文字是活句作为自己"标新立异"的表达措辞。圣经成为"吾心之记籍"②,在对圣经的诠释活动过程之中,"心"之主体地位由是而挺立。

的确,经典是载道之书,但"道"、"天理"、"天则"并非封闭于经典文本之内的某种"密码",而是展现于每个信仰共同体成员的诠

---

① 黄俊杰:《从儒家经典诠释史观点论解经者的"历史性"及其相关问题》,《台大历史学报》1999年12月第24期,第6页。
② 王阳明《稽山书院尊经阁记》:"六经非他,吾心之常道也。故《易》也者,志吾心之阴阳消息者也;《书》也者,志吾心之纪纲政事者也;《诗》也者,志吾心之歌咏性情者也;《礼》也者,志吾心之条理节文者也;《乐》也者,志吾心之欣喜和平者也;《春秋》也者,志吾心之诚伪邪正者也……故六经者,吾心之记籍也,而六经之实则具于吾心;犹之产业库藏之实积,种种色色,具存于其家。其记籍者,特名状数目而已。而世之学者,不知求六经之实于吾心,而徒考索于影响之间,牵制于文义之末,硁硁然以为是六经矣。是犹富家之子孙不务守视享用其产业库藏之实积,日遗忘散失,至为窭人丐夫,而犹嚣嚣然指其记籍曰:斯吾产业库藏之积也!何以异于是!"(《王阳明全集》卷七,第254—255页)

释、个体的体验活动之中的。换言之，真正意义上的经典是活的话语而非死的文字。① 毕竟任何文本成为经典、成为圣经，是必须与相关的信仰共同体发生联系的，在这种意义上，我们可以说是信仰共同体成员赋予文本以神圣的意义，不然，经典也罢，圣经也罢，都不过是一本普普通通的书本而已，甚至不过是一故纸堆而已。清儒李光地对此有一精辟之概括："天下之道尽于六经，六经之道，尽于四书，**四书之道全在我心。**"②

另外，信仰共同体的每个成员都是有其本己语境的诠释者，用王龙溪的话说，"良知宗说，同门虽不敢有违，然未免各以其性之所近拟议搀和"③。当然，"拟议搀和"或许是一种创造性的误读，又或许只是一种"不足的诠释"，但如果"心"、个体体验在经典诠释中的主动性品格被无限扩张，不仅会导致"过度诠释"（over interpretation）的问题，亦会有导致艾柯（Umberto Eco）所谓的诺斯替主义与神秘主义结合所产生的"神秘主义综合症"之嫌疑。这种综合症实际也是读者中心论的一种极端表现：我们永远不能在文字表面发现密传，"真正的意义是更深一层更深一层更深一层的意义"，"'真正的读者'是那些懂得本文的秘密就是'无'的人"。④ 阳明后学对"无善无恶心之体"的诠释、传心密法之渲染都不无此嫌疑。在心学系统内部，圣人权威向度、经传向度之地位日趋衰微⑤，心（体验）之向度成为没有任何张力与之平衡的唯一向度，这样经典诠释与发明本心完全等而为一，则难

---

① Cyril G. Williams, *Basic Themes in the Comparative Study of Religion*, Lampeter: The Edwin Mellen Press, 1992, "The Status of Scriptures: Some Comparative Contours", pp.11-34 对神圣经典之地位与信仰共同体之关系有一系统之论述。
② （清）李光地撰，陈祖武点校：《榕村语录 榕村续语录》，第1页。
③ 《明儒学案》，《黄宗羲全集》第7册，第272页。
④ 艾柯：《诠释与历史》，载艾柯等著，柯里尼编，王宇根译：《诠释与过度诠释》，生活・读书・新知三联书店1997年版，第43—48页。
⑤ "满街皆圣人"、"六经皆糟粕"意味着诠释所诉诸的权威不必是古圣与古经，而是当下的自我、本心，我就是圣人、我心就是大道的发明处。

免招致两种后果,一是"本心"与"习心"之混同,于是,"发前圣所未发"成为个人随意解释、无视文本意义结构的代名词;二是儒学经典(圣经)与其他典籍被置于平等的地位,终致经典地位之沦丧。周汝登与管东溟的共同好友焦竑曾说:

> 孔孟之学,尽性至命之学也。独其言约旨微,未尽阐晰,世之学者又束缚于注疏,玩狎于口耳,不能骤通其意。释氏诸经所发明,皆其理也。苟能发明此理,为吾性命之指南,则释氏诸经,即孔孟之义疏也,而又何病焉?……学者诚有志于道,窃以为儒、释之短长,可置勿论,而第返诸我之心性。苟得其性,谓之梵学可也,谓之孔孟之学可也,即谓非梵学、非孔孟学,而自为一家之学,亦可也。①

这种"非梵"、"非孔孟"的"一家之学"最终只能意味着在儒学信仰共同体的认同上的混乱,这种无限诠释的一个不可避免的后果,就是儒学传统身份的认同危机。② 利科(Paul Ricoeur)在《"神圣的"文本与共同体》一文中说:"在阅读与共同体身份的现存的自我认同之间存在着一种交互性,在共同体与文本之间存在着一种交互性":

> 你是在宣讲正典(canonical texts)而不是凡俗文本;如果你选择一位现代诗人去布道,或者你拿着《薄伽梵歌》到教堂,共同体就会完全改变了。因为它的认同依赖于文本的同一性,这个文本是与非神圣的文本以及其他的神圣文本有别的,所以这是一

---

① 焦竑:《澹园集》,中华书局 1999 年版,第 82—83 页。
② 此处"过度诠释"、"认同危机"皆属中性的描述,是对历史中的儒学内部经典诠释之表征与结果之刻画,而并不涉及价值评判。诚如吾友吴重庆教授所言,过度诠释、危机云云,乃当时时代背景之折射,亦是哲学思想转型之契机,是思想保持生命力与活力之表现。

种共同体的危机。如果这两条界限消失了，那么，共同体的身份也会随之消失。①

明末阳明后学（尤其泰州后学）纷纷逸出儒学的系统范围，也可以印证利科的这一见解。或许当初王阳明拿《坛经》、《金刚经》来阐发良知之际，就已经埋下了认同危机的种子。顾泾阳对王阳明的解经法颇为不满：

> 阳明先生曰："求诸心而得，虽其言之非出于孔子者，亦不敢以为非也；求诸心而不得，虽其言之出于孔子者，亦不敢以为是也。"此两言者，某窃疑之。夫人之一心，浑然天理，其是，天下之真是也，其非，天下之真非也，然而能全之者几何？惟圣人而已矣。自此以下，或偏或驳，遂乃各是其是，各非其非，欲一一而得其真，吾见其难也。……其势必至自专自用，凭恃聪明，轻侮先圣，注脚六经，无复忌惮，不亦误乎？"②

毋庸置疑，"自专自用，凭恃聪明，轻侮先圣，注脚六经，无复忌惮"等判语表达了顾泾阳对圣经诠释过程中"心"向度无限膨胀，而失去与圣经文本与圣传权威的张力，最终导致的过度诠释的隐忧。他又说：

> 佛氏三藏十二部，五千四百八十卷，一言以蔽之曰："无善无恶。"**第辨四字于告子易，辨四字于佛氏难**。以告子之见性粗，佛氏之见性微也。**辨四字于佛氏易，辨四字于阳明难**。在佛氏自立空宗，**在吾儒则阴坏实教也**。③

---

① Paul Ricoeur, "The Sacred Text and Community", in *Figuring the Sacred: Religion, Narrative, and Imagination*, translated by David Pellauer, Minneapolis: Fortress Press, 1995, pp. 69-70.
② 《明儒学案》，《黄宗羲全集》第 8 册，第 750 页。
③ 《明儒学案》，《黄宗羲全集》第 8 册，第 751—752 页。

"在吾儒阴坏实教",从利玛窦的观点看,顾泾阳的这番话语亦并非只是危言耸听而已。可以说无善无恶之辩难最终涉及儒家信仰共同体的一些底线认同,对力主无善无恶者如管东溟言,此底线实形同虚设或近乎泯灭;而对于力斥无善无恶者如顾泾阳言,此底线至关重要,儒学保持其自身的"儒学性"端赖于此。前者曾致书后者称:"王子独能拈出无善无恶之性体以证儒佛之无二心,岂不卓然道眼?"又说:"假令孔子生今之世而从事韦编三绝之学,必不废西来之理窟矣。"后者则针锋相对,寸土不让:"吾儒曰性善,释氏曰性无善无恶。**两者各自为一宗,其究竟亦各自成一局**,不须较量,不须牵合。"① 海外学者秦家懿指出,四句教之超善恶问题,乃"接近所谓'正统'与'异端'的最后分解线"②,可谓慧见。

在儒学传统内部,经典与诠释之间保持着某种张力,这既是传统得以延续的条件,也是传统得以发展的条件。在大的传统是如此,在小的学统(学派)如心学、理学等,情形同样如此。每一种新思想的出现或多或少与这种张力状态的改变相互关联在一起。蒙文通先生对近三百年来之学术发展曾有一断语:近三百年的学术,可以说是复古运动,愈讲愈精,也愈复愈古……这种复古的动机,自然是起自明代王学大盛以后。中国从前的学术,虽也时时都在变动,却都是循着直线向前发展的。到了王阳明以后,学问的前进,便是复古。③ 其实"复古"不是简单地回到更古老的经典,而是给经典以重新地诠释。同时,"复古"也是一种"纠偏",让后人的诠释轨道重新回到原典世界所能

---

① (明)顾宪成:《顾端文公遗书·质疑上·与管东溟书》,《续修四库全书》第943册,第324页。
② 秦家懿:《王阳明》,台北东大图书公司1997年版,第153页。
③ 蒙文通:《经学导言》,载《经史抉原》,《蒙文通文集》第三卷,巴蜀书社1995年版,第10页。复古说可以溯至梁启超之《清代学术概论》,梁启超说清代学术即是不断地复古,第一步先脱离明代阳明学派而回到宋代的程朱理学,第二步再摆脱程朱理学而回到汉唐时代,第三步摆脱东汉许慎与郑玄,而回到西汉;最后摆脱孔孟权威。

承纳的范围,宋儒批评汉儒是如此,朱子学批评阳明学是如此,戴震（1724—1777）批评宋学也是如此,"复古"背后是强烈的"道统"意识。毋庸置疑,"复古"也是一种"创新",只不过,原来的种种张力状态被打破,而代之以新的张力状态。

而在儒学传统之外,在置身于儒学信仰共同体之外的近人与今人处,"心心相印"之内在的诠释既已丧失其认信式的体验向度,又失去其本己的语境,于是,"揣摩"与"格义"便成了唯一的诠释途径。如将无善无恶之心体诠释成可善可恶的"白纸"状态①,当然这是另一种传统（现代性的学术传统）中对异己传统的一种诠释,这种诠释本身不再构成为儒学传统的一部分。

---

① 参见方祖猷:《天泉证道的"四句教"与"四无说"》,载吴光主编:《阳明学研究》,第161页。白纸之格义可溯至近人章炳麟,其《王学》一文说,无善无恶,"陆克所谓'人之精神如白纸'者也"（章太炎著,傅杰编:《章太炎学术史论集》,中国社会科学出版社1997年版,第310页）。"陆克"今通译为洛克。

第九章　儒学经传中"怀疑"与"否定"的言说方式
——以王阳明、陈确的《大学》辨正为例

一、《大学》之为圣经

《大学》原系《礼记》之普通的一部分，因二程的极力表彰而开始享有"圣人之书"、"入德之门"的封号。以二程为尊的朱子更视《大学》为儒学之第一门径，他一生读书无数，平生用功最密、最勤则是《大学》，青年时读《大学》，"每早起须诵十遍"①，而临终前数日，仍在斟酌《大学》之文义。朱子自谓"平生精力，尽在此书"，诚不为过。朱子重视《大学》自有其学理上的理由，在《大学章句序》中，他指出**"于今可见古人为学次第者，独赖此篇之存"**，"学者必由是而学焉，则庶乎其不差矣"。他一生谈及读书、问学次第时反复申明：学问须以《大学》为先，次《论语》，次《孟子》，次《中庸》。并叮咛弟子说："先须通此，方可读书。"②在《答黎季忱》中，朱子一度给出

---

① 《朱子语类》卷十六，《朱子全书》第14册，第506页。
② 《朱子语类》卷十四，《朱子全书》第14册，第419、430页。其中缘由，朱子本人是有明确阐释的："某要人先读《大学》，以定其规模；次读《论语》，以立其根本；次读《孟子》，以观其发越；次读《中庸》，以求古人之微妙处。《大学》一篇有等级次第，总作一处，易晓，宜先看。《论语》却实，但言语散见，初看亦难；《孟子》有感激兴发人心处。《中庸》亦难读，看三书后，方宜读之。"（《朱子语类》卷十四，《朱子全书》第14册，第419页）

《大学》—《论》—《孟》—《中庸》—《诗》—《书》—《礼》—《乐》—《易》这一详细的读书次第。①他重订章句，分《大学》文本为"经"、"传"两部分："经一章，盖孔子之言，而曾子述之；其传十章，则曾子之意，而门人记之"，并补以"格致传"。于是便形成了"三纲"、"八目"、"三纲释文"、"八目释文"这一完整的《大学》文本结构。《大学章句》由此而收纲举目张之效用。《大学》终与《论》、《孟》、《庸》并列，成为三代科举之主目，其圣经之地位赫然彪炳于儒林诸籍。钱穆云：

> 自朱子以来八百年，《四书》成为中国社会之人人必读书，其地位实已越出在《五经》之上。而读《四书》，则必兼读朱子之《论孟集注》与《学庸章句》，已定为元明清三代朝廷之功令。②

《大学》及朱子之章句成了儒林必读之经典，由此可见其一斑。

因此，对《大学》及其朱子章句之怀疑或否定，即意味着对其圣经地位、对其权威性之挑战。在信仰共同体内，对某一圣经之挑战，都面临"大不经"之指责。因而在给出义理说明的同时，亦必须提供更"经典"的文字支持，所谓有理、有典、有据是也。换言之，对经典文本经典性的怀疑与否定本身就面临着其合法性的辩护问题。在这一辩护过程中，人们往往会诉诸一些塑造、孕育该经典的传统资源，这些传统资源要比所怀疑或否定的经典具有更高的合法性，在这种意义上，说明某个文本不是经典实际上需要给出比所要否定的经典更加经典的理由。也就是说，对"什么不是经典"（伪典）的论说，同时也

---

① 《朱熹集》卷六十二，四川教育出版社 1996 年版，第 3240 页。
② 钱穆：《朱子学提纲》，第 189 页。日本学者本田成之亦指出，"程、朱以后到元、明经的中心，可以说是在《大学》、《中庸》"。（本田成之著，孙俍工译：《中国经学史》，上海书店出版社 2001 年版，第 230 页）

必然涉及"经典是什么"（正典）的预设。因此，尽管对什么是经典之问题，似乎很难找出一个经典性的定义，但对怀疑与否定经典过程中的论说方式、措辞方式的考察，或可对从"负的一面"领会什么是经典有所裨益。

基于以上的考虑，我选取王阳明对朱子《大学章句》的怀疑与陈确对《大学》本身经典地位的否定为分析个案，并把研究的旨趣限定于"论说方式"的考察上面，如此，改本之合理与否的问题①，义理阐释的得失问题②，皆因与论旨无涉而可撇置一边、存而不论。

二、王阳明：《大学章句》非圣门本旨

关于王阳明对《大学章句》的怀疑，《王阳明年谱》曾有一简明扼要之记述：

> 先生在龙场时，疑朱子《大学章句》非圣门本旨，手录古本，伏读精思，始信圣人之学本简易明白。其书止为一篇，原无经传之分。格致本于诚意，原无缺传可补。以诚意为主，而为致知格物之功，故不必增一敬字。以良知指示至善之本体，故不必假于见闻。③

王阳明之疑，刚开始其弟子并不能接受，甚至有"始闻而骇，既而疑"

---

① 对朱熹、王阳明《大学》改本之系统研究，参见李纪祥：《两宋以来大学改本之研究》，台湾学生书局1988年，第59页及以下。王阳明对《大学》文本之怀疑与诠释有一变化之过程，参见陈来：《有无之境：王阳明哲学的精神》，第118—159页。
② 义理阐释之评判可参以下文献：唐君毅：《中国哲学原论·原教篇》，第300—308页；牟宗三：《从陆象山到刘蕺山》，台湾学生书局1990年版，第231—242页；秦家懿：《王阳明》，第82—95页。
③ 《王阳明全集》卷三十三，第1254页。

之反应。其弟子之反应犹如此之烈，外人之态度亦可想而知了。对挑战圣经之权威地位所面临的严峻境地，王阳明有非常清醒的自觉：

> 夫众方嘻嘻之中，而独出涕嗟，若举世恬然以趋，而独疾首蹙额以为忧，此其非病狂丧心，殆必诚有大苦者隐于其中，而非天下之至仁，其孰能察之？①

其爱徒就曾提出一系列质疑，这些质疑之理由恰恰点出了朱子《大学章句》合法性、权威性之所在，如此王阳明的答疑本身亦必涉及合法性问题。这师徒之间的一问一答，值得我们认真分析一下。

质疑之一是朱子之章句与传统圣经并无冲突：

> 昨以先生之教推之格物之说，似亦见得大略。但朱子之训，其与《书》之"精一"，《论语》之"博约"，《孟子》之"尽心知性"，皆有所证据，以是未能释然。②

在徐爱看来，朱子的格物致知说与《书》、《论语》、《孟子》之说并无二致，故对阳明"轻易"怀疑朱子之训颇感不安。阳明答曰：

> 子夏笃信圣人，曾子反求诸己。笃信固亦是，然不如反求之切。今既不得于心，安可狃于旧闻，不求是当？就如朱子，亦尊信程子，至其不得于心处，亦何尝苟从？"精一"、"博约"、"尽心"本自与吾说吻合，但未之思耳。朱子格物之训，未免牵合附会，非其本旨。③

---

① 《王阳明全集》卷二，第78页。
② 《王阳明全集》卷一，第5页。
③ 《王阳明全集》卷一，第5页。

王阳明的具体诠释，此处存而不论，我们关心的是王阳明的话语方式、措辞方式。王阳明在这里并没有具体反驳徐爱的朱子之训"皆有所证据"之质疑，而是诉诸"笃信"与"反求"两种理路的区别，并称"笃信"固是，但其蔽往往落于"苟从"，故不如"反求"之切。言外之意，徐爱是狃于旧闻，有"苟从"与"不求是当"之嫌疑。同时王阳明把传训与经文之本旨区别开来，即将文本本身、文本的本旨与对文本的解释区别开来，进而将传统之"传"、将朱子的解释斥为旧闻，其合法性自然被大打折扣。而"不苟从"恰恰亦是朱子本人的态度，朱子虽一生推崇二程，但却并不因此而盲从二程所说一切。所以，朱子对于经传的态度就是不苟从的体现，真正尊信朱子就是不苟从朱子。言外之意，不苟从朱子并不害其对朱子之尊信，并不违儒家尊圣、尊贤之传统。值得注意的是，在这里王阳明将经典文本的本旨与对经典文本的解释区别开来，将前者落实在"心处"，经典文本的历史解释纵然出自权威，倘不得于"心处"，皆不免为旧闻。显然在这里，"心"之"得"与"不得"成了致知的最高标准。

不仅如此，依王阳明看来，朱子分章加传之举反倒有改经、侮经之嫌疑，朱子认为脱误而改正补缉之处，王阳明恰恰持相反之见解："古本"根本无脱误，其文字亦简单明了，无须画蛇添足以填传。但弟子对王阳明轻视传注之做法亦有质疑，并当面求证于王阳明：

"著述亦有不可缺者，如《春秋》一经，若无《左传》，恐亦难晓。"先生曰："《春秋》必待《传》而后明，是歇后谜语矣，圣人何苦为此艰深隐晦之词？《左传》多是鲁史旧文，若《春秋》须此而后明，孔子何必削之？"爱曰："伊川亦云'传是案，经是断'；如书弑某君、伐某国，若不明其事，恐亦难断。"先生曰："伊川此言，恐亦是相沿世儒之说，未得圣人作经之意。如书'弑君'，即弑君便是罪。何必更问其弑君之详？征伐当自天子出，书'伐国'，即伐国便是罪，何必更问其伐国之详？圣人述六经，只是要正人心，只是要存天理、去人欲，于存天理、去人欲之事，则尝言之；或因人请问，各随分量而说，亦不肯多道，恐人专求之言语，故曰'予欲无言'。若是一切纵人欲、灭天理的事，又安肯详以示人？是长乱导奸也。故孟子云：'仲尼之门无道桓、文之事者，是以后世无传焉。'此便是孔门家法……"①

弟子把"传"的传统上溯至《左传》，并以小程子之言为传之必要性辩护，言外之意朱子之传有其传统之合法性，旧闻未必没有是处。王阳明除了重复上面所提及的本旨与传训的区分（"圣人作经之意"与"世儒之说"）之外，亦提出"予欲无言"之"孔门家法"问题，显而易见，孔、孟二圣的权威性远远高于左氏与小程子。此"无言"与"删削"之"家法"彰显出儒家圣经之本旨（所谓圣人作经之意）：圣经旨在"正人心"、"存天理、去人欲"。如人心正、天理存、人欲去，一言以蔽之，如大道明，则六经不必述。"述经"、"明道"之目的不过在于"反朴还淳而见诸行事之实"而已：

使道明于天下，则六经不必述。删述六经，孔子不得已也。自伏羲画卦，至于文王、周公，其间言《易》如《连山》、《归藏》之属，纷纷籍籍，不知其几，《易》道大乱。孔子以天下好文之风益盛，知其说之将无纪极，于是取文王、周公之说而赞之，以为惟此

---

① 《王阳明全集》卷一，第8页。应该指出的是，整个宋明理学都有强烈地对书写不信任的倾向，六经皆我注脚的陆象山自不必说，连朱子甚为推崇的小程子也着意强调："圣贤之言，不得已也。盖有是言，则是理明；无是言，则天下之理有阙焉。"（《二程集》卷九，第600—601页）王阳明这里的"孔子不得已"的说法与程颐的"圣贤之言不得已也"的说法旨趣是一样的，只不过，前者是从"破"的一面立论，后者是从"立"的一面着眼。

为得其宗。于是纷纷之说尽废，而天下之言《易》者始一。《书》、《诗》、《礼》、《乐》、《春秋》皆然……春秋以后，繁文益盛，天下益乱，始皇焚书得罪，是出于私意，又不合焚六经。**若当时志在明道，其诸反经叛理之说，悉取而焚之，亦正合删述之意。**①

透过此番惊世俗骇的焚书之主张，我们不难看出，就"经"与"传"的关系而言，"经"重"传"轻。而就"经"与"道"关系而言，则"经"轻"道"重。就权威性讲，"道"—"经"—"传"的重要性出现依次递减之现象。

王阳明还从书写之"失真"以及"言意之辨"两方面论证此现象：

> 人心天理浑然，圣贤笔之书，如写真传神，不过示人以形状大略，使之因此而讨求其真耳；其精神意气言笑动止，固有所不能传也。后世著述，是又将圣人所画，摹仿誊写，而妄自分析加增，以逞其技，其失真愈远矣。②

> 圣贤垂训，固有书不尽言，言不尽意者。凡看经书，要在致吾之良知，取其有益于学而已。则千经万典，颠倒纵横，皆为我之所用。一涉拘执比拟，则反为所缚。③

> 道之全体，圣人亦难以语人，须是学者自修自悟。④

如此，"经"之载道，亦不过是大略而已，与道之真实已有所失，而"传"则是对此大略之大略的摹仿誊写，与"道"已隔了两层，可谓加增愈多，失真愈远。王阳明将自己对书写传统的怀疑精神上溯至孔子

---

① 《王阳明全集》卷一，第7—8页。
② 《王阳明全集》卷一，第11—12页。
③ 《王阳明全集》卷六，第214页。
④ 《王阳明全集》卷一，第24页。

之删削、孟子之"尽信《书》不如无《书》"之论。言外之意，对朱子《大学章句》的怀疑不过法两圣之典范而已。孟子都不完全相信《书经》，何况朱子章句的地位还不如《书经》！

况且，"道"乃"天下之公道"，学乃"天下之公学"，"非朱子可得而私也，非孔子可得而私也。天下之公也，公言之而已矣"。如此，道是公开的，个体与"道"的关系是直接的，所以"反求"较诸"笃信"更切。这样，因道的超越性、普遍性，而凸显出"道心"、"本心"与"道"之间的直接相关性。圣经是载道之书，但"道之全体，圣人亦难以语人"，要在"致吾之良知"，要在"自修自悟"，人与"道"的**生存论关联**才是根本所在，于是"心"的地位便显豁出来了，尊经变成了尊"心"，读经变成了读"心"，解经变成了解"心"，所谓**"学者，学此心也；求者，求此心也"**①。这话推到极端，必得出震撼性结论。因为，尊经、读经、解经最终不过是"尊心"、"读心"、"解心"，则究极而言，不再是**以经印心**，而是**以心判经**。这个结论是王阳明自己得出来的：

> 夫学贵得之心。求之于心而非也，虽其言之出于孔子，不敢以为是也，而况其未及孔子者乎！求之于心而是也，虽其言之出于庸常，不敢以为非也，而况其出于孔子者乎！且旧本之传数千载矣，今读其文词，既明白而可通；论其工夫，又易简而可入，亦何所按据而断其此段之必在于彼，彼段之必在于此，与此之如何而缺，彼之如何而补？而遂改正补缉之，无乃重于背朱而轻于叛孔已乎？②

---

① 《王阳明全集》卷二，第51页。
② 《王阳明全集》卷二，第76页。十七世纪的日本阳明学者中江藤树（1608—1648）亦强调以"心法"解经，他说："圣经者，上帝之诰命，人性之注解，三才之灵枢，万世之师范也。然徒得其辞而不得其意，则尊信虽笃，受用虽勉，而不能免胶柱之弊。或略虽有得其意者，不以温恭自

这段话基本上把王阳明的论说策略与评判原则给亮了出来。"传"往往不可信,故须由"传"回到原典("旧本"),如果说"尊传"与"尊贤"相连,那么,"尊经"是与"尊圣"相连。"经"无疑比"传"具有更高的合法性,此评判原则亦与"圣"比"贤"具有更高的权威性("无乃重于背朱而轻于叛孔已乎"一句所含)相连。但回到原典并不是终点,"尊经"是为了"尊道",因而最终必落实于"尊心"上面,"心"成了一切合法性上诉的最高法庭。

三、陈确:《大学》非圣经

与王阳明不同,陈确不仅怀疑朱子之《大学章句》,而且从根本上就否定《大学》的圣经地位:"《大学》首章,非圣经也。其传十章,非贤传也。"就连王阳明所谓的"古本",他也一并加以否决:

> 阳明子言"知行合一","知行无先后","知行并进",真是宋儒顶门针子……《大学》明言先后,而阳明子谓知行无先后,说何由合?其曰"致良知",亦强为"致知"解嘲耳,而终非《大学》之旨。阳明子亦欲曲护《大学》,其如《大学》终不可理解何!先生始则欲从古本,继又欲从石经。非真以古本、石经之为至也,直是求其说而不得,又转而之他,亦礼失求野,无可奈何之意耳。①

(接上页)虚穷之,则不能无六弊等之病,而又或徒为讲习讨论之间思虑者,亦有之。是以穷经之法以自虚为先,而后当得圣经之主意,而体认熟察,而观吾心,**吾心之合于圣经者,为真为正,吾本心也。吾心之违于圣经者,为习为邪,非吾本心也,乃后来染习之迷心也。**"(中江藤树:《杂著》,收入《藤树先生全集》,东京岩波书店1940年版,第241—242页,转引自黄俊杰:《德川日本论语诠释史论》,台湾大学出版中心2006年版,第25页)显然,中江藤树这种以心法解经旨意在于以经印心,其强调"自虚为先"与朱子的读书法并无二致,而与王阳明的以心判经路数迥异其趣。

① (清)陈确:《陈确集》别集卷十六,中华书局1979年版,第588页。

王阳明对"传"之否定已引起士林震惊,现在陈确将"经"、"传"一锅端掉,这在当时为蚍蜉撼大树之举动,"千人所指,无病而死",可以说是冒天下之大不韪。陈确对此亦有非常清醒的认识:

> 谓《大学》是圣经,甚安而易;谓《大学》非圣经,甚危而难。譬之与释子非佛教,与婆子言无阎王,一傅众咻,祇自取困耳。①

他曾将自己的《大学》辨拟为"无异于桀犬吠舜,百口奚解"②,并以清醒的狂人自况。③其人虽狂,但其言却是娓娓道来。他从《大学》之"**名**"、"**迹**"、"**理**"三个方面,剥夺其圣经之资格。

从"**名**"看,"大学"二字显系"非知道之言",孔子曰"下学而上达",上达工夫,只在下学。学,岂有大小之分!④

从"**迹**"看,《大学》文本未尝假孔、曾一字,如篇中两引夫子之言,一引曾子之言,显见其他皆非孔、曾之言。而自春秋历汉、唐,千有余年,真儒辈出,绝未有一人以《大学》为孔、曾之书者,况且朱子本人"右经一章,盖夫子之意"这一断语中之"盖"字,本身已含有"疑"之意味。《大学》非圣经,"此迹之显然者也"。

---

① 《陈确集》别集卷十七,第617页。
② 《陈确集》别集卷十六,第585页。
③ "国有饮狂药者,未饮则了然东西白黑之辨,饮之则必以东为西,白为黑,他颠倒皆类是。国人莫不饮者,一人独弗饮,而日切切然与国人争东西白黑也,一国皆以为狂而相耻笑之;一人亦弗能忍而终饮之,于是与国人同游混沌之天。今《葬书》、《大学》之为狂药久矣,予向亦尝饮之而狂者也,今暂而醒耳,又安必其弗终饮乎!"(《陈确集》别集卷二,第424页)
④ "大学、小学,仅见《王制》,亦读'太'。作大学者,疑即本此,亦犹宋人之作小学也云耳。虽然,吾又乌知小学之非即大学也?吾又乌知小学之不更胜大学也?夫道,一而已矣。古《易》称蒙养即圣功。古人为学,自少至老,只是一路,所以有成。今乃别之为大学,而若将有所待也,则亦终于有待而已矣。古学之不可复,其以此也。"(《陈确集》别集卷十四,第553页)

第九章 儒学经传中"怀疑"与"否定"的言说方式

从"**理**"看，首先《大学》重知轻行，有违"知之非艰，行之惟艰"之古训，而与佛禅同流①；其次，一味以意言诚，其格致诚正与《孟子》《中庸》"合内外、彻始终"的明善、诚身"形似而实非"②；最后，《大学》后正心于格致，颠倒圣学次第③；至于"明"、"新"、"至善"云云，皆浮夸之词、乖理之语④。要之，归重知止，则诞而堕于禅，后正心于格致，则弛外而荒。支离虚诞，诬圣之极：

> 《大学》，其言似圣而其旨实窜于禅，其词游而无根，其趋罔而终困，支离虚诞，此游、夏之徒所不道，决非秦以前儒者所作可知。苟终信为孔、曾之书，则诬往圣，误来学，其害有莫可终穷者，若之何无辨！⑤

---

① "古昔圣人皆重言行而轻言知，故曰'知之者不如好之者'，曰'知及之，人不能守之，虽得之，必失之'。知之不足恃，亦已明矣。惟佛氏单言觉，谓一觉已无余事。惟《大学》单言知，谓一知已无余事。详观文义，岂不其然！首节虽不言知，而开口言明明，已是重知张本。次节紧接'知止'二字，谓一知止而定、静、安、虑、得无不能矣，非重知乎？三节曰'知所先后，则近道矣'，非重知乎？四节、五节反复言格致之当先，谓一格致而诚、正、修、齐、治、平已环至而立效矣，非重知乎？重知则轻行，虽欲不禅，不可得矣。以此知上文言新民、言齐、治、平，并是夸词。正如佛氏之称无量功德，务神其说以艳愚俗者，非实话也。……盖《大学》只是重知，若曰一格致而学已无余事矣，此《大学》之本旨也。程朱辟禅，而表章《大学》，是驱天下后世而之于禅也，不亦惑欤！……知止乃全乎禅学，即释氏所谓'大彻大悟境界'，圣学绝无此也。"（《陈确集》别集卷十六，第585—586页）又："夫子危言得，《大学》侈言得，此其所以大悖也……夫子反复言知及之不足恃，并仁守、庄莅犹未足全恃；而《大学》三、四、五节回环反复，只归重一知，与圣训正相刺谬。盖《大学》言知不言行，一语是定案……《大学》只言效验，不言工夫，工夫惟在格致，竟是蒲团上生活，故曰禅也。"（《陈确集》别集卷十六，第607页）

② "盖《大学》之误，全在以意言诚。诚止在意，即是不诚。凡言诚者，皆兼内外言。故《中庸》曰'诚身'，孟子曰'反身而诚'。盖修、齐、治、平皆是诚，非徒意之而已也。此《大学》之误也。宋儒之言诚本此，此末学之大蔽也。"（《陈确集》别集卷十六，第586—587页）

③ "心为一身之主，虽格物致知，皆以心格之，以心致之。心正则格致皆正，心偏则格致皆偏……**吾心者，亦事物之权衡，义理之准绳也**。夫不知格致由吾心而正，而反云'吾心由格致而正'，是无异称五臣之功，而绌舜德者也，亦甚诬矣。"（《陈确集》别集卷十六，第587页）

④ "至善，未易言也；止至善，尤未易言也。……夫学，何尽之有！有善之中又有善焉，至善之中又有至善焉，固非若邦畿丘隅之可以息而止之也。而《传》引之，固矣。故明、新、至善之言，皆末学之夸词，伪士之肤说也。"（《陈确集》别集卷十四，第553—554页）

⑤ 《陈确集》别集卷十四，第552页。

将《大学》斥为"诬圣之学",将程、朱之表彰视为"千古圣学之不明"之祸源,这在当时确有石破天惊之效应。同门好友纷纷为之痛心疾首,当面斥责者有之,致书批驳者有之。责其不经,批其荒诞。罪名林立,撮其要,曰四大罪状,依此述之如下:

> 一曰《大学》之为圣经,有本有源,废之、毁之,乃喜新立异,语不惊人誓不休,有背信古之圣训。
> 二曰疑经、废经,乖离尊经之习规,其罪与王安石(介甫)废《春秋》同。
> 三曰专暴先贤之误,有违尊贤之传统。
> 四曰傲然自以为是,前无往圣,后无来哲,废准绳而任己心。

此四点互相联系,皆属于经典、传统与权威性方面之问题。亦是"非经"之举的"不经"之处。控方指控罪状甚急,辩方答辩从容不迫。

对于喜新立异之指责,面对"《大学》之为圣经已五百余年,更何待辨"之疑问,陈确答辩说,《大学》之貌似有本有源,为学者所祖述,而其实则:

> 无本无源,以开五百年来学者纷纭争辨之端而已矣。夫不宗《论》、《孟》,而宗《学》、《庸》,直以《大学》为《四书》之首,真是喜新立异。此程、朱学问大谬误处。而诸君乃以弟为喜新立异,此弟所至死而不服者也。①
> 《大学》之在《戴记》,垂二十("十"字当为"千"字——引者)余年,绝未有圣之者也。而程子凿空以为孔氏之书,既又疑其有错简而大变其文,朱子又变易程子之文,又为之补传,出

---

① 《陈确集》别集卷十六,第588—589页。

《戴记》而升诸《四书》之首，而反以为能述而信，而无所改作。仆欲黜还《戴记》，以仍《大学》之旧，而反以为不能信述，而妄改作。此何异瞽者之论东西白黑乎？①

如依述而不作之传统，则《大学》本《戴记》之一部分，本无神圣性可言。冒称圣经不过五百年，与垂千余年未圣之状态比，其本源之有无立判。将后起的《大学》置于有本有源的《论》、《孟》之首，喜新立异的是程、朱，而不是我陈确。而孔子述而不作之"述"亦非无所不述，信而好古之"信"，亦非无所不信。孔子之于古亦是述其所当述，信其所当信，好其所当好：古诗三千，删者十九，《书》断自唐虞，《坟》、《典》尽删，《礼》、《乐》仅存先进，《连山》、《归藏》之古《易》被摒弃，《春秋》则更不胜削。况且将《大学》还归《礼记》正是物归原主而已，亦是拨乱反正，一刷"孔、曾五百年之诬"。

对于疑经、废经之指责，陈确的回应很简明：介甫是"废真经"，因《春秋》经孔子删削，其合法性不容置疑，朱子则是"进伪经"，因《大学》从"迹"到"理"皆与圣经不合。所以，陈确之辨《大学》不过是要废伪经。

面对"以程、朱之贤，而暴其误，可乎？"之质疑，陈确辩以：

> 程、朱之误，君子之过也。夫君子未尝无过，孔子尝信宰予之言，程、朱偶惑《大学》之说。程、朱之贤，如日月之经天，《大学》之误，如云翳之亏蔽，于程、朱奚损焉！而终覆之，损程、朱乃大耳。故敢卒辨之。②

弟于程、朱之学，未能及其万一。至于表章《大学》，则又不

---

① 《陈确集》别集卷十五，第 568 页。
② 《陈确集》别集卷十四，第 552—553 页。

敢不以死争之。盖从来贤圣不能无过，如日月之有薄蚀，何损于明，而后儒必欲曲为之护，真是程、朱之罪人耳。①

圣如孔子尚不能无过，程、朱有过，实不足为奇，这是一层意思。程、朱之过，是君子之过，如日月之蚀不害其明一样，程、朱之过不害其为圣贤，这是第二层意思。所以，辨其过只不过是把遮蔽圣贤之云翳驱散，所谓"为程、朱祛一蔽"。相反，曲护其过才是程、朱之罪人，这是最后一层意思。如是，暴程、朱之误，非但无损程、朱之贤，反为之去蔽增光。

面对"傲然自是"、"废准绳而任己心"之责，陈确的回应更为精巧：

> 夫道者古今所共，非一人之所得私，攻击之与附会，均属私心，是曰是，非曰非，辨所当辨，嘿所当嘿，乃为天理之公。②

> 夫不论是非，而但责以倍古，无论无以服弟之心，并不可以服程、朱之心。何者？程、朱人品，自卓然千古，《大学》之误，曾何足为累。辞而辟之，上之为程、朱祛一蔽，下之以解千百世无穷之惑，固宜为程、朱之所快甚于地下者。③

> 夫子已浑身是天道，即浑身是易道，犹不敢自谓已能，而必待学以寡过者，道固无穷，虽圣人不苟自是也。④

> 学何尝废准绳，**要以孔、孟绳诸儒**，则曲直立见……要只奉孔、孟为规矩准绳而已。故知陆、王之得，亦未始不知陆、王之失；知程、朱之失，亦未始不知程、朱之得也。而吾兄只以洛、

---
① 《陈确集》别集卷十六，第589页。
② 《陈确集》别集卷十七，第617—618页。
③ 《陈确集》别集卷十七，第619页。
④ 《陈确集》别集卷十二，第539—540页。

闽书为规矩准绳，安得无全蔽乎？①

这些辩护实际上提出了很多涉及儒家经典诠释之问题：

（1）"信古"与"服心"（是非之心）关系问题，在"信古"与"是非之心"冲突时，是继续"信古"而不"服心"，抑或是毅然"倍古"而"服心"呢？

（2）如果一味唯"服心"是瞻，会不会导致"心"之无限膨胀（所谓"傲然自是"）而流于"师心自用"、流于主观之臆测呢？

（3）如果"学"尚需要准绳以制约"心"之傲然自是，那么，要以谁为准绳呢？

陈确辩护之言外之意是，否定《大学》之圣经地位，乃出于"是非之心"（此心与程、朱之心无异，属于理性之心，所以程、朱当为陈氏之为己去一蔽而含笑于九泉之下），乃出于孔、孟之规矩准绳，而不是"以洛、闽书为规矩准绳"。这里，陈确的答辩策略很清楚，一是将"私心"与"是非之心"区别开来，则否定《大学》之举与私心无干，"傲然自是"为莫须有之罪名；二是将孔、孟的准绳与程、朱的准绳区别开来，则否定《大学》之举只是否定了程、朱的准绳，而实维护了孔、孟的准绳，"非准绳而任己心"亦成无的放矢之指责。"要以孔孟绳诸儒"，则直接开启了明末清初的以"复古"为解放的思潮。

四、尊经与尊心之辨证

无论王阳明对《大学章句》之怀疑抑或是陈确对《大学》本身圣经地位之否定，均涉及儒家义理系统的定性问题，此属于黄俊杰教授所说的作为护教学的诠释学之范围，因本章将论题限定于"论说方式"

---

① 《陈确集》别集卷十六，第602页。

上面，故此方面问题在此存而不论。就论说方式来看，二人对《大学》的辨正表现出惊人的相似性，二人之论说均围绕**尊古**（信古）、**尊圣**、**尊经**几个向度进行。对经典文本的怀疑与否定，是否是倍古（喜新立异）、是否是辱圣（专暴圣贤之过）、是否是侮经，二人均一一予以辩解。此无疑从"负的一面"折射出儒家圣经存活之氛围，圣经之"圣"与信仰共同体之"尊"、"敬"的态度与认同感密不可分，圣经是在其"圣经世界"中存在与展开的，这个圣经世界是信仰共同体参与的世界，尊古、尊圣、尊经是这一圣经世界中信仰共同体的集体（无）意识与情感。脱离这一世界，圣经不过是一故纸堆而已。

反过来，脱离开圣经，这一世界也将分崩离析，信仰共同体亦不复存在。王阳明与陈确对《大学》之辨正，在反对者看来，实际上就是要把一度被奉为圣经的文本逐出信仰共同体的圣经世界，废传、废经之后果对于儒家信仰共同体而言是震荡性的：如果《大学》可疑、可废，那么其他圣经呢？《大学》已盘根错节于圣经世界土壤中达五百年之久，把它连根拔起，会不会不仅伤及他经，而且把它所得以扎根的土壤也给破坏了呢？尊古、尊圣、尊经之传统不正是圣经得以扎根之土壤吗？明于此，我们不难理解为什么王阳明与陈确均不遗余力就以上向度进行论说。

从诠释学的立场看，在二人论说之具体展开过程中，牵涉以下几个非常重要的问题。

（1）**圣经的"作者"的权威与"传"的作者的权威的关系问题。**王阳明对"传"的批评（激愤之极如"焚书"说），陈确对专暴程、朱之过的辩解，皆表明圣经"作者"的权威性高于"传者"的权威性。所以"传"之可怀疑，可以在"经"中找到其"根据"。孔孟之权威成了挑战程、朱之权威的工具，所谓"以孔、孟为准绳"是也。与此相关，回到圣经去，往往也成了阐发新思想的合法性之途径。然而儒学圣经众多，究竟回到哪一部圣经，亦存在：

（2）**不同圣经之间的关系问题**。《大学》经程、朱之表彰而升于群经之首，王阳明以《孟子》之心性系统驳朱子之传，陈确则罢黜《大学》之圣经地位，说明儒学群经的地位依诠释的历史脉络与诠释者的参照系不同而不断游移。儒家圣经系统在历史中呈现出一定的开放性，而与"一本书"的宗教（如犹太教、基督教、伊斯兰教）有着较大区别。① 就王阳明和陈确的个案看，源始的经典的权威性要高于后起的经典，所谓"有本有源"是也。这一点陈确讲得很清楚：

> 嗟乎！学至于孔、孟，可以已矣；书至于《论》、《孟》，可谓有证矣。而犹以为未足，而无端举二千余年绝无证据之《大学》，而强以为圣经，而尊之《论》、《孟》之上，则喜新立异之讥，在程、朱固无以自解于昔日矣。②

然而当诠释者的思想与源始经典有所出入，或当新思想无法在源始的圣经中找到文字依据，或当诠释者所要怀疑、否定的文本有其源始圣经的支持的时候，诠释者的论说方式往往就会牵涉另一个问题，即：

（3）**圣经之道与圣经之文本的关系问题**。儒学之圣经意识与激进的新教徒之《圣经》意识不同，后者将《圣经》等同于上帝之道本身③，一直涌动于心学传统中的"经籍糟粕说"④，使儒学之道高于圣经

---

① 美国学者韩德森（John B. Henderson）指出，与其他传统相比，儒家经典的一个特色在于保持开放状态，不断允许新的经典出现，如从五经发展到九经、十三经、二十一经，以及宋儒尊四书轻五经和清儒反其道而行之，足见儒家经典的定义从未如基督教一般固定、封闭，对新说不轻易视为异端加以排抵。郭齐勇先生称此现象为"经—传、经—说、经—解形式的开放性与创新性"。韩德森观点的介绍与郭齐勇先生之评论参见郭齐勇：《中国哲学智慧的探索》，中华书局2008年版，第41页。

② 《陈确集》别集卷十五，第575页。

③ 参见 Alister E. McGrath, *Historical Theology: An Introduction to the History of Christian Thought*, Oxford: Wiley-Blackwell Publishers, 1998, pp. 177-184。

④ 余英时称此经籍糟粕说为"儒学内部的反智识主义倾向"并对此有较系统的考察，参见余英时：《论戴震与章学诚》，第294页以及以下。

之文本。这样，在**传—经—道**之序列中，其合法性地位是依次上升的，尊古、尊圣、尊经，在王阳明与陈确看来，实质上都是**尊道**。于是，在道面前，人人平等，所谓"天下古今之所共由，非一人之所得而私"是也。这就为思想突破传统圣经所规定的范围提供了一个缝隙、一个裂口，为诠释者的创造的勇气提供了合法性理据，陈确的话语就是很好的佐证：

> 夫道者，千圣百王所共之道，天下万世之所共由共知，而非一人之所得而私也。信则言之，疑则阙之；是则承之，非则违之。何嫌何忌，而当自生阻畏乎？①

如果传统、圣贤之言、圣经文本有背于"道"，那就只能倍古、废经。当然，王阳明和陈确决不认为自己是在倍古、废经，反而却视自己为"真信古"、"废伪经"、"信真经"。这确实是一个非常有趣的现象。如果相信王阳明与陈确之谈不是在自欺，更不是在欺人，那么，或许**在儒学传统内部、在儒学的义理系统内部就孕育着自我批评、自我分裂、自我更新的机制**。

如果说尊道为突破传统之成见提供了合法性之理据（或所谓的话语权），那么，"改过"与"常怀不满"则提供了有力的修辞方式，这一点在王阳明就朱陆之辩《答徐成之》的信中表现得淋漓尽致：

> 夫君子之过也，如日月之食，人皆见之；更也，人皆仰之。而小人之过也必文。世之学者以晦庵大儒，不宜复有所谓过者，而必曲为隐饰增加，务诋象山于禅学，以求伸其说；且自以为有助于晦庵，而更相倡引，谓之扶持正论。不知晦庵乃君子之过，

---

① 《陈确集》别集卷十四，第565页。

而吾反以小人之见而文之。晦庵有闻过则喜之美,而吾乃非徒顺之,又从而为之辞也。晦庵之心,以圣贤君子之学期后代,而世之儒者,事之以事小人之礼,是何诬象山之厚而待晦庵之薄耶！①

圣如孔子,贤如曾、颜皆有过错,尊圣贤并非尊其过错之一面,孔子虽述而不作、信而好古,亦勉力删削群经,此貌似"倍古"、"侮圣"恰恰载于圣经之中,所谓有典、有据是也。但此"倍古"、"侮圣"仅貌似而实不是,因为,圣贤之貌似"倍"、"侮"之举实乃"不苟从"之表现,乃出于明道之心。唯道是瞻,乃千古圣贤之共同心态。"改过"成为"圣贤之学","常怀不满"成为"圣贤之心"。于是,王阳明才有"某今日之论,虽或与朱子异,未必非其所喜也"之高论,陈确才有罢黜《大学》"固宜为程朱所快甚于地下者"之妙语。毕竟人同此心、心同此理乃儒学传统之基本信仰。尊古、尊圣、尊经可归于尊道,而由尊道向前迈出一小步,即是尊心。此即:

(4)"解心"与"解经"的关系问题。将尊古、尊圣、尊经归结为尊道,将尊道进一步归结为尊心,此王阳明、陈确之共同理路。其中,王阳明在《稽山书院尊经阁记》的阐发最为淋漓尽致:

> 经,常道也……六经者非他,吾心之常道也。故《易》也者,志吾心之阴阳消息者也;《书》也者,志吾心之纪纲政事者也;《诗》也者,志吾心之歌咏性情者也;《礼》也者,志吾心条理节文者也;《乐》也者,志吾心之欣喜和平者也;《春秋》也者,志吾心之诚伪邪正者也。君子之于六经也,求之吾心之阴阳消息而时行焉,所以尊《易》也;求之吾心之纪纲政事而时施焉,所以尊《书》也;求之吾心之歌咏性情而时发焉,所以尊《诗》也;

---

① 《王阳明全集》卷二十一,第810页。

求之吾心条理节文而时著焉，所以尊《礼》也；求之吾心之欣喜和平而时生焉，所以尊《乐》也；求之吾心之诚伪邪正而时辩焉，所以尊《春秋》也……故六经者，吾心之记籍也，而六经之实则具于吾心……而世之学者，不知求六经之实于吾心，而徒考察于影响之间，牵制于文义之末，硁硁然以为是六经矣……呜呼！六经之学，其不明于世，非一朝一夕之故矣。尚功利，崇邪说，是谓乱经；习训诂，传记诵，没溺于浅闻小见以涂天下之耳目，是谓侮经；侈淫辞，竞诡辩，饰奸心，盗行逐世，垄断而自以为通经，是谓贼经。若是者，是并其所谓记籍者而割裂弃毁之矣，宁复知所以为尊经也乎！①

《易》、《书》、《诗》、《礼》、《乐》、《春秋》不过分别记吾心之"阴阳消息"、"纪纲政事"、"歌咏性情"、"条理节文"、"欣喜和平"、"诚伪邪正"，因此，尊经实则是尊心，即让吾心之"阴阳消息"、"纪纲政事"、"歌咏性情"、"条理节文"、"欣喜和平"、"诚伪邪正"时行、时施、时发、时著、时生、时辩，一言以蔽之，**解经说到底是解心**。②无论是王阳明对传训之怀疑抑或是陈确对经本身之否定，均最终诉诸"解心"之路数。王阳明斥宗朱者"附会于补传而不深于经旨，牵制于文义而不体认于身心"，陈确驳发难者"不求之吾身吾心，而惟程、朱之求"，皆说明经典解释之终极依据是"心"，所谓"以吾身吾心体察《大学》之说，而精求其是非"是也。这里不再是以经印心，甚至也不单单是陆象山所说的"六经皆我注脚"，而是**以心判经**。"经"之"经典性"最终得通过"吾心"的评判，王阳明怀疑朱子《大学章句》、陈确否定《大学》的经典地位，皆端赖二人的如此之"**信心**"。

---

① 《王阳明全集》卷七，第 254—255 页。
② 九川问："此功夫却于心上体验明白，只解书不通。"先生曰："只要**解心**。心明白，书自然融会。若心上不通，只要书上文义通，却自生意见。"（《王阳明全集》卷三，第 94 页）

第九章　儒学经传中"怀疑"与"否定"的言说方式

综括以上四点，儒学圣经之文本是在其历史传统中展开的，尤其是儒学之群经在义理系统上是相互支持的，这颇类似于基督新教"《圣经》自己解释自己"的思想。但是，群经在出现的年代上是有区别的，在作者的身份上是不同的，一般而言，时间上越早出的权威性就越大，作者的权威性越大，文本的神圣性就越强。就文本而言，衡量一种诠释的合法性，只能诉诸群经之系统；而当群经中的某一部经典被质疑时，在文本上所诉诸的只能是更古老的经典，或其作者（述者）是得到公认的圣人（周、孔等）的经典。然而，在严格意义上，儒学圣经的神圣性、权威性并不在于其文字本身，儒学圣经不是某种自我封闭的"咒语"，其本身就赋有某种不可思议的神力，儒学圣经之经典性、神圣性在于它是道之载体与传达，**严格讲来，任何文本都不是神圣的，只有"道"才是神圣的，这一意识在宋明儒学中是非常强烈的。而圣经之"道"最终是超越圣经之文本的，是遍在的、公开的、平易的，心体即是道体、性体。这里没有"秘传"，一切都是公开的，大道就是大道，不是幽径，更不是迷魂阵；道心就是本心，就是平常心。于是，阐释经典与发明本心，尊经、尊道与尊心便成了一而二，二而一之事情。这样就为对经典的批判提供了终极的依据或合法性，也为思想的创新、观念的转型提供了合法性。于是，通过对经典的诠释、通过怀疑传统的经典诠释、甚至通过对经典的否定，儒学逐渐展开其丰富的思想形态。**

尊古、尊经、尊圣使任何的言说都保证了经典诠释的儒学性格，而反身、尊心，作为张力的另一端则保证了儒学经典诠释的生存性特质，亦保证了儒学思想在诠释性的认信过程中始终保持创新与活力。毫无疑问，张力两极的力量是不断变化的，其平衡状态决不是恒定的。就王阳明和陈确的个案看，"反身"、"反求"、"尊心"的一极颇有压到另一极之嫌疑。前一极的极度膨胀将会冲破一切圣经文本的限制，失去圣经之印证、检验，那么，在学理上就很难说清楚本心与习心的界限。王阳明与陈确"传心"、"解心"之说可能导致的弊端,朱子早有先见。朱子在读到不知何人所记的杂书一编之中的一段"传心"文字时①,不无疑虑地指出:

> 此言务为高远而实无用力之地……夫学圣人之道,乃能知圣人之心。知圣人之心以治其心,而至于与圣人之心无以异焉,是乃所谓传心者也。岂曰不传其道而传其心,不传其心而传己之心哉!且既曰己之心矣,则又何传之有?况不本于讲明存养之渐,而直以扩充为言,则亦将以何者为心之正而扩充之耶?②

刘蕺山更是明确指出解心之过的严重后果:

> 后儒之言曰:"古人往矣,六经注我耳。吾将反而求之吾心。"夫吾之心未始非圣人之心也,而未尝学问之心,容有不合于圣人之心者,将遂以之自信曰:"道在是。"不已过乎?夫求心之过,未有不流为猖狂而贼道者也。③

由"解经"走向"解心",由"解心"走向"以心判经","心"之一端遂成寡头的一端,而任何"经典"都沦为此"心"之下、有待"心"去判定其命运的客体。这一点我们从检查二人论说之"身位"即可略窥其中端倪。

首先两人均将怀疑、否定《大学》经、传视为天将降大任于斯人之历史使命。其俨然以圣人自居之自我意识在王阳明处路人皆知,无

---

① "先圣后圣,若合符节,非传圣人之道,传圣人之心也;非传圣人之心,传己之心也。己之心无异圣人之心,广大无垠,万善皆备,欲传圣人之道,扩充此心焉耳。"
② 《记疑》,《晦庵先生朱文公文集》卷七十,《朱子全书》第23册,第3397页。
③ 《张慎甫四书解序》,《刘宗周全集》第4册,第17页。

须饶舌。在陈确处,甚至有"天启"之托:

> 嗟乎!五六百年来,大道陆沉,言学之家,分崩离析,孰执其咎乎!……仆痛此入于骨髓,幸而天启愚衷,毅然辨《大学》之决非圣经,为孔、曾雪累世之冤,为后世开荡平之路。**圣人复起,不易吾言。**①

> 若夫圣经之淆乱,习见之乖诡,则弟决欲冒万死为孔、曾一雪之。虽一家非之不顾,一国非之不顾,天下非之不顾,**千秋万岁共非之亦不顾也。**②

> 确生平笔札纷纭,了无足取,唯《葬论》、《大学辨》二书差有关于世教,故亟欲正之同人。而知《葬论》者犹十三,知《大学辨》者未见百一……**使天而不欲斯道有明则已,如终不没斯道也者,圣人复起,不易吾言。**③

此解经者之身位,已使解经者与圣经之作者处于平等之地位,这于彰显个人理性、为思想创新固大有裨益。王阳明有不以孔子之是非为是非之振聋发聩之言,陈确则更进一步,发出当面与孔圣辨正之设想:

> 夫君子之听言也,不惟其人,惟其言。使其言是,虽愚夫之言,其能不听?使其言非,虽贤者之言,其能不疑?向使确幸得亲承孔、曾之教,而于心有未安,犹当辨而正之。况如《大学》之说之甚倍于孔、曾者,而欲使确终信而不疑,则确无人心者而后可,而确则安敢以自昧也?……吾信诸心而已。④

---

① 《陈确集》别集卷十五,第567页。
② 《陈确集》别集卷十六,第593页。
③ 《陈确集》别集卷十七,第618页。
④ 《陈确集》别集卷十四,第558页。

此等张扬个人理性之精神，颇具启蒙之风格。但就经典诠释而言，此等解经者之身位有可能导向两种结果。一是解经者之间的完全平等，而展开解经者之间的理性对话，从而形成一开放的交互主体性的理性解经共同体。此一种结果在陈确的论说中已有征兆。陈确虽有"圣人复起，不易吾言"之自信，但亦有**"勿敢信诸心，信诸理而已"**之警觉，并清醒认识到**"心非吾一人之心，理非吾一人之理也，吾其又敢以吾之说为必无疑于天下后世哉"**！①

另一种结果是走向余英时先生所称的神秘主义、反智识主义，此在王阳明的论说中藏有先兆。王阳明在视"良知"二字为鉴别真伪的"千古圣贤相传一点骨血"②，并称"只致良知，虽千经万典，异端曲学，如执权衡，天下轻重莫逃焉"③ 的同时，表现出对书写传统的极大不信任，《大学问》成后一度秘而不宣，只限于"同志间""口相授受"，此固有其时势之考虑，但也折射出他对口传的情有独钟。④ 于是，圣经之微言大义遂成口口相传之"密法"。王阳明后学以及后学之后学，纷纷逸出儒门，而终至儒学经典失去其儒学性格，不能说与此无干。

---

① 《陈确集》别集卷十四，第558页。
② 《王阳明全集》卷三十二，第1179页。
③ 《王阳明全集》卷三十二，第976页。又《长生》："千圣皆过影，良知乃吾师。"
④ 如《别诸生》之"绵绵圣学已千年，两字良知是口传"，如《咏良知四首示诸生》之"莫道圣门无口诀，良知两字是参同"等。

第十章 "亲民"抑或"新民":从传统到现代

一、引言

《大学》本为《礼记》之普通一篇,在宋前并未受到特别的关注。自二程开始表彰《大学》,称"《大学》,孔氏之遗书,而初学入德之门也"。朱子(1130—1200)进一步为其作传,《大学》一跃而成为儒家最重要的经典之一。① 朱子对《大学》用工甚勤,青年时读《大学》,"每早起须诵十遍"②,而临终前数日,仍在斟酌《大学》之义。朱子自谓"平生精力,尽在此书",诚不为过。朱子重视《大学》自有其学理上的理由,在《大学章句序》中,他指出"于今可见古人为学次第者,独赖此篇之存","学者必由是而学焉,则庶乎其不差矣。"他一生谈及读书、问学次第时反复申明:学问须以《大学》为先,次《论语》,次《孟子》,次《中庸》。并叮咛弟子说:"先须通此,方可读书。"③

---

① 《大学》地位的上升以及《大学》改本之演变,分别参见杨儒宾:《〈中庸〉、〈大学〉变成经典的历程:从性命之书的观点立论》及《水月与记籍:理学家如何诠释经典》,收入李明辉编:《中国经典诠释传统(二)儒学篇》;李纪祥:《两宋以来大学改本之研究》,第59页及以下。
② 《朱子语类》卷十六,《朱子全书》第14册,第506页。
③ 《朱子语类》卷十四,《朱子全书》第14册,第419、430页。其中缘由,朱子本人是有明确阐释的:"某要人先读《大学》,以定其规模;次读《论语》,以立其根本;次读《孟子》,以观其发越;次读《中庸》,以求古人之微妙处。《大学》一篇有等级次第,总作一处,易晓,宜先看。《论语》却实,但言语散见,初看亦难;《孟子》有感激兴发人心处。《中庸》亦难读,看三书后,方宜读之。"(《朱子语类》卷十四,《朱子全书》第14册,第419页)

王阳明（1472—1529）思想之形成同样与《大学》有极深的关系。龙场悟道实与他对《大学》的独特体会密切相关，这一点《阳明年谱》是有明确记载的。① 而在军旅生涯之中，他亦不忘时时抽暇与弟子切磋《大学》②，不夸张地说，王阳明接引弟子的最重要的文本就是《大学》："吾师接初见之士，必借《学》、《庸》首章以指示圣学之全功，**使知从入之路。**"其所撰《大学古本序》数易其稿，其所注疏之《大学问》，更被称为"师门之教典"："学者初及门，必先以此意授，使人闻言之下，即得此心之知，无出于民彝物则之中，致知之功，不外乎修齐治平之内。学者果能实地用功，一番听受，一番亲切。师常曰：吾此意思有能直下承当，只此修为，直造圣域。参之经典，无不吻合，不必求之多闻多识之中也。门人有请录成书者，曰：此须诸君口口相传，若笔之于书，使人作一文字看过，无益矣。""口相授受"而不轻于示人，足见王阳明对《大学》所承担的心法之重视。

然而自王阳明《大学》新解出后，无论朱子学一脉抑或阳明学一系，两家围绕《大学》今古本之争均收紧在对格物、致知、诚意的解读上面。《大学》首章之"新民"与"亲民"之辨析，却未予以足够的重视。双方论辩的焦点是"八目"，即工夫问题。当代学界讨论《大学》与朱王异同时，虽会提及"新"、"亲"二字，但亦止于蜻蜓点水。唯在以徐复观为代表的当代新儒家那里，"新"、"亲"之论上升到重要的理论高度被加以认真检讨。

本章拟重新追溯"新"、"亲"之争的思想谱系，并将以徐复观、牟宗三为代表的当代新儒家对传统儒家德治思想的解读，置于这种思想光谱之下加以检视，借此揭示不同时代的儒者之不同诠释进路，同

---

① "先生在龙场时疑朱子《大学章句》非圣门本旨，手录古本，伏读精思，始信圣人之学本简易明白。"（《王阳明全集》卷三十三，第1254页。）

② "先生出于贼垒，未暇宁居，门人……皆讲聚不散……日与发明《大学》本旨，指示入道之方。"（《王阳明全集》卷三十三，第1253—1254页）

时进一步阐发儒家"新"、"亲"之辩的现代意义。

二、朱子之"新"

如所周知,朱子从程子将《大学》之"亲民"易为"新民",《大学章句》曰:

> 程子曰:"亲,当作新。"大学者,大人之学也。明,明之也。明德者,人之所得乎天,而虚灵不昧,以具众理而应万事者也。但为气禀所拘,人欲所蔽,则有时而昏;然其本体之明,则有未尝息者。故学者当因其所发而遂明之,以复其初也。新者,革其旧之谓也。言既自明其明德,又当推以及人,使之亦有以去其旧染之污也。止者,必至于是而不迁之意。至善,则事理当然之极也。言明明德、新民,皆当止于至善之地而不迁。盖必其有以尽夫天理之极,而无一毫人欲之私也。此三者,大学之纲领也。①

尽管朱子的章句在后来也成了"经典",但在当时朱子从程子将原本之"亲民"改为"新民",是受到强烈质疑的,毕竟轻改经文,是注家之大忌:

> 曰:"程子之改亲为新也,何所据?子之从之,又何所考而必其然耶?且以己意轻改经文,恐非传疑之义,奈何?"曰:"若无所考而辄改之,则诚若吾子之讥矣。今亲民云者,以文义推之则无理,新民云者,以传文考之则有据,程子于此,其所以处之者亦已审矣……若必以不改为是,则世盖有承误踵讹,心知非是,

---

① 《大学或问》,《朱子全书》第6册,第16页。

而故为穿凿附会，以求其说之必通者矣，其侮圣言而误后学也益甚，亦何足取以为法耶？"①

"以文义推之无理"，当谓首句（"大学之道在明明德"）之义是自明其明德，既明其明德，则推己及人，使他人亦明其明德，此即新民。自明而明他，己立立人、己达达人，在文义上自顺理成章。如作"亲"字，则与上面"明明德"意思不免有隔。用朱子本人的话说："我既是明得个明德，见他人为气禀物欲所昏，自家岂不恻然欲有以新之，使之亦如我挑剔揩磨，以革其向来气禀物欲之昏而复得之于天者。此便是新民。"②朱子将"亲"改作"新"，可以说在"文义"上是反复拿捏、细致推敲过的。

"以传文考之则有据"，系指《大学》所谓"传文"之部分有关"新"之论说。依朱子，《大学》之汤之盘铭"苟日新，日日新，又日新"，《康诰》"作新民"，以及《诗》"周虽旧邦，其命惟新"等文本属于"传文"，是来解释"三纲"之"在新民"这一经文的。如朱子经传之分成立的话，那么，在后面的传文部分确实有相应的文字分别对应于"明明德"与"止于至善"，而传文之种种"新"之文本显然对应"新民"这一纲。

《书·金縢》之"惟朕小子其新逆"，陆德明《经典释文》即指出"新逆"马本作"亲迎"。我们对照郭店竹简，《老子》通行本"六亲不和"，竹简本作"六新不和"，"名与身孰亲"，竹简亦作"名与身孰新"。另外竹简中尚有"教民有新（亲）也"（《唐虞之道》），"不戚不新（亲），不新（亲）不爱"（《五行》）等语，其中"亲"皆写作"新"，而《孔子家语》中子路"亲交取亲若何"之问，在《说苑》之

---

① 《大学或问》，《朱子全书》第6册，第509—510页。
② 《朱子语类》卷十四，《朱子全书》第14册，第445页。

中则为"**新**交取亲若何"①,可见,"亲"、"新"本可通用。②职是之故,我们可以为朱子补充说,以"新"易"亲",不仅以传文考之则有据,而且以文字酌之亦有凭证。

三、王阳明之"亲"

王阳明对朱子的《大学章句》颇多不满,他坚持认为《大学》一书本来就"止为一篇",并无朱子所谓的"经传之分",更无缺传可补:"大学古本乃孔门相传旧本耳。朱子疑其有所脱误而改正补缉之。在某,则谓其本无脱误,悉从其旧而已矣。"③既"悉从其旧",则不当以"新"易"亲"。《传习录》第一条即是关于"亲"、"新"之争:

> 爱问:"在亲民",朱子谓当作新民。后章"作新民"之文似亦有据。先生以为宜从旧本"作亲民",亦有所据否?先生曰:"作新民"之"新",是自新之民,与"在新民"之"新"不同。此岂足为据?"作"字却与"亲"字相对。然非"亲"字义。下面治国平天下处,皆于"新"字无发明。如云"君子贤其贤而亲其亲。小人乐其乐而利其利","如保赤子","民之所好好之。民之所恶恶之。此之谓民之父母"之类,皆是"亲"字意。"亲民"犹孟子"亲亲仁民"之谓。亲之即仁之也。百姓不亲,舜使契为司徒,敬敷五教,所以亲之也。《尧典》"克明峻德"便是"明明德"。"以亲九族",至"平章协和",便是"亲民",便是"明明

---

① 陈士珂:《孔子家语疏证》,中华书局1985年版,第129—130页。
② 梁涛:《〈大学〉新解》,收入《经学今诠续编》,辽宁教育出版社2001年版,第74页。聂中庆:《郭店楚简〈老子〉研究》,中华书局2004年版,第116页。
③ (明)王阳明:《答罗整庵少宰书》,《王阳明全集》卷二,第75页。王阳明对《大学》文本之怀疑与诠释有一变化之过程,参见陈来:《有无之境:王阳明哲学的精神》,第118—159页。

德于天下"。又如孔子言"修己以安百姓"。"修己"便是"明明德"。"安百姓"便是"亲民"。说亲民便是兼教养意。说新民便觉偏了。①

王阳明的这番话完全是针对朱子主"新"的论证而发的,"作新民"之"新"与"在新民"之"新"确实不同,前者是"自新",后者则是"使民新",而君子贤贤亲亲、民之父母等文本,于"新"并无发明,显然在王阳明看来,朱子"新"之"以传文考之则有据",实不足为据,朱子"亲"之"以文义推之则无理",则亦实非无理。他历数《孟子》"亲亲仁民"、《尧典》"以亲九族",直至点出夫子"修己以安百姓",则是直接诉诸儒家亲民的思想谱系为"亲"字提供义理上的权威支持。

在《亲民堂记》中,王阳明进一步阐发了"明明德"与"亲民"之间的内在联系:

> 南子元善之治越也,过阳明子而问政焉。阳明子曰:"政在亲民。"曰:"亲民何以乎?"曰:"在明明德。"曰:"明明德何以乎?"曰:"在亲民。"曰:"明德、亲民,一乎?"曰:"一也。明德者,天命之性,灵昭不昧,而万理之所从出也。人之于其父也,而莫不知孝焉;于其兄也,而莫不知弟焉;于凡事物之感,莫不有自然之明焉;是其灵昭之在人心,亘万古而无不同,无或昧者也,是故谓之明德。其或蔽焉,物欲也。明之者,去其物欲之蔽,以全其本体之明焉耳,非能有以增益之也。"曰:"何以在亲民乎?"曰:"德不可以徒明也。人之欲明其孝之德也,则必亲于其父,而后孝之德明矣;欲明其弟之德也,则必亲于其兄,而

---

① 《王阳明全集》卷一,第 1—2 页。

后弟之德明矣。君臣也，夫妇也，朋友也，皆然也。故明明德必在于亲民，而亲民乃所以明其明德也。故曰一也……"①

王阳明在这里的说法看似**不类**，何则？观南元善（南大吉，号瑞泉，1487—1541）问政，则主体自是从政之君子，"明明德"与"亲民"皆是针对君子而论的。故"德不可以徒明"、"人之欲明其孝之德"云云亦仍是扣紧修己之君子而言的，如是，亲于其父、亲于其兄等等的那个"其"字并不指"民"，而仍是君子自家之父、兄，仍然属于修自家的明德，如是而讲"明明德"与"亲民"合一，实只是讲知行合一，而并未真正涉及"民"字。倘我们不做如此理解，而将"其"字不作君子自己解，而是直接理解为"民"，则"亲民"实是令民自相亲，亲民的意涵便变成了"使民明其明德"，此不正是朱子坚持的"新民"吗？这难免给人一种这样的印象，王阳明虽将朱子之"新"字重新改回"亲"字，但对其义理的解释却又不自觉沿袭了朱子的"新民"说。实际上，我甚至认为"说亲民便是兼教养意，说新民便觉偏了"，这一阳明早年的说法在后来并未得到坚持。我们不妨看看他晚年所撰的《大学问》中有关亲民的说法：

> 曰：物有本末，先儒以明德为本，新民为末，两物而内外相对也。事有终始，先儒以知止为始，能得为终，一事而首尾相因也。如子之说，以新民为亲民，则本末之说亦有所未然欤？曰：终始之说，大略是矣。即以新民为亲民，而曰明德为本，亲民为末，其说亦未为不可，但不当分本末为两物耳。夫木之干，谓之本，木之梢，谓之末。惟其一物也，是以谓之本末。若曰两物，则既为两物矣，又何可以言本末乎？新民之意，既与亲民不同，

---

① 《王阳明全集》卷七，第250—251页。

> 则明德之功,自与新民为二。若知明明德以亲其民,而亲民以明其明德,则民("民"当为"明"——引者)德亲民焉可析而为两乎?先儒之说,是盖不知明德亲民之本为一事,而认以为两事,是以虽知本末之当为一,而亦不得不分为两物也。①

这里,王阳明对朱子"新"字不满在于后者将"新民"与"明明德"视为"两事"、"两物",而王阳明坚持明明德以亲其民,亲民以明其明德是一事、一物。至于亲民兼教养、新民则偏的说法,则无一语涉之。

其实,无论王阳明抑或朱子均将"亲民"与"明明德"合观,将之归属于孔门"修己安人"这一内圣外王的传统②,两人发生分歧的地方也并不在于对"治人"本身的理解上面。两人的分歧实是表现在对《大学》主题的解读上面,朱子认为《大学》的主题是**教育问题、教化问题**,他反复强调《大学》之书,是"古之大学所以教人之法":"盖自天降生民,则既莫不与之以仁义礼智之性矣。然其气质之禀或不能齐,是以不能皆有以知其性之所有而全之也。一有聪明睿智能尽其性者出于其间,则天必命之以为亿兆之君师,使之治而教之,以复其性。"朱子在区别小学与大学之别时说:"人生八岁,则自王公以下,至于庶人之子弟,皆入小学,而教之以洒扫、应对、进退之节,礼乐、射御、书数之文;及其十有五年,则自天子之元子、众子,以至公、卿、大夫、元士之适子,与凡民之俊秀,皆入大学,而教之以穷理、正心、修己、治人之道。此又学校之教、大小之节所以分也。"故朱子之主"新"与其对《大学》的"教"主题的定位密切相关。而王阳明则认为《大学》主题并不只是"教"问题,而且涉及"养"问题,故力主"亲"字。这丝毫不意味着说朱子讲教化,故对养民不予重视,

---

① 《王阳明全集》卷二十六,第970页。
② "《大学》是修身治人底规模。"(《朱子语类》卷十四,《朱子全书》第14册,第420页)

实际上，朱子亲民的政绩完全不逊于阳明；同样这也丝毫不意味着说阳明讲亲民，故对教化重视不够，实际上，阳明一直以讲学、化民、教民事业为"首务"。

四、"新"抑或"亲"：后儒之辩

王阳明之后，有关"亲"、"新"之辩仍不绝如缕。"主新"派在支持朱子以"新"易"亲"的立场同时，一方面不断提供新的证据补充朱子的论证，另一方面又针对王阳明的持论加以辩驳，兹分别举顾应祥（1483—1565）、陈龙正（？—1645）、胡渭（1633—1714）三家言述之。

顾应祥在其《静虚斋惜阴录》中指出：

> 《大学》古本在亲民，程子以为当作新，朱子以为程子存疑之辞。今尊用古本，以亲字兼教养。愚谓《大学》一书恐专主教而言，故不言修德而曰明明德，明明德者明己之明德也，新民者明民之明德也。后章曰其家不可教而能教人者无之，故君子不出家而成教于国，宜其家人而后可以教国人，皆专言教也。或以为末章言理财用人，似兼言养，曰：非也。理财用人亦本乎德，故曰君子先慎乎德，又曰必忠信以得之，皆自明德而言，能明己之明德，则好恶当乎理，而不拂乎人情，皆本于教而言也。大抵古人论治皆以教为先，伊尹曰：予天民之先觉者，予将以斯道觉斯民也。先觉即己之明德也，觉斯民即明民之明德也，亦同此意。①

---

① （明）顾应祥：《静虚斋惜阴录》卷二，收入《续修四库全书》第1122册，第372页。

顾应祥（字惟贤）少即受业于王阳明，为王阳明亲炙弟子①，然而在新、亲之辩上，他倒并不支持王阳明"悉从其旧"的立场。相反，对王阳明之以亲字兼教养，而尊用古本颇不以为然，他认为《大学》通篇的主题皆是讲教化，即便末章言理财用人，看似近于亲、近于养，但亦是"本乎德"、"本于教"而言的。顾应祥又引伊尹先觉、觉斯民之说，进一步证成《大学》之"主教"与古人应"以教为先"的治论若合符节。后来王夫之（1619—1692）在其《读四书大全说》中亦重申了这一"主教"的立场：

  《大学》于治国平天下，**言教不言养。盖养民之道，王者自制为成宪，子孙守之，臣民奉之。入官守法，仕者之所遵，而非学者之事，故《大学》不以之立教。**所云厚薄，如《论语》"躬自厚而薄责于人"之旨，即所谓"其家不可教而能教人者无之"也。其云以推恩之次第言者，非是。②

王夫之虽对朱子的《四书章句》颇多不满，但在"新民"问题上却坚定支持朱子的立场。一方面他认为《大学》是讲学者之事，故其主题理所当然是"言教"，而不是"言养"。这并不是说"养民"不重要，"养民之道"早为"王者自制为成宪"。另一方面，王夫之还提供新的"证据"支持"主教"的解读，被"主亲派"用来支持"主养"的"厚薄"文本，并不是推恩次第意义上的"厚薄"，而是"躬自厚而薄责于人"意义上的"厚薄"，故仍属于"修己"的范畴，而与"明明德"前后呼应。

高攀龙（1562—1626）、吴志远的弟子陈龙正（1585—1645）在

---

① 参见《尚书顾箬溪先生应祥》，《明儒学案》卷十四，《黄宗羲全集》第 7 册，第 337 页。
② 王夫之：《读四书大全说》卷一，《船山全书》第 6 册，第 404 页。

其《学言》中对"亲民"二字之不当痛加贬斥：

> 亲民之必为新民也何？居亲可施于亲，不可施于民也。孟子曰："于民也，仁之而弗亲。"亲民是兼爱已。《书》曰："百姓不亲"，亲者自相亲也。犹云小民亲于下也。**圣人亲亲，墨氏亲民，佛氏亲物**。亲亲则功至于百姓，而恩及禽兽矣。亲民则不得不薄其亲矣，亲物则不得不弃其亲矣。或曰：亲亲、子百姓子之义何以异于亲？曰：子者，养育训迪之耳。亲则爱敬兼隆，所以殊也。君子之于子与百姓也，固有用敬时，为其为亲之枝也，为其为邦之本也，又别一义也。墨氏欲亲民，视其亲亦如民耳。故忍于薄亲；佛氏欲亲物，视其亲亦一物耳，故忍于弃亲。亲新二言之间乃吾道异端之界。①

亲亲、仁民、爱物，儒学推恩次第井然，"亲"字不能用于"民"字，不然，亲民不得不薄其亲，墨子兼爱即属此；"亲"字更不能用于"物"字，不然，则不得不弃其亲，佛氏亲物即属此。"亲新二言之间乃吾道异端之界"，显然在陈龙正看来，"亲民"二字让儒家与墨、佛二家无法区隔。

倘若说顾应祥、陈龙正皆是从正面对朱子"新民"加以辩护的话，胡渭则直接从驳斥阳明"亲民"说之无当入手，捍卫朱子新民之立场：

> 阳明言亲民不当作"新"，其说曰下文治国平天下处皆于"新"字无发明，如云亲贤乐利，如保赤子，好民好、恶民恶，此之谓民之父母，皆是"亲"字意，亲民兼教养，说新民便觉偏。**此说似是而非**，愚请奉《学记》以正之。《记》曰：君子如欲化民

---

① （清）胡渭：《大学翼真》，收入《文渊阁四库全书》第208册，第958页。

成俗，其必由学乎？又曰九年大成，然后可以化民易俗，此大学之道也。夫化民易俗可以言新，不可以言亲，是《大学》之治人**元以教化为主也**。即以此篇论之，明明德于天下，齐治平之事也，使天下之人皆有以明其明德，谓之亲民其可乎？君子不出家而成教于国，一家仁，一国兴仁；一家让，一国兴让。可谓于"新"字无发明乎？有诸己而后求诸人，无诸己而后非诸人，此令民为善去恶，又可谓于"新"字无发明乎？唯絜矩主养而言，故有父母斯民之说，然亦在兴孝兴弟不倍之后，是《大学》之道养前豫有教，与他书不同也。况传者历引五"新"字，正为新民而设。安得据如保赤子、民之父母以证亲不当作新乎？几亭谓亲可施于亲，不可施于民。亲民乃墨者之道，则又踽巅之论矣。墨近于佛，宜阳明之默契焉也。或问：他书言治道者，皆先养后教。《大学》**独以教国为先**，而继之以絜矩，何也？渭曰：教亦有浅深之别，传之所以释新民者，教之深者也。举其全功而言之也。传之所以释齐治平者，教之浅者也，就其始事而言之也。举其全功而言之，故必如汤之日新又新，武王之作新，文王之新命，以至亲贤乐利各得其所，而后为新民之极。就其始事而言之，则不过尽吾孝弟慈之道，以教于家而成于国，使之兴起其善端，此道之以德之事，而齐之以礼，犹其后焉者也。盖王者继乱之余，人心陷溺，风俗大坏，必先自明其德，以示之标准，俾有所观感，而兴起以去其旧染之污，而后可以施吾不忍人之政，不然则虽有良法美意而人心不正，法之所立，弊辄随之，而国卒不可得治矣。此君子所以立教为急也。若夫谨庠序、兴礼乐，则又在衣帛食肉不饥不寒之后，所谓劳来匡直辅翼，使自得之，渐民以仁，摩民以义，使之浃于肌肤，沦于骨髓，而礼乐可兴者，传皆未之及也。故曰就其始事而言之也。盖絜矩乃道德之后、齐礼之前中间一段爱养之政事。**其实大学之道始终以化民易俗为主，故谓之新民，不可谓之**

亲民。亲当作新无可议也。①

胡渭的亲、新之辨可谓丝丝入扣，说理绵密。析其要，大致有三端：(1)以《礼记》之中与《大学》相关的《学记》之主题作为"新民"说的有力旁证，《学记》中的大学之道的主题便是化民成俗，是故《大学》之中的大学之道亦当不出此范式。②(2)就《大学》本身的义理来说，明明德于天下，无非是"使天下之人皆有以明其明德"，其意思无非是"使民新"，而不是亲民。"君子不出家而成教于国"等文本也是发明"新"字之义的，更不用提传文中五处历引"新"之文句了。(3)胡渭已经注意到儒家其他经典言及治道均先养后教，而唯《大学》以教为先，并对此专门加以解释。这样一来，"主亲派"以儒家言为政之道总是"先养后教"作为《大学》亲民说佐证的说服力，便打上了折扣。

"主新派"所驳斥的种种观点，正是"主亲派"所力持的。而"主新派"所主张的论点，也正是"主亲派"所极力辩驳的，两派针锋相对，此自不待言。

活跃于清中叶的秦笃辉说：

在亲民，孔疏言大学之道在于亲爱于民。按孔疏最确，不应如程子改作新字。在程朱之意，不过因下文引《康诰》作新民，欲并盘铭四节，作此句之传，遂改亲作新，以从之耳。夫改经从传，已为截足适屦，况作新民亦谓振作其自新之民，其义重作不重新。《康诰》新字属民，程朱所改经文新字属治民者。语势悬绝，岂可因有新之一字，不顾语脉之岐，强比而同之乎？**自此字**

---

① （清）胡渭：《大学翼真》卷四，第958—959页。
② 化民成俗的说法出自《荀子·儒效》："儒者在本朝则美政，在下位则美俗。"

一改,《大学》身无完肤矣。①

秦笃辉"自此字一改,《大学》身无完肤"之批评,可谓耸人听闻,细究其提出的理由,则实乏善可陈。王阳明早已说过"作新民"之"新",是自新之民,与"在新民"之"新"不同,又说"作"字却与"亲"字相对,然非"亲"字义,均是强调作新民之新字属于民字。秦氏"其义重作不重新"虽有拾人牙慧之嫌,但也反映出他贬朱(熹)扬王(阳明)的学术立场与他一贯的亲民史观。②

惠士奇(1671—1741)对"亲民"说提出了新的证据:

> 程子破亲为新,可乎?曰:可。《康诰》"作新民",奚为不可?然仍当以亲民为正。成王冠周公,使祝雍祝王曰:达而勿多也。祝雍曰:"使王近于民,远于佞。"近于民,非亲民乎?**亲民者,子庶民也,长养而安全之是为亲,教训而变化之是为新。惟能亲之故能新之,不能亲,焉能新哉?**
>
> 又:汤之盘铭曰:"苟日新,日日新,又日新。"《康诰》曰:"作新民",《诗》曰:"周虽旧邦,其命维新",是故君子无所不用其极。首章言亲民,此言新民何也?**曰惟能自明,故能自新。惟能亲民,故能新民。**以汤盘自新证自明,故以《康诰》新民证亲民也。《易》曰:"家人有严君焉",君与民本有家人之亲,而高下悬殊,易生壅隔,惟上以诚感,下以诚应,天道下济,地道上行,然后能相亲也。古之帝王建三物以亲民于乡;明五伦以亲民

---

① (清)秦笃辉:《经学质疑录》卷十五,《四库未收书辑刊》第4辑,第10册,第315页。
② 秦氏之主亲与其亲民的史观是一致的,如其在《读史剩言》(中华书局1985年版)中所言:"人皆可有私财,惟天子不可有私财。天子以天下之财为财者也。有子谓百姓足,君孰与不足;百姓不足,君孰与足。千古之格言也。"(卷三,第37页)又如:"历观全史,大抵于国家之利减一分,则于百姓之利增一分,其实利国家者也;于国家之利增一分,必于百姓之利减一分,似利国家而实害国家者也。"(卷一,第1页)

于学;分四时以亲民于田;又春秋省耕敛以亲民于野。其所以亲之者可谓至矣。而犹以为四海九州岛之远,民情或壅于上闻,于是省方以恤民隐,陈诗以观民风,又徇木铎于路,听胪言于市,建路鼓于朝,庶人虽贱亦得传语,以陈其失得,而穷民无不上达焉。及三年宾贤能,则又使民兴贤,出使长之,使民兴能,入使治之。凡内外之官,皆民誉也。上有视民之君,下有亲民之吏,由是中国以及蛮貊,凡有血气者,莫不尊亲,上亲下,下亦亲上,上下交相亲,故能合天下为一家,中国为一人者,岂有他哉?①

在这里,惠士奇举出《康诰》祝雍"近于民"之语,"近于民"即是"亲民"。由此,他提出更强的证据来支持"主亲说":亲民是新民的必要条件,所谓唯能亲之故能新之,不能亲民,则新民无从谈起。显然在惠氏那里《大学》一文的内在理路是"自新(明明德)—亲民—新民",《大学》文本后面所引《诗》、《书》中关于"新"之种种说法,皆是顺此理路而展开的,故不能成为"在新民"的根据。

段玉裁(1735—1815)则对"主新派"《大学》"偏言教化"说提出质疑:

> 至于程子之读亲民为新民,则又失其音读者也。汉儒有改读经字者,而大学之道在亲民,不得援此例。**人与人患隔而不亲,亲民之事,必先富之教之。**未有不使民菽粟如水火而责以仁者。即《大学》一篇言之曰,"小人乐其乐而利其利",曰,"为人君止

---

① (清)惠士奇:《大学说》,收入《续修四库全书》第159册,第184—185页。常增在其《四书纬》之中与惠士奇持类似看法,他一方面指出,传文中的"新"字(如盘铭曰新)专主"自新",仍所谓明其明德也,而即便《康诰》有新民之义,但其词曰作,仍主士之能自新也。至于"新命"亦本之能新其德也。"古本为亲民未有新民之说,亦未尝以此为释新民也";另一方面,他又认为"亲民"是包含新民之义在内的:"天下岂有不亲其民而能新民者哉?"(《四书纬》卷一,收入《续修四库全书》第170册,第466页)

于仁,与国人交止于信",曰,"民之所好好之,民之所恶恶之","不以利为利,以义为利"。是岂偏言教化耶?**失其音读而为政之次第失矣,尚何至善之可求耶?**①

为政次第之失,实因"失其音读",此是顾亭林汉学一系极夸张之说法。但是,段氏拈出儒家先富后教的思想路线,并指出《大学》之"民之好恶"以及"义利"说法皆未逸出这一思想路线,因而《大学》主题并不是"偏言教化",一字之差,谬以千里,儒家"为政次第失矣"之断语自有其儒家义理系统之支持。

清末之改革派刘光蕡(1843—1903)在其《大学古义》中继续申发此义:

> 从古本亲民当如字读,从朱注亲民当作新民,两解均可通,而新民不如亲民之义精深宏大。**人惟视民不亲,故忍以法术愚民,刑威迫民,后世一切猜防民之霸政,皆由视民不亲而生。故亲之一字为王道之本源。改为新,则王道之作用也。**②

刘光蕡视"亲"字为"王道之本源",并将后世一切霸政归咎于"视民不亲"。应该指出的是,无论是胡渭抑或是刘光蕡,尽管均极为强调儒家亲民在为政思想之中的基础地位,但二人并未完全否认朱子以"新"易"亲"的正当性。

综上,所有这些争论实际上并没有越出朱子与王阳明论说的范围。"主新派"的论说,在继续申明《大学》的主题是教化这一朱子本人的核心立场之外,还从《大学》之外的其他儒家经典著作寻找这种解读

---

① (清)段玉裁撰:《经韵楼集》卷三,杨向奎:《清儒学案新编》第5册,第246页。
② (清)刘光蕡:《大学古义》,收入《续修四库全书》第159册,第262页。

的合法性支持。而"主亲派"除了重申王阳明"作新民"与"在新民"不同这一论调之外，更多凸显亲民之在儒家先养后教的"为政次第"。不过，"主新派"亦不否认这一次第，只是坚持《大学》偏言教化。① 换言之，两派在为政次第上并无分歧，儒家先养后教思想是两派的共识。分歧只在于《大学》的主题是什么，如此而已。

五、现代新儒家：扬"亲"限"新"

徐复观先生（1903—1982）对"养"与"教"的关系最为注重，他有一系列文章专门讨论这一问题。在他看来先养后教是儒家治道的一个核心教义。他以"修己治人"概括儒家德治的基本内涵。他一再强调德治的本质是对统治者提出要求，是责备统治者，而不是责备人民。修己与治人的标准有着严格区别：修己的标准"总是将自然生命不断地向德性上提，决不在自然生命上立足，决不在自然生命的要求上安设人生的价值"。而治人的、政治上的标准，虽然并不否定德性的标准，但是，"这只是居于第二的地位，而必以人民的自然生命的要求居于第一的地位。治人的、政治上的价值，首先是安设在人民的自然生命的要求之上，其他价值必附丽于此一价值而始有其价值。"②

儒家此种修己治人之道有一源远流长的思想谱系。孔子讲修己时主张"居无求安，食无求饱"，甚至要求"杀身成仁"。但在政治上，

---

① 明代理学家蔡清（1453—1508）尽管认为"亲"当为"新"字，但他同时又指出："新民之事只是劳之、来之、匡之、直之、辅之、翼之，使自得之，又从而振德之……新民二字，固是就教化上说，然非制田里，教树畜，立法制，以安其生，则亦无以为施教化之地也。故使民乐其乐利其利者，正为新民之事，而理财用人皆明明德于天下者之大节目也。孟子论王道亦必先之以五亩之宅，百亩之田，鸡豚狗彘之畜，然后及庠序孝弟之教，可见圣贤元不迂阔也。"（《四书蒙引》卷一，收入《文渊阁四库全书》第 206 册，第 31 页）

② 徐复观：《释〈论语〉"民无信不立"》，收入《中国思想史论集续编》，上海书店出版社 2004 年版，第 266 页。另参见《儒家政治思想的构造及其转进》，收入《学术与政治之间》，台湾学生书局 1985 年版，第 47—52 页。

则只是"节用而爱民","因民之利而利之",以至"老者安之,朋友信之,少者怀之"。孟子对士的要求是"尚志",是"仁义而已矣",但在政治上则认为"救死而恐不赡,奚暇治礼义哉"。而其"王道"的一个重要指标就是"老者衣锦食肉,黎民不饿不寒"。《礼记·表记》对孔子"躬自厚而薄责于人"的精神有进一步的引申:"子曰:仁之难成久矣,唯君子能之。故君子不以其所能者病人,不以人之所不能者愧人。是故圣人之制行也,不制以己,使民有所劝勉愧耻,以行其言。"而在董仲舒的《春秋繁露·仁义法》中,"内治"与"外治"亦是得到严格区别的:"是故内治反理以正身,据礼以劝福。外治推恩以广施,宽制以容众。孔子谓冉子曰:治民者先富之而后加教。语樊迟曰:治身者先难而后获。以此之谓治身之与治民,所先后者不同焉矣。《诗》曰:饮之食之,教之诲之。先饮食而后教诲,谓治人也……先其事,后其食,谓治身也……求诸己谓之厚,求诸人谓之薄;自责以备谓之明,责人以备谓之惑。是故以自治之节治人,是居上不宽也;以治人之度自治,是为礼不敬也。"同篇亦有人我之别说:"君子攻其恶,不攻人之恶,非仁之宽与?自攻其恶,非义之全与?此之谓仁造人,义造我。是故以自治之节治人,是居上不宽也;居上不宽,则伤厚而民弗亲。"①

在此思想光谱下,"养"与"教"的关系成了政治的基本方向问题:

> 养与教的关系,不仅是政治上的一种程序问题,而实系政治上的基本方向问题。儒家之养重于教,是说明人民自然生命的本身即是政治的目的,其他设施只是为达到此一目的的手段。这种以人民自然生命之生存为目的的政治思想,其中实含有"天赋人权"的用意。所谓"天赋人权",是说明人的基本权利是生而就

---

① 苏舆撰,钟哲点校:《春秋繁露义证》,中华书局1992年版,第254—255页。

有，不受其他任何人为东西的规定限制的……所以政治的根本目的，只在于保障此种基本人权，使政治系为人民而存在，人民不是为政治而存在。较儒家为晚出的法家，以耕战之民，为富国强兵的手段，人民自己生存的本身不是目的，由人民的生存而达到富国强兵才是目的，于是人民直接成为政治上之一种工具，间接即成为统治者之一种工具，这样一来，人民生存之权不在于自己而在于统治者之是否需要，这是中国古代法西斯思想，当然是与儒家根本不能相容的。①

这一修己治人、先养后教之传统思想光谱，亦延伸于《大学》文本之中：诚意、正心、修身都是对治人者说的，而对人民来说则只是"民之所好好之，民之所恶恶之"。由此回头看阳明与朱子的"亲"—"新"之异，一字之差，意味迥异。王阳明之主"亲"：

> 一方面是真正继承了儒家的政治思想；因为孔、孟、荀，都是主张养先于教的。同时，也是他对当时专制政治的一种抗议。阳明为其勋业所累，经常处于生死的边缘，所以一生很少直接谈到政治。他之所以再三反复于《大学》上的"亲"字与"新"字的一字之争，这是他隐而不敢发的政治思想之所寄。**他看到**越是坏的专制政治，越常以与自己行为相反的道德滥调（新民），作为榨压人民生命财产的盾牌；所以他借此加以喝破。他的话，尤其对现代富有伟大的启示性；因为现代的极权政治，一定打着"新民"这类的招牌，作自己残暴统治的工具。只有以养民为内容的亲民，才是统治者对人民的真正试金石，而无法行其伪……**所以**

---

① 徐复观：《释〈论语〉"民无信不立"》，收入《中国思想史论集续编》，第267—268页。

王阳明的反对改亲民为新民，乃有其伟大的政治意义。①

"亲"、"新"之争，成了王阳明隐而不敢发的抗议专制思想之所寄！"新民"往往成为暴政的意识形态，成为极权政治的招牌，这究竟是王阳明所"看到"的，抑或是徐复观先生所看到的，相信明眼人一眼即可看出。黄俊杰先生指出，"徐复观著书是深深受到他的'涉世'所浸润的"，"他对中国历史的解释中有太多时代的投影"，有时"不免因时代投影过多，而影响他的历史判断"。②徐复观先生亲眼目睹了同时代"思想主义"成为政治上的"设施"、成为"政治势力"之后患，故对"新"字自有高度之警惕。

徐复观先生的修己治人之辩、新亲之辨得到了牟宗三先生（1909—1995）的强力支持。后者在论述"儒家德化的治道"时指出，"德之最高原则"是"直接以主观服从客观"，客观系指人民，人民直须如其为一"存在的生命个体"而客观地肯定之，如其为一存在的生命个体而还之，全幅让开，顺此存在的生命个体所固有之人性、人情而成全之以达乎人道。服从客观，不为别的，即以其为一存在的生命个体而可贵可尊。③忧民之忧、乐民之乐、与民同富、藏富于民、尊重民意，此《孟子》之《梁惠王》之主题，《大学》概之以"民之所好好之，民之所恶恶之，此之谓民之父母"。而"德治之大端"则不外正

---

① 徐复观：《中国人性论史·先秦篇》，第258—259页。
② 徐复观：《东亚儒学视域中的徐复观及其思想》，台湾大学出版中心2009年版，第70页。徐先生本人对此"投影"并不是没有自觉，在《中国思想史论集续编》中，他就曾主张个人的哲学思想和研究古人的哲学思想史，应该完全分开，万不可将古人的思想涂上自己的哲学。但他同时意识到这个"简单要求"实不容易达到："这里便遇着一个难题，没有哲学修养，如何能了解古人的哲学思想？有了哲学修养，便会形成自己的哲学，便容易把自己的哲学与古人的思想作某种程度的换位。"徐复观认为修己与治人在先秦与两汉思想家那里界限清晰可辨，降至宋明理学则界限将趋模糊，故阳明亲、新之辩弥足珍贵。宋明理学是否在此问题上模糊不清，实值得再斟酌。二程就明确指出：孟子论王道便实。"徒善不足为政，徒法不能自行"，便先从养生上说来去。既庶既富，然后以"饱食暖衣而无教"为不可，故教之也。显然，在先养后教的王道思想在这里昭然若揭。（参见《河南程氏遗书》卷二上，《二程集》，第37页）
③ 牟宗三：《政道与治道》，广西师范大学出版社2006年版，第99页。

德、利用、厚生，其中利用、厚生是人民生活的幸福，而在正德与利用、厚生之间、内圣与外王之间则存在着一条严格的界限，牟先生称之为"政治与教化之限度"以及"政治与道德之分际"。正德属于内圣、属于修己，亦有其安人的一面，所以德治重视"就个体而顺成"，必然会顾及"生活之全"而含有教化的意义，但是，无论如何，教化本身必须有"其内容表现上的最高原则以限制之"：

> 此即是"先富后教"，而教亦是顺人性、人情中所固有之达道而完成之，而不是以"远乎人"、"外在于人"之概念设计，私意立理，硬压在人民身上而教之。此为"理性之内容表现"上所牵连的政治上的教化意义之大防，所以亦是一个最高原则，不能违背此原则而教……在政治措施上，就个体而顺成，生存第一，即以其为一"存在的生命个体"而必须保住之。颠连无告，不得其所，非仁者所能忍。然就个体的"生活之全"而言之，不但生存第一，畅达其物质的生活幸福，亦须畅达其价值意义的人生而为一"人道的存在"，故曰"谨庠序之教，申之以孝弟之义，颁白者不负戴于道路矣"。教者，即教此孝悌忠信、礼义廉耻之道，完整言之，即孟子所谓"父子有亲，君臣有义，夫妇有别，长幼有序，朋友有信"也；亦《中庸》所谓"天下之达道五，曰：君臣也，父子也，夫妇也，昆弟也，朋友之交也"。此皆起码而普遍的人道，非外在的概念与理论而加于人民者，乃是根于人性人情之实事与实道，故曰"达道"。教者不过教此。难说人如其一人，不应有此也。故在内容的表现上，就生活之全而言之，牵连至此种教化的意义，不得谓为妨碍自由也。然在政治上所注意之教化亦只能至乎此，过此即非其所能过问，亦非其所应过问。此即政治上的教化意义之限度。此限度，在以前之儒者皆自觉地公认之。律己要严，对人要宽，此是一般地言之。若落在政治上，此对人

要宽，第一是"先富后教"（此先后是着重义，不一定是时间上的先后），第二是教以起码普遍的人道。过此以往，非所应问，非所能问，即不能在政治上责望人民做圣人。不但政治上由此限度，即一般言之，做圣人亦是个人自己之事，不能责望于他人，此即**所谓恕道也**（当然师友相勉以进德，希望皆登于圣域，那是另一义）。如是，道德与政治之分际即可得而言。①

于是，就道德本身而论，明明德属于个人之事，是个人追求自我实现、追求德性生命的成长的领域，在这个领域内，个人之成德是一无限的过程，"深度与广度俱无止境"，但此成圣之无限过程全然是"内在的"、"个人的"；而"政治教化上的道德与一般社会教化上的道德"，则只是维持"一般人道生活上的规律"，这种维持只能是"外在的"：它"既不能内在地深求，亦不能精微地苛求。此'不能'是原则上即不能，这是政治上所固有的限度"。这也意味着"教化"所涉之道德不是成圣的道德，不是宗教性的道德，而只是一般人道意义上的、社会性的道德。个人性的、内在的成德与社会性的、外在的教化之界限便成了道德与政治之界限，不能逾越，也不应逾越，否则后患无穷：

> 个人自己实践上人格成就，无论怎样伟大与神圣，若落在政治上发挥，他不能漫越这些限制（政治世界的最高律则），而且必须以其伟大的人格来成就这些限制。能成就这些限制，在古人就称他是"圣王"；在今日，就称他为大政治家。否则，在古人就叫他是霸者，是暴君，是独夫；在今日，就叫他是极权专制者，独裁者。②

---

① 牟宗三：《政道与治道》，《牟宗三先生全集》第 10 册，第 106—108 页。另参见牟宗三：《历史哲学》，广西师范大学出版社 2007 年版，第 148—149 页。

② 牟宗三：《政道与治道》，《牟宗三先生全集》第 10 册，第 108—109 页。

不难看出，徐复观先生将儒家修己、治人视为两个根本不同的领域，与牟宗三先生强调正德与利用、厚生之分际，两者实际上均将明明德原则严格限制在道德领域，而一旦进入政治领域，则亲民才是最基本的原则，违背这一原则谈新民，则不仅属于道德的僭越，更是暴政、专制的弄权的通行伎俩。**修己与治人之别在两位新儒家这里变成了群己权界问题，变成了政治的方向问题。**

针对"亲民"观念之分疏，牟宗三先生在强调"先富后教"的同时，亦补充说：

> 正因为德是指道德的真实心、仁义心，故一夫不获其所，不遂其生，便不是仁义心所能忍。从个人道德实践的立场上说，律己要严；从政治王道的立场上说，对人要宽、要恕。正德求诸己，利用、厚生归诸人，而亦必教之以德性的觉醒。此正所以尊人、尊生也。**尊生不是尊其生物的生，而是尊其德性人格的生，尊其有成为德性人格的可能的生。若只注意其生物的生，则是犬马视之，非所以尊人也。**[1]

显然，牟宗三先生在这里将修己治人统摄于道德心之中，并且更加重视亲民之"亲"所蕴含的尊重人格的意味，换言之，亲民、养民固然是针对民之自然生命，然而这种尊重自然生命的要求并不是不讲人的尊严与人格。毕竟人的生存不是动物生命的简单维系，不是赖活在世间的苟延残喘。对于那些以生存权就是最大的人权作为抵挡一切人权批评的挡箭牌的当权者来说，牟先生的话犹如利剑，直刺要害。[2]

---

[1] 牟宗三：《政道与治道》，《牟宗三先生全集》第 10 册，第 25 页。
[2] 直到今日，西方学者在论及《论语·子路》中"富之"、"教之"之文本时，还认为这是为当代人权论进行"背书"："孔子主张'先富后教'。孟子和荀子也都继承并发挥了这一主张。**其影响一直波及主张经济和社会保障权利高于政治权利的当代人权论。"**（安乐哲、罗思文著，余瑾译：《〈论语〉的哲学诠释》，中国社会科学出版社 2003 年版，第 124 页）

需要指出的是，尽管两位新儒家都对"亲"字情有独钟，但也并不因此而否认"新"之价值，毕竟"饱食暖衣而无教，则近于禽兽"也是儒家之一贯看法，二人对"新民"的阐发不约而同。徐复观指出："儒家不是不重视教，但儒家之所谓教，只是'申之以孝弟之义'，'皆所以明人伦'，这是就每个人的基本行为而启示以基本规范，其教之所成就，依然是直接属于每一个人的自身，这与概念性的东西并不相同，亦即与今日一般之所谓'主义'完全异质。"因此严格说来徐复观先生并没有否认《大学》之中所蕴含的教化思想，亦没有否认大学乃为教育之地、大学之道当以教为内容，甚至说《大学》之偏重于言教，乃"当然之事"，但在论及此时，他又强调，就《大学》思想之全盘结构而言，正如王阳明所说，亲民养民之意，特被重视，所以事实上，《大学》所说的新民，依然是以养民为基础，是在亲民的精神下，作新民的努力。这样便无王阳明所顾虑的"专制下的流弊"，所以也"自不足以此难程朱"。牟先生以同样的调子补充说：儒家之"教"完全是最起码的人道之教，用今天的术语可以说，儒家之教均属于"底线伦理"："中国以前的'政教合一'之'教'只是这种教，这是无可反对的，这与西方的'政教合一'之'教'不同。因为他们是'宗教'之教，牵涉信仰问题，故后来有'信仰自由'之争取。而在中国，信仰自由根本不生问题，政治上的'教化'之'教'根本不过问及此，亦不甚干涉及此，其所过问的只是'起码而普遍的人道'方面之教……"①

六、结语

如前所述，朱子之主新并不意味着朱子否认新民应以亲民为前提，王阳明之主亲，也不意味着王阳明忽略新民之重要。两人对"亲"与

---

① 牟宗三：《政道与治道》，《牟宗三先生全集》第10册，第140页。

"新"二字取舍之歧异，固有文本解释上的分歧，亦有思想上的分歧，但关键在于两人对《大学》主旨的把握上面。明清两代的学者关于亲、新之争依然是在朱子与王阳明所确立的基调下进行的。在这场有关亲、新之辩中，一字之定夺取决于以下诸种因素的综合考虑：

（1）《大学》文本的前后呼应关系。主新派承袭朱子经传之分说，并以传文之中的"新"之种种说法，印证经文"在新民"之合理性。主亲派或如阳明否定经传之分，如此以传文之"新"印证经文之"新"则完全成无根之谈，或力辩前文"在新民"之"新"与后文"作新民"之"新"完全是两回事，前者是关乎他人的"新他"，后者是关乎自己的"自新"。因此，后文之种种"新"字并不能成为易前文之"亲"为"新"的证据。而后文讲治国平天下均扣紧"亲"字，故"在亲民"三字才与后文遥相呼应。

（2）《大学》的义理论述的脉络。主新派认为"首纲"之"明明德"，既是"明"自家的"明德"，则下一步必是推己及人，而明他人的明德，此即是"新民"，此为顺理成章之事。主亲派则坚持"明明德"与"亲民"是体用、本末关系，讲明明德必与亲民联系在一起。

（3）《大学》的主题。主新派认为《大学》通篇皆是讲"教"的问题，是"教人之法"，"新民"自与此主题若合符节。主亲派则举《大学》文本之中"民之所好"等文字，反驳《大学》主题为"偏言教化"说。

（4）《大学》之外的其他儒家经典有关教化、德治之论说。主新派认为《大学》之讲教化，并不与儒家德治论说冲突，况与之相近的《学记》就直接将"化民成俗"定为"学"之主题。主亲派则坚持儒家先富后教的德治路线不支持"新民"之解读，唯"亲民"方与儒家德治路线、王道理想、为政次第融洽无间。

其中的核心因素在于《大学》主旨的定位，《大学》主旨究竟是教化，抑或是教养并举，成了定夺新、亲二字的关键性因素。无疑在这场争论的过程之中，随着《大学》主题的阐释，儒家新民的思想路线、亲民的德治传统、为政次第都一道清晰起来。但在传统儒家思想之中，从未有人明确将政治与道德、教化加以区隔，儒家讲治道、讲德治，虽涉及修己治人、养教之关系问题，但毕竟未明白标出此属于道德领域，彼属于政治领域，领域不同，游戏规则各异。夫子有言"《书》云：孝乎惟孝，友于兄弟，施于有政。是亦为政，奚其为为政？"①即是例证。何况《大学》亦明示"**自天子以至于庶人，一是皆以修身为本**"，"新"字何曾严格限制在"君子"上面！王阳明曾说圣人忧不得人人都作圣人，又何曾像牟宗三先生那样明确分辨出"不能在政治上责望人民做圣人"！

只有在当代新儒家那里，亲、新之辩始被置于新的脉络下加以解读，这个新的脉络即是政治与道德的分际问题。可以说，"**政治与道德的分际**"这一现代思想的先行介入，成了定夺新、亲二字的关键所在。实际上，无论徐复观先生抑或牟宗三先生当然都很清楚这个**分际**只是现时代的问题，毕竟在中国文化传统里，道统为立国之本、日常生活轨道之所由出、文化创造之源，故传统之道统、政统、学统名为三，实为一，即是"以仁教为中心的道德政治的教化系统"，亦即"礼乐型的教化系统"。"以前在此系统下，道统、政统、学统是一事。道统指内圣言，政统指外王言，学统则即是内圣外王之学，而内圣外王是一事，其为一事，亦犹仁义与礼乐为一事。"然而，"在吾人今日观之，此三者为一事之一套，实应只名为'道统'。其内容自应以内圣之学为核心，此即为道德宗教之本义，而其外王一面，则应只限于日常生活的轨道而言之，此为道德宗教之末义。在此末义下，化民成俗之礼乐亦函于其中。至政统一义，则须另为开出"。②于是，政治与道德之分际在当代新儒家

---

① 孔子政治概念的特色可参见江宜桦：《论语的政治概念及其特色》，载黄俊杰编：《东亚论语学：中国篇》，台湾大学出版中心2009年版，第227—272页。
② 牟宗三：《道德的理想主义》，台北学生书局1980年版，第260页。

那里，实是关乎政统之开出问题。依牟宗三先生所述，内圣之领域属于道统，属于以道自任的君子之修身领域，外王之领域属于政统，属于民主宪政之领域，而介乎两者之间属于日常生活之领域。这三个领域分别由不同的规则系统加以调整与引导，任何领域之僭越不仅会伤害到侵入领域的自主性，而且最终会导致它本身的某种自残。

（1）**政统**领域的民主原则越位进入日常生活领域，"师生之间讲民主，则先生无法教学生。父子之间讲民主，则父兄不能管教其子弟。夫妇之间讲民主，则夫妻之恩情薄。民主泛滥于社会日常生活，则人与人间无真正的师友，无真正之人品，只是你不能管我，我不能管你，一句话是'你管不着'。民主本是政治上对权力的大防，现在则专而为掩护生活堕落的防线"①。牟宗三先生所担忧的是这种社会日常生活的"泛民主主义"态度最终会摧毁民主以外的"人伦人道之大防"，不宁如此，"日常生活之泛滥"，"原子的、个人主义的个体性以及激情冲动任意任性的自由"必将造成混沌暴乱乃至无政府状态，而最终激起"另一极权专制之反动"。②

（2）**道统**领域的自治修身的圣贤取向越位侵入日常生活领域，以道自任、以圣贤自期的士人如将圣贤的标准强求他人，则不仅是对他人主体性的扭曲，亦同时伤害自家的德性生命："一个知识分子，以圣贤自期，应当在自己几微之地，反省内观，不使有丝毫自私自利的夹杂；在日用寻常之际，居敬行礼，不使有丝毫疏忽怠慢的行为；将自己的生命，从物欲势利中，不断向上超升，向下落实，以显示人生的真价……但若以此要求于他人，以此作为论断他人的准则，则将发现每一个人都失掉了生存的意义，每一个人都算不得是人，在这种否定一切人而只有肯定自己的一个孤独生命的一念之间，已充满了暴戾乖

---

① 牟宗三：《道德的理想主义》，第257页。
② 牟宗三：《道德的理想主义》，第144页。

僻之气，自己的生命，实际已堕落到一切人的脚底下去了。"①

（3）在政统领域，"只要求统治者自己有德，而以尊重人民的好恶为统治者有德的最高表现。只要求统治者提供教育的工具——学校，只要求统治者以身教而不以言教。言教乃是师儒立教之事，统治者是要自己通过师傅、谏诤、舆论来终身受教"，倘处在政治领域的人君不肯安于"受教"而越位去"立教"，则在儒家看来，此人君乃"非昏即暴"。②况政客谈论道德，往往成为弄权之招牌、专制之工具，用当代德国政治家艾普乐（Eppler）的话说："政治竟要谈道德，那总是启人疑窦的。因为通常从这种道德里面跑出来的，总是不该从那里跑出来的东西：一种工具，而且是权力斗争的工具。"③不过新儒家并不笼统地反对"站在政治立场以言教"，只是反复强调说，此种"教"仅是"一种最低调的人生规范"，且依然必须放在"养"之后面。这种出自政治立场的"教"，是为"养"而存在的，即是为人民的自然生命而存在，"只是以教来加强自然生命，而决定不是以教来抹杀自然生命的存在。用现在的话说，即是不以任何思想或主义来动摇天赋人权"。"这是儒家与极权主义的大分界"！④道德与政治的"分际"、儒家与极权主义的"分界"，这是当代新儒家的政治论说一直念兹在兹的。当代新儒家之所以对新、亲表现出高度的敏感，实与此隐忧相关。

与此形成鲜明对比的是，出自自由主义传统的西方当代学者，在讨论《大学》文本时，对新、亲之异所蕴含的"政治态度的差异"不仅没有丝毫的敏感，而且大赞"新"字之"自由"的意味。狄百瑞（W. Theodore de Bary）在《中国的自由传统》一书中，将朱子的教化

---

① 徐复观先生对此有精辟阐发，参见徐复观：《大节与大礼》，收入黎汉基、李明辉编：《徐复观杂文补编》第 4 册，台北中研院文哲所筹备处 2001 年版，第 84—85 页。感谢黎汉基教授赠送相关研究资料。
② 徐复观：《释〈论语〉"民无信不立"》，收入《中国思想史论集续编》，第 268 页。
③ Erhard Eppler 著，孙善豪译：《重返政治》，台北联经出版事业公司 2000 年版，第 111 页。
④ 徐复观：《释〈论语〉"民无信不立"》，收入《中国思想史论集续编》，第 268—269 页。

思想视为儒家传统中"自由教育"的重要一环,对于程朱以"新"易"亲"给予了充分肯定①,倡导儒家民主主义的安乐哲甚至说《大学》的全民修身思想与孔子"道之以德,齐之以礼,有耻且格"一致,致力于协调个人与家庭,进而协调个人与社群之间的关系,力图建立一个"自治的人类社群",并将其视为保障"个人自由"的最重要条件。这种"儒家民主主义模式"靠两个强大的却又是非形式化的力量来维系,一个是耻字,一个是礼字。这种设想为公民(citizen)或公共个人(public individual)这样的概念提供了比自由主义民主传统"更加合理的解释"。因为现代民主宪政制度的核心在于保护个体权利,限制国家政权越位干涉个体的自由。在这样一种限制性框架中,人们有选择他们自己的价值观与目标的自由。原则上说,政府既不鼓励也不阻止人民对任何美好生活的憧憬。于是,法律所没有禁止的,就是允许的。这种概念化的自由给社会留下一个真空,使得形形色色的带有偏狭性质的说教乘虚而入,如基督教原教旨主义、激进的反堕胎主义、新纳粹主义等等,这一切最终会导致自由空间的收紧乃至毁灭。②

每家都有一本难念的经,西方治儒学者青睐"新"字,实是基于他们对现代个体主义的自由主义论说的不满,而徐复观、牟宗三等现代儒家致力于辨明道德与政治之分际,并将这种界限意识一直追溯至孔子修己安人的思想,则明显表现出他们在儒家传统之中挖掘与民主宪政之最基本的群己权界架构接榫之处这一良苦用心。③可以说,在当

---

① 狄百瑞著,李弘祺译:《中国的自由传统》,台北联经出版事业公司 1983 年版,第 3—9 页。另参见狄百瑞著,刘莹译:《〈大学〉作为自由传统》,收入《儒家与自由主义》,生活·读书·新知三联书店 2001 年版,第 184—193 页。
② 参见郝大维、安乐哲著,何刚强译:《先贤的民主:杜威、孔子与中国民主之希望》,江苏人民出版社 2004 年版。这种观点实质上印证了牟宗三先生"原子的、个人主义的个体性以及激情冲动任意任性的自由"必将造成混沌暴乱乃至无政府状态,而最终激起"另一极权专制之反动"这一慧见,只是两者之间强调的重点不同而已。
③ 用徐复观先生本人的话说是将儒家精神"落实在政治上而切实有所成就",参见徐复观:《学术与政治之间》,第 171 页。

代新儒家那里对"新"之限制,最终是为儒家思想系统之中安顿消极自由。他们虽与同时代的台湾自由主义者颇多分歧,但却从不否定消极自由,反而以为这是中国传统文化中所欠缺的,必须加以吸收的。①基于消极自由的现代民主主义的政治形式在现代新儒家看来是"客观的、普遍的政治常数",是人类政治的"正轨与常道"。与此相关,新儒家强调道德与政治之"分际"亦为挺立"政治的主体自由",因为传统政治领域的中枢是"圣君贤相",而"民"与"政治"是"相忘于江湖",儒家虽讲治民、安民、爱民,但尚未进入"兴发民","使其成为一'公民',积极地(参)与政治关系",这是理想主义实践尚未抵达、尚未充实之境地,没有这个民主政治的架构,"人的尊严,价值的实现,即不能保存"。②因此,传统中国虽有道德的主体自由(以及艺术性的主体自由),但政治的主体自由(以及思想的主体自由)却未得到充分发展,民一直处于"被动的潜伏状态"之中,儒家讲德化,教之,养之,有"兴发作用",但这种作用只是道德的、伦常的,而不是政治的,"人民即不能在政治上自觉地站起来而成为有个性的个体",成为一个"政治的存在"。③ 两人对"新"之警惕均扣紧在"思想主义"与"权力"结合而成为杀人之工具、专制暴政之武器上面。他们着意强调儒家之"新民"完全限于人类行为的基本规范,限于"最起码的人道之教",其用意也不过是要表明儒家之"新"并不构成对自由的限

---

① 李明辉:《儒家视野下的政治思想》,台湾大学出版中心2005年版,第27页。
② 李明辉:《儒家视野下的政治思想》,第47页。
③ 牟宗三:《历史哲学》,第169—171页。徐复观先生亦反复强调,西方民主政治建基于"我之自觉",而中国政治,"总是居于统治者的地位以求解决政治问题,而很少以被统治者的地位,去规定统治者的政治行动,很少站在被统治者的地位来谋求解决政治问题"。故德治之"德"实际上是"一种被覆之德",是"一种风行草上之德",而人民一直处于"一种消极被动的地位"。徐先生在对中国未来的政治出路进行展望时说,以后的政治"先要有合理的争,才归于合理的不争。先要有个体的独立,再归于超个体的共立。先要有基于权利观念的限定,再归于超权利的礼的陶冶。总之,要将儒家的政治思想,由以统治者为起点的迎接到下面来,变为以被治者为起点,并补进我国历史中所略去的个体之自觉阶段"(徐复观:《儒家政治思想的构造及其转进》,收入《学术与政治之间》,第55、59—60页)

制与威胁。近年来李泽厚先生大谈社会性道德与宗教性道德之别①，实际上也是这一思想谱系的当代延续。而一旦做出相应的制度安排（民主宪政），一旦"政道"获得一客观的架构，则"新"之价值不仅不容抹杀，而且对此制度架构自有提升与滋润之作用。因此，徐复观之"植根论"抑或牟宗三之"开出说"②，均不曾把民主之制度架构与道德全然隔绝，恰恰相反，他们对将政治与道德完全隔绝的观点持严厉批判立场③，在二人看来，民主政治只有接受儒家德与礼的思想，提升到道德的自觉，才能生根，才能发挥其"最高价值"。

"亲"抑或是"新"？一字之争，在传统那里关涉经典文本主旨之

---

① 李泽厚：《历史本体论》，生活·读书·新知三联书店2002年版，第44—83页。
② 吾友肖滨在其《传统中国与自由理念：徐复观思想研究》（广东人民出版社1999年版）中将徐复观先生的政治思想称为"植根论"而与牟宗三先生的"开出说"加以区别。冯耀明先生在其《形上与形下之间：徐复观与新儒家》对徐复观与牟宗三政治取向之别亦有类似看法。（参见《徐复观学术思想中的传统与当代国际学术研讨会论文集》，台湾大学人文社会高等研究院，2009年12月5—6日，第4—6页）
③ 参见李明辉：《当代儒学的自我转化》，中国社会科学出版社2001年版，第86—109页。徐复观先生更是指出民主政治自身即具有其"道德"意义："民主政治的自身，就是在政治方面的一种伟大伦理道德的实现。只有在民主政治之下，人才能过着人的生活。所以凡是诚心诚意去建立民主政治，充实民主政治的人物，便都是有道德、有品格的人物。而民主政治中的公平合理竞争，双方接受公平合理竞争的结果，胜利的多数保障失败的少数，失败的少数服从胜利的多数者的决策，这都是伟大的道德行为。只有坚守这一类的伟大道德行为时，才有民主政治可言，也才有政治上的伦理道德可言。"（徐复观：《民主、科学与道德》，收入黎汉基、李明辉编：《徐复观杂文补编》第4册，第47页）另参见徐复观：《我们信赖民主主义》，收入《学术与政治之间》，第30页。徐先生还指出，现代民主政治从制度上、从法制上对政治领袖人物加以限制，权力的根源从君的手上转移到民的手上，"民意"替代了"君心"；政治人物在制度上是"人民的雇员"，居于"臣道的地位"，而人民则处于"君道的地位"。领袖人物的"好恶"有一"客观的限制"，而传统虚己、纳谏、改过等等君德也"客观化为议会政治、结社言论自由等的客观制度"，于是，"一个政治领袖人物，尽可以不是圣人，但不能不做圣人之事，他不能不服从选举的结果，他不能不听议会的论难"，于是，"中国圣贤千辛万苦所要求的圣君，千辛万苦所要求的治道，在今日民主政治之下，一切都经常化、平凡化了"。（徐复观：《中国的治道》，收入《中国思想史论集续编》，第324页）这样的观点，徐先生曾反复强调过，又如："在现实政治的领导人物中，期待出现孔子所说的大知大德的圣人，真是旷千载而难一遇；但在民主政治中，却可使政治的领导人物，即使是奸猾之夫，亦不能不行圣人之事，这真是人类伟大的发现成就。我们无法期待圣人的出现，却可以促成民主政治的实现。"（徐复观：《中庸政治领导人物的古典形相》，收入黎汉基、李明辉：《徐复观杂文补编》第6册，第295页）

理解，在当代则关涉经典所承载的传统思想的现代意义。问题域转换了，亲、新之辨遂具有了高度的政治意义。亲、新二字之取舍主要是基于思想进行的。"亲"字被大力弘扬，甚至与天赋人权联系在一起。"新"字则在范围与程度上均受到了限制。

亲、新并举，或是正道。"亲"字凸显政治之为人民而存在，显示人民之主体性。"新"字则在不同领域表现出其意义：在道统领域，在以道自任的儒家共同体，德性生命的展开与实现是一个"自新"不已之过程；在日常生活领域，儒家新民（教化）所涉及的基本价值列表之中，例如同情、诚信、宽恕、包容、忍让等一系列关乎他人的德性（other-regarding virtue），实是"社会人"所当具备之美德；在政统领域，为政者在其位，当具其德，当自新其德。而政治主体自由之挺立、作为"政治人"之权利意识与义务意识之培育，此在传统儒家新民内涵之中所阙如的，亦是儒家之"新"字所应赋予之"新意"。

参考书目

一、古籍

（秦）吕不韦：《吕氏春秋》，上海书店1986年版。

（汉）贾谊：《贾子新书》，上海商务印书馆1937年版。

（汉）许慎撰，段玉裁注：《说文解字注》，上海古籍出版社1981年版。

（汉）赵岐注，（宋）孙奭疏：《孟子注疏》，北京大学出版社1999年版。

（汉）高诱注：《淮南子注》，上海书店1986年版。

（汉）郑玄注，（唐）贾公彦疏：《周礼注疏》，北京大学出版社1999年版。

（隋）萧吉撰，钱杭点校：《五行大义》，上海书店2001年版。

（南唐）徐锴：《说文解字系传》，中华书局1987年版。

（宋）程颢、程颐撰，王孝鱼点校：《二程集》，中华书局2004年版。

（宋）杨时：《龟山集》，收入《文渊阁四库全书》第1125册，台湾商务印书馆1983年版。

（宋）朱熹撰，朱杰人、严佐之、刘永翔主编：《朱子全书》，上海古籍出版社、安徽教育出版社2002年版。

（宋）陆九渊：《陆象山全集》，中国书店1992年版。

（宋）杨简：《先圣大训》，收入《文渊阁四库全书》第706册，台湾商务印书馆1983年版。

（宋）陈淳：《北溪大全集》，收入《文渊阁四库全书》第1168册，台湾商务印书馆1983年版。

（宋）陈淳：《北溪字义》，中华书局1983年版。

（宋）林希逸撰，周启成校注：《庄子鬳斋口义校注》，中华书局1997年版。

（明）蔡清：《四书蒙引》，收入《文渊阁四库全书》第206册，台湾商务印书馆1983年版。

（明）湛若水：《格物通》，收入《文渊阁四库全书》第716册，台湾商务印书馆1983年版。

（明）湛若水：《湛甘泉文集》，收入《四库全书存目丛书》第57册，齐鲁书社1997年版。

（明）王守仁撰，吴光、钱明、董平、姚延福编校：《王阳明全集》，上海古籍出版社1992年版。

（明）王守仁：《阳明先生遗言录》，《中国文哲研究通讯》第8卷，第3期。

（明）王守仁撰、陈荣捷注评：《王阳明传习录详注集评》，台湾学生书局1983年版。

（明）顾应祥：《静虚斋惜阴录》，收入《续修四库全书》第1122册，上海古籍出版社1995年版。

（明）季本：《说理会编》，收入《续修四库全书》第938—939册，上海古籍出版社1995年版。

（明）聂豹撰，吴可为编校整理：《聂豹集》，凤凰出版社2007年版。

（明）徐爱、钱德洪、董沄撰，钱明编校整理：《徐爱、钱德洪、董沄集》，凤凰出版社2007年版。

（明）邹守益撰，董平编校整理：《邹守益集》，凤凰出版社2007年版。

（明）张岳撰，林海权、徐启庭点校：《小山类稿》，福建人民出版社2000年版。

（明）王畿：《王龙溪语录》，台湾广文书局1977年版。

（明）王畿撰，吴震编校整理：《王畿集》，凤凰出版社2007年版。

（明）罗洪先撰，徐儒宗编校整理：《罗洪先集》，凤凰出版社2007年版。

（明）颜钧撰，黄宣民点校：《颜钧集》，中国社会科学出版社1996年版。

（明）罗汝芳撰，方祖猷、梁一群、李庆龙编校整理：《罗汝芳集》，凤凰出版社2007年。

（明）胡直：《衡庐精舍藏稿》，收入《文渊阁四库全书》第1287册，台湾商务印书馆1983年版。

（明）王时槐：《塘南王先生友庆堂合稿》，收入《四库全书存目丛书》第114册，齐鲁书社1997年版。

（明）耿定向：《耿天台先生文集》，收入《四库全书存目丛书》第131册，台南庄严文化1997年版。

（明）王樵：《尚书日记》，收入《文渊阁四库全书》第64册，台湾商务印书馆1983年版。

（明）陈耀文：《天中记》，收入《文渊阁四库全书》第966册，台湾商务印书馆1983年版。

（明）焦竑著、李剑雄点校：《澹园集》，中华书局1999年版。

（明）查铎：《毅斋查先生阐道集》，收入《四库未收书辑刊》第7辑第16册，北京出版社1997年版。

（明）杨起元：《证学论》，收入《续修四库全书》第1129册，上海古籍出版社1995年版。

（明）冯从吾：《少墟集》，收入《文渊阁四库全书》第1293册，台湾商务印书馆1983年版。

（明）高攀龙：《高子遗书》，收入《文渊阁四库全书》第1292册，台湾商务印书馆1983年版。

（明）顾宪成：《顾端文公遗书》，收入《续修四库全书》第943册，上海古籍出版社1995年版。

（明）顾宪成：《小辨斋偶存》，收入《文渊阁四库全书》第1292册，台湾商务印书馆1983年版。

（明）刘宗周撰，吴光主编：《刘宗周全集》，浙江古籍出版社2007年版。

（清）孙奇逢：《孙征君日谱录存》，收入《续修四库全书》第559册，上海古籍出版社1995年版。

（清）朱舜水撰，朱谦之整理：《朱舜水集》，中华书局1981年版。

（清）陈确：《陈确集》，中华书局1979年版。

（清）黄宗羲撰，沈善洪主编：《黄宗羲全集》，浙江古籍出版社2005年版。

（清）张履祥撰，陈祖武点校：《杨园先生全集》，中华书局2002年版。

（清）顾炎武撰，黄汝成集释、秦克诚点校：《日知录集释》，岳麓书社1994年版。

（清）王夫之：《四书笺解》，收入《船山全书》第6册，岳麓书社1991年版。

（清）王夫之：《读四书大全说》，收入《船山全书》第6册，岳麓书社1991年版。

（清）吕留良：《四书讲义》，收入《续修四库全书》第165册，上海古籍出版社1995年版。

（清）胡渭：《大学翼真》，收入《文渊阁四库全书》第208册，台湾商务印书馆1983年版。

（清）颜元撰，王星贤等点校：《颜元集》，中华书局1987年版。

（清）张英等撰：《渊鉴类函》，收入《文渊阁四库全书》第992册，台湾商务印书馆1983年版。

（清）李光地撰，陈祖武点校：《榕村语录 榕村续语录》，中华书局1995年版。

（清）李渔撰，单锦珩校点：《闲情偶寄》，浙江古籍出版社1985年版。

（清）常增：《四书纬》，收入《续修四库全书》第170册，上海古籍出版社 1995 年版。

（清）秦笃辉：《读史剩言》，中华书局 1985 年版。

（清）秦笃辉：《经学质疑录》，收入《四库未收书辑刊》第 4 辑第 10 册，北京出版社 1997 年版。

（清）王懋竑撰、何忠礼点校：《朱熹年谱》，中华书局 1998 年版。

（清）惠士奇：《大学说》，收入《续修四库全书》第 159 册，上海古籍出版社 1995 年版。

（清）王缙撰：《汪子文录》，收入《续修四库全书》第 1437 册，上海古籍出版社 2002 年版。

（清）焦循撰，沈文倬点校：《孟子正义》，中华书局 1987 年版。

（清）梁章钜：《退庵随笔》，收入《续修四库全书》第 1197 册，上海古籍出版社 1995 年版。

（清）王聘珍撰，王文锦点校：《大戴礼记解诂》，中华书局 1983 年版。

（清）陈士珂：《孔子家语疏证》，中华书局 1985 年版。

（清）罗泽南：《姚江学辨》，收入《续修四库全书》第 952 册，上海古籍出版社 1995 年版。

（清）陈立撰、吴则虞点校：《白虎通疏证》，中华书局 1994 年版。

（清）戴望：《管子校正》，上海书店 1986 年版。

（清）王先谦：《荀子集解》，上海书店 1986 年版。

（清）王先慎：《韩非子集解》，上海书店 1986 年版。

（清）郭庆藩：《庄子集释》，上海书店 1986 年版。

（清）刘光蕡：《大学古义》，收入《续修四库全书》第 159 册，上海古籍出版社 1995 年版。

（清）孙诒让撰，孙以楷点校：《墨子间诂》，中华书局 1986 年版。

（清）程树德撰，程俊英 蒋见元点校：《论语集释》，中华书局 1990 年版。

王利器：《文子疏义》，中华书局 2000 年版。

汪荣宝：《法言义疏》，中华书局 1987 年版。

孟乃昌、孟庆轩辑编：《〈周易参同契〉三十四家注释集萃》，华夏出版社 1993 年版。

二、今人著述

蔡璧名：《身体与自然——以黄帝内经素问为中心论古代思想传统中的身体观》，台湾大学文学院 1997 年版。

蔡仁厚：《新儒家的精神方向》，台湾学生书局 1988 年版。

陈鼓应：《老子注译及评介》，中华书局 1984 年版。

陈　来：《有无之境：王阳明哲学的精神》，人民出版社 1991 年版。
　　　　《古代思想文化的世界——春秋时代的宗教、伦理与社会思想》，生活·读书·新知三联书店 2002 年版。
　　　　《朱子哲学研究》，华东师范大学出版社 2000 年版。

陈立胜：《王阳明万物一体论：从身—体的立场看》，台湾大学出版中心 2005 年版。

陈少明：《经典中的人、事、物》，上海三联书店 2008 年版。

杜维明著，郭齐勇、郑文龙编：《杜维明文集》第五卷，武汉出版社 2002 年版。

郭齐勇：《中国哲学智慧的探索》，中华书局 2008 年版。

冯达文：《中国古典哲学略述》，广东人民出版社 2009 年版。
　　　　《理性与觉性：佛学与儒学论丛》，巴蜀书社 2009 年。

冯友兰：《新原道》，收入《三松堂全集》，河南人民出版社 1989 年版。

哈佛燕京学社编：《儒家与自由主义》，生活·读书·新知三联书店 2001 年版。

侯外庐、邱汉生、张岂之主编：《宋明理学史》，人民出版社 1997 年版。

胡　适：《胡适学术文集·中国哲学史》，中华书局 1991 年版。

黄俊杰：《孟学思想史论》卷一，台北东大图书公司 1991 年版。

《孟学思想史论》卷二，台北"中央研究院"文哲研究所筹备处1997年版。

　　《东亚儒学：经典与诠释的辩证》，台湾大学出版中心2007年版。

　　《东亚儒学史的新视野》，台北喜马拉雅研究发展基金会2001年版。

　　《东亚儒学视域中的徐复观及其思想》，台湾大学出版中心2009年版。

　　《德川日本论语诠释史论》，台湾大学出版中心2006年版。

黄俊杰编：《东亚论语学：中国篇》，台湾大学出版中心2009年版。

姜广辉主编：《经学今诠续编》，辽宁教育出版社2001年版。

劳思光：《新编中国哲学史》，广西师范大学出版社2005年版。

李纪祥：《两宋以来大学改本之研究》，台湾学生书局1988年版。

李明辉：《当代儒学的自我转化》，中国社会科学出版社2001年版。

　　《四端与七情：关于道德情感的比较哲学探讨》，台湾大学出版中心2005年版。

　　《儒家视野下的政治思想》，台湾大学出版中心2005年版。

李明辉主编：《中国经典诠释传统（二）儒学篇》，台湾大学出版中心2004年版。

李泽厚：《历史本体论》，生活·读书·新知三联书店2002年版。

梁启超：《清代学术概论》，《梁启超史学论著三种》，香港三联书店1988年版。

林月惠：《诠释与工夫：宋明理学的超越蕲向与内在辩证》，台北"中央研究院"中国文哲研究所2008年版。

罗　焌：《诸子学述》，华东师范大学出版社2008年版。

马一浮著，滕复编：《马一浮新儒学论著辑要：默然不说声如雷》，中国广播大学出版社1995年版。

蒙文通：《经史抉原》，《蒙文通文集》第三卷，巴蜀书社 1995 年版。
牟宗三：《道德的理想主义》，台北学生书局 1980 年版。
　　　　《中国哲学十九讲》，上海古籍出版社 1997 年版。
　　　　《心体与性体》，《牟宗三先生全集》第 5 册，台北联经出版公司 2003 年版。
　　　　《政道与治道》，《牟宗三先生全集》第 10 册，台北联经出版公司 2003 年版。
　　　　《从陆象山到刘蕺山》，《牟宗三先生全集》第 8 册，台北联经出版公司 2003 年版。
　　　　《历史哲学》，广西师范大学出版社 2007 年版。
聂中庆：《郭店楚简〈老子〉研究》，中华书局 2004 年版。
彭国翔：《良知学的展开——王龙溪与中晚明的阳明学》，生活·读书·新知三联书店 2005 年版。
　　　　《儒家传统：宗教与人文主义之间》，北京大学出版社 2007 年版。
钱　穆：《朱子学提纲》，台北东大图书公司 1991 年版。
钱锺书：《管锥编》，中华书局 1979 年版。
秦家懿：《王阳明》，台北东大图书公司 1997 年版。
唐力权：《周易与怀特海之间》，辽宁大学出版社 1997 年版。
唐君毅：《中国哲学原论·原教篇》，台湾学生书局 1990 年版。
吴重庆：《儒道互补：中国人的心灵建构》，广东人民出版社 1993 年版。
吴光主编：《阳明学研究》，上海古籍出版社 2000 年版。
吴　震：《阳明后学研究》，上海人民出版社 2003 年版。
肖　滨：《传统中国与自由理念：徐复观思想研究》，广东人民出版社 1990 年版。
徐复观：《学术与政治之间》，台湾学生书局 1985 年版。
　　　　《中国人性论史·先秦篇》，上海三联书店 2001 年版。
　　　　《中国思想史论集》，上海书店出版社 2004 年版。

《中国思想史论集续编》，上海书店出版社2004年版。

徐复观著，李维武编：《徐复观新儒学论著辑要：中国人文精神之阐扬》，中国广播电视出版社1996年版。

徐复观著，黎汉基、李明辉编：《徐复观杂文补编》，台北中研院文哲所筹备处2001年版。

杨儒宾：《儒家身体观》，台北"中央研究院"中国文哲研究所筹备处1996年版。

杨儒宾主编：《中国古代思想中的气论与身体观》，台北巨流图书公司1993年版。

杨儒宾、黄俊杰编：《中国古代思维方式探索》，台北正中书局1996年版。

杨向奎：《清儒学案新编》，齐鲁书社1994年版。

杨祖汉：《当代儒学思辨录》，台北鹅湖出版社1998年版。

张　亨：《思文之际论集：儒道思想的现代诠释》，新星出版社2006年版。

张君劢：《新儒家思想史》，刘梦溪主编："中国现代学术经典"《张君劢卷》，河北教育出版社1996年版。

章太炎著，傅杰编：《章太炎学术史论集》，中国社会科学出版社1997年版。

张卫红：《罗念庵的生命历程与思想世界》，生活·读书·新知三联书店2009年版。

张学智：《明代哲学史》，北京大学出版社2000年版。

周与沉：《身体：思想与修行——以中国经典为中心的跨文化观照》，中国社会科学出版社2005年版。

张再林：《作为身体哲学的中国古代哲学》，中国社会科学出版社2008年版。

余英时：《论戴震与章学诚》，生活·读书·新知三联书店2000年版。

《中国哲学》编委会编：《中国哲学》第十九辑，岳麓书社1998年版。

三、译著

安乐哲（Roger T. Ames）、罗思文（Henry Rosemont）著，余瑾译：《〈论语〉的哲学诠释》，中国社会科学出版社 2003 年版。

贝尔（Daniel Bell）著，赵一凡等译：《资本主义文化矛盾》，生活·读书·新知三联书店 1989 年版。

Otto L. Bettmann 著，李师郑编译：《世界医学史话》，台北民生报社 1980 年版。

卡普拉（Fritjof Capra）著，冯禹译：《转折点：科学·社会·兴起中的新文化》，中国人民大学出版社 1989 年版。

康纳顿（Paul Connerton）著，纳日碧力戈译：《社会如何记忆》，上海人民出版社 2000 年版。

库德隆（Olivier Coudron）著，梁启炎译：《身体·节奏》，海天出版社 2001 年版。

狄百瑞（W. Theodore de Bary）著，李弘祺译：《中国的自由传统》，台北联经出版事业公司 1983 年版。

笛卡尔（René Descartes）著，庞景仁译：《第一哲学沉思集》，商务印书馆 1986 年版。

伊格尔顿（Terry Eagleton）著，华明译：《后现代主义的幻象》，商务印书馆 2000 年版。

艾柯（Umberto Eco）等著，柯里尼编，王宇根译：《诠释与过度诠释》，生活·读书·新知三联书店 1997 年版。

Erhard Eppler 著，孙善豪译：《重返政治》，台北联经出版事业公司 2000 年版。

福柯（Michel Foucault）著，刘北成、杨远婴译：《规训与惩罚》，生活·读书·新知三联书店 1999 年版。

吉登斯（Anthony Giddens）著，赵旭东、方文译：《现代性与自我认同》，生活·读书·新知三联书店1998年版。

格里芬（David R. Griffin,）著，王成兵译：《后现代精神》，中央编译出版社1998年版。

郝大维（David L. Hall,）、安乐哲（Roger T. Ames）著，施忠连译：《汉哲学思维的文化探源》，江苏人民出版社1999年版。

郝大维（David L. Hall,）、安乐哲（Roger T. Ames）著，何刚强译：《先贤的民主：杜威、孔子与中国民主之希望》，江苏人民出版社2004年版。

休谟（David Hume）著，关文运译：《人性论》，商务印书馆1980年版。

卡罗琳·考斯梅尔（Carolyn Korsmeyer）著，吴琼、叶勤、张蕾译：《味觉》，中国友谊出版公司2001年版。

科斯洛夫斯基（Peter Koslowski）著，毛怡红译：《后现代文化》，中央编译出版社1999年版。

雷可夫（G. Lakoff）、约翰逊（M. Johnson）著，周世箴译：《我们赖以生存的譬喻》，台北联经出版事业公司2008年版。

埃德蒙·利奇（Edmund Leach）著，郭凡、邹和译：《文化与交流》，上海人民出版社2000年版。

林贝克（George A. Lindbeck）著，王志成译：《教义的本质》，香港道风山基督教文化研究所1997年版。

麦金泰尔（Alasdair MacIntyre）著，龚群、戴扬毅等译：《德性之后》，中国社会科学出版社1995年版。

曼斯菲尔德（Harvey Mansfield）著，刘玮译：《男性气概》，译林出版社2009年版。

罗洛·梅（Rollo May）著，冯川、陈刚译：《人寻找自己》，收入《罗洛·梅文集》，中国言实出版社1996年版。

麦克洛斯基（D. McCloskey）等著，许宝强译：《社会科学的措辞》，生活·读书·新知三联书店2000年版。

奥尼尔（John O'Neill）著，张旭春译：《身体形态——现代社会的五种身体》，春风文艺出版社1999年版。

帕斯卡尔（Blaise Pascal）著，何兆武译：《思想录》，商务印书馆1995年版。

波普尔（Karl Popper）著，傅季重等译：《猜想与反驳》，上海译文出版社1986年版。

迈克尔·波兰尼（Michael Polanyi）著，许泽民译：《个人知识》，贵州人民出版社2000年版。

卢梭（Jean-Jacques Rousseau）著，李平沤译：《爱弥儿》，商务印书馆1978年版。

罗蒂（Richard Rorty）著，李幼蒸译：《哲学与自然之镜》，生活·读书·新知三联书店1987年版。

叔本华（Arthur Schopenhauer）著，任立、孟庆时译：《伦理学的两个基本问题》，商务印书馆1996年版。

叔本华（Arthur Schopenhauer）著，任立、刘林译：《自然界中的意志》，商务印书馆1997年版。

希尔斯（Edward Shils）著，傅铿、吕乐译：《论传统》，上海人民出版社1991年版。

西季威克（Henry Sidgwick）著，廖申白译：《伦理学方法》，中国社会科学出版社1993年版。

斯密（Adam Smith）著，蒋自强等译：《道德情操论》，商务印书馆1997年版。

斯特拉桑（Andrew Strathern）著，王业伟、赵国新译：《身体思想》，春风文艺出版社1999年版。

蒂里希（Paul Tillich）著，成穷、王作虹译：《存在的勇气》，贵州人民出版社1998年版。

特纳（Bryan S. Turner）著，马新良、赵国新译：《身体与社会》，春风文艺出版社 2000 年版。

维特根斯坦（Ludwig Wittgenstein）著，李步楼译：《哲学研究》，商务印书馆 1996 年版。

山田庆儿著，廖育群等译：《古代东亚哲学与科技文化：山田庆儿论文集》，辽宁教育出版社 1996 年版。

本田成之著，孙俍工译：《中国经学史》，上海书店出版社 2001 年版。

冈田武彦著，吴光等译：《王阳明与明末儒学》，上海古籍出版社 2000 年版。

忽滑谷快天著，朱谦之译：《中国禅学思想史》，上海古籍出版社 1994 年版。

荒木见悟著，杜勤、舒志田等译：《佛教与儒教》，中州古籍出版社 2005 年版。

汤浅泰雄著，马超、韩平安编译：《灵肉探微：神秘的东方身心观》，中国友谊出版公司 1990 年版。

沟口雄三著，陈耀文译：《中国前近代思想之曲折与展开》，上海人民出版社 1997 年版。

四、外文著述

Bårten, Stein, *On Being Moved: From Mirror Neurons to Empathy*, John Benyamins Publishing Company, 2007.

Csikszentmihalyi, Mark, *Material Virtue Ethics and the Body in Early China*, Leiden Boston: Brill, 2004.

Daniel, M. and Embree (eds.), *Phenomenolgy of the Cultural Discipline*, Dordrecht: Kluwer Academic Publishers, 1994.

Demiéville, Paul, "The Mirror of the Mind", *Sudden and Gradual: Approaches to Enlightenment in Chinese Thought*, ed. by Peter N. Gregory, Honolulu:

University of Hawaii Press, 1987.

Descartes, René, *Descartes Philosophical Writings*, translated by Norman Smith, New York: The Modern Library, 1958.

Eliade, Mircea, *The Two and One*, New York and Evanston: Harper & Row, Publishers, 1965.

Foucault, Michel, *Power/Knowledge: Selected Interview & Other Writings 1972-1977*, ed. by Colin Gordon, New York: Pantheon Books, 1980.

Hoffman, *Empathy and Moral Development: Implications for Caring and Justice*, Cambridge University Press, 2000.

Jonas, Hans, *The Phenomenon of Life: Toward a Philosophical Biology*, Chicago: The University of Chicago Press, 1982.

Kasulis, Thomas P. with Ames, Roger T. and Dissanake, Wimal (eds.), *Self as Body in Asian Theory and Practice*, New York: State University of New York Press, 1993.

Leder, Drew: *The Absent Body*, Chicago and London: The University of Chicago Press, 1990.

MacIntyre, Alasdair, *After Virtue: A Study in Moral Theory*, second edition, Notre Dame: University of Notre Dame Press, 1984.

MacIntyre, Alasdair, *Dependent Rational Animals*, London: Duckworth, 1999.

McFague, Sallie, *Metaphorical Theology: Models of God in Religious Language*, Philadelphia: Fortress Press, 1982.

McFague, Sallie, *Models of God: Theology for Ecological Nuclear Age*, Philadelphia: Fortress Press, 1987.

McFague, Sallie, *The Body of God: An Ecological Theology*, London: SCM Press Ltd, 1993.

McGrath, Alister E., *Historical Theology: An Introduction to the History of Christian Thought*, Oxford: Wiley-Blackwell Publishers, 1998.

Merleau-Ponty, Maurice, *Phenomenology of Perception*, translated by Colin Smith, London : Routledge & Kegan Paul, 1962.

Merleau-Ponty, Maurice, *The Primacy of Perception*, edited by James M. Edie, Evanston: Northwestern University Press, 1964.

Merleau-Ponty, Maurice, *The Visible and Invisible*, translated by Alphonso Lingis, Evanston: Northwestern University Press, 1968.

O' Neill, John, *The Communicative Body: Studies in Communicative Philosophy, and Sociology*, Evanston: Northwestern University Press, 1989.

Plato: *Plato IV: Laches Protagoras Meno Euthydemus*, Cambridge: Harvard University Press, 1952.

Poulsen, Richard C., *The Body as Text*, New York: Peter Lang Publishing, Inc., 1996.

Rabieh, Linda, *Plato and the Virtue of Courage*, Baltimore: The Johns Hopkins University Press, 2006.

Ricoeur, Paul, *Figuring the Sacred: Religion, Narrative, and Imagination*, Minneapolis : Fortress Press, 1995.

Searle, J. R., *The Rediscovery of the Mind*, Cambridge: M. I. T. Press, 1992.

Searle, J. R., *The Construction of Social Reality*, New York: The Free Press, 1995.

Sheets-Johnstone, Maxine: *Giving the Body its Due*, New York: State University of New York Press, 1992.

Smart, Ninian, *The Religious Experience of Mankind*, New York: Charles Scribner's Sons, 1984.

Steeves, Peter (eds.), *Animal Others: On Ethics, Ontology and Animal Life*, State University of New York Press, 1999.

Taylor, Charles, *The Ethics of Authenticity*, Cambridge: Harvard University

Press, 1991.

Tillich, Paul, *The Courage to Be*, New Haven & London: Yale University Press, 1952.

Tu Weiming, *The Global Significance of Concrete Humanity: Essays on the Confucian Discourse in Cultural China*, New Delhi: Center for Studies in Civilizations, 2010.

Varela, Francisco J., Thompson, Evan & Rosch, Eleanor, *The Embodied Mind: Cognitive Science and Human Experience*, Cambridge: The MIT Press, 1991.

Walton, Dennis, *Courage: A Philosophical Investigation*, Berkeley: University of California Press, 1986.

Williams, Cyril G., *Basic Themes in the Comparative Study of Religion*, Lampeter: The Edwin Mellen Press, 1992.

Wittgenstein, Ludwig, *On Certainty*, translated by Denis Paul and G. E. M. Anscombe, New York: Harpertorch Books, Harper & Row, Publishers, 1969.

五、期刊及专书论文

陈立胜：《王阳明思想中的身体隐喻》，《孔子研究》2004 年第 1 期。

陈立胜：《"良知"与"种子"：王阳明思想之中的植物隐喻》，《江苏行政学院学报》2005 年第 5 期。

乐黛云：《中西诗学中的镜子隐喻》，《文艺研究》1991 年第 5 期。

刘小枫：《保罗书信中的"身体"语义初探》，《道风：基督教文化评论》2004 年第 20 期。

彭国翔：《作为身心修炼的礼仪实践——以〈论语·乡党〉篇为例的考察》，《台湾东亚文明研究学刊》2009 年第 1 期，。

钱　穆：《说良知四句教与三教合一》，《中国学术思想史论丛》，安徽教育出版社 2004 年版。

杨儒宾:《宋儒静坐说》,《台湾哲学研究》2004 年第 4 期。

张颂之:《中国传统政治诸喻论》,《孔子研究》2000 年第 6 期。

Avenanti and Aglioti, "The Sensorimotor Side of Empathy for Pain", Mauro Macia(eds.), *Psychoanalysis and Neuroscience*, Springer, 2006.

Carey, Seamus, "Cultivating Ethos through the Body", *Human Studies* 23, 2000.

Deborah, Sommer, "Boundaries of the Ti Body", *Asia Major*, 3d seriers, vol. 21.1, 2008.

Deborah, Sommer, "Concepts of the Body in the Zhuangzi", *Experimental Essays on Zhuangzi*, edited by Victor H. Mair, Tree Pines Press, 2010.

Chismar, Douglas, "Empathy and Sympathy: The Important Difference", *The Journal of Value Inquiry*, 22:4, 1988.

Giummarra, Melita J. and Bradshaw, John L., "Synaesthesia for Pain: Feeling Pain with Another", J. A. Pineda (ed.), *Mirror Neuron Systems*, DOI: 10.1007/978-1-59745-479-7_13, Humana Press, New York, 2009.

Jahoda, Gustav, "Theodor Lipps and the Shift from 'Sympathy' to 'Empathy'", *Journal of the History of the Behavior al Sciences*, vol. 41(2), Spring, 2005.

Rizzolatti, Giacomo and Craighero, "Laila: Mirror Neuron: A Neurological Approach to Empathy", *Neurobiology of Human Value*, Springer-Verlag Berlin Heidelberg, 2005.

各章出处

第一章《回到身体：当代思想中的身体转向与儒学研究》系提交中山大学中国哲学研究所主办的"现代性与传统学术"研讨会（2000年12月，广州）论文，经修订刊发于刘忠世先生主编《东方论坛》（2002年第2期），后收入陈少明先生主编《现代性与传统学术》（广东人民出版社，2003年），这次收入本书作了一定的修订。

第二章《身体之为"窍"：宋明儒学中的身体存在论建构》，刊发于《世界哲学》（2008年第4期）。

第三章《"身不自身"：罗近溪身体论发微》系提交立陶宛维尔纽斯大学 "Body and Person in China" 国际研讨会（2011年6月，Vilnius）会议论文，刊发于《西北大学学报》（2012年第1期）。

第四章《"恻隐之心"、"他者之痛"与"疼痛镜像神经元"》系提交北京大学人文高等研究院"身体研究的问题意识"工作坊（2010年7月，北京）论文，发表于《社会科学》（2016年第12期）。

第五章《"心"与"腔子"：儒家修身中的体知面向》系提交中山大学中国哲学研究所主办的"体知与人文学"研讨会（2006年7月，广州）论文，原文以"'满腔子是恻隐之心'：良知何以是体知"为题收入陈少明先生主编：《体知与人文学》（华夏出版社，2008年），收入本书时进行了改写。

第六章《宋明儒学中的"镜喻"》系提交哈佛燕京学社访问学人台

湾分会与台湾大学人文社会高等研究院合办的"体知与儒学学术研讨会"（2006年11月，台北）论文。后经修订刊发于《孔子研究》（2009年第1期）。

第七章《朱子读书法：诠释与诠释之外》系提交台湾大学东亚文明研究中心主办的第7届"东亚近世儒学中的经典诠释传统学术研讨会"（2001年6月，广州）论文，首发于《台大历史学报》，后收入李明辉先生主编《儒家经典诠释方法》（台湾大学出版中心，2004年）。

第八章《王阳明"四句教"的三次辩难及其诠释学义蕴》系提交台湾大学东亚文明研究中心主办的"东亚近世儒学中的经典诠释传统学术研讨会"（2001年10月，台北）论文，后收入李明辉先生主编《儒家经典诠释方法》（台湾大学出版中心，2004年）。

第九章《儒学经传中"怀疑"与"否定"的言说方式——以王阳明、陈确的〈大学〉辨正为例》系提交中山大学中国哲学研究所主办的"什么是经典学术研讨会"（2001年12月，广州）论文，后刊发于《中国哲学史研究》（2002年第2期）。

第十章《"亲民"抑或"新民"：从传统到现代》宣读于台湾大学人文社会高等研究院儒学研讨会第21次会议（2009年12月，台北），后刊发于《华东师范大学学报》（2010年第3期）。